旅の根源史

映し出される人間欲望の変遷

田村正紀 著

千倉書房

はしがき

古来、日常生活圏から離れて他所に赴くことを人は旅と呼んできた。もっとも古い記録は「ギルガメッシュ叙事詩」にまでさかのぼる。ほぼ紀元前二六〇〇年ごろの古代メソポタミアの、シュメール王朝の伝説王、ギルガメッシュの放浪の旅について粘土板に刻まれた物語である。わが国では、「古事記」で語られるヤマトタケルの征討の旅がある。

旅立ちのきっかけはいろいろある。ある場合には、戦乱を逃れてもっと安全な場所へ移動することが必要になったし、またある場合には任務遂行のために旅立つことを命令、強制された。しかし、時代が下るにつれて、人々は次第に自発的に旅立つようになった。当初、それらの多くは信仰のため、あるいは自己を鍛錬するための修養の旅であった。しかし、次第に親戚、友人に会って旧交を温め、また未知の都市や街を訪ね、名勝・旧跡や景勝の地などへの訪問を楽しみとするようになった。観光と呼ばれるこの旅はもっとも現代的な旅の様式になった。

観光についての関心は近年とくに高まっている。観光消費規模は二〇〇九年で日本人だけで見ても、国内宿泊旅行一五・六兆円、国内日帰り旅行四・九兆円、海外旅行五・五兆円と、合計で二六兆円という巨大市場である（観光庁「旅行・観光産業の経済効果に関する調査研究Ⅸ」）。国内宿泊旅行だけをとってみても、二〇〇七年度の百貨店・総合スーパー売上高の一五・二兆円（「商業統計」）を上回る。

しかも観光についての潜在需要は強い。一九九〇年前後から、余暇・レジャーを充実したいと考える消費者は三〇％を超え、衣・食・住・耐久消費財といった他の生活局面もあわせたなかで第一位を占め続けている（内閣府「国民生活に関する世論調査」）。観光はこの余暇・レジャーのなかで中心的な活動である。十数年にわたって消費の低下傾向が続くなかで、観光は潜在成長力を秘めた数少ない領域である。

人々が観光にかける欲望は何か。それを満たすため、観光は今後どのように行われるだろうか。どのような観光地アメニティ（魅力）が観光客吸引の決め手になるのか。かれらを迎える観光産業をどのように発展させていくのがよいのか。また観光が社会や自然・文化環境にどのような変化をもたらすのか。観光市場の潜在力を引き出すにはこのような問題に答えねばならない。

しかし観光についての既存知識は、これらの問題に直ちに答えることができるほど蓄積されてはいない。「観光学」なるものも提唱されているが、いまだ成熟していない。観光学の仮面をかぶっているが、それは社会学、文化論、交通論、都市論、経済学、マーケティング論など一つかあるいはそれらの寄せ集めに過ぎない。

問題の全体像が明確につかめず、また将来の見通しが不確実になると、人は歴史を振り返る。歴史はなぜ現代のような状態になったかの過程を教えてくれるからである。この過程の知識によって、人は将来を予見しようとする。また過去に同じような状況に追い込まれた人たちがどのように行動したかも教えてくれる。これらから引き出される歴史の教訓は未来への道しるべとなる。

将来が見えなくなるのは、人が時代的変化にともなうターニング・ポイントに直面するときである。変化というものは相対的なものである。それを観察する期間の初めと終わりをどう設定するかによって、さまざまの様相をもって現れる。そこで短期的な変化の小波は長期的な変化の大波に呑み込まれていく。小波だけに注意していると、人は大波の到来が見えない。時代的変化とはこの大波であり、社会の仕組みの大変動によって到来する。

現在はこの大波の到来を受けているのではないだろうか。そうだとすれば、時代を超える長期的な視野に立った歴史の展望が必要になる。そのさい、観光よりもむしろ旅そのものに焦点を合わせる必要がある。観光は旅から生まれたからである。旅はかならずしも観光ではないが、あらゆる観光は旅である。観光のあらゆる要素は旅のなかに含まれている。旅はいわば観光の母であるといってもよいだろう。

また、考察の期間については、明治期や江戸期など特定時代に絞った歴史ではない。旅の様式を様変わりさせるターニング・ポイントの様相を知るには、もっと時代をまたがる長期的な展望がいる。残念なことに、特定時代の様子を記す歴史書はあっても、時代をまたがる旅の変遷の大波を展望した通史は今まで書かれていない。本書はこの間隙を埋めるために書かれたものである。

書名の「旅の根源史」とは、旅の様式の根源に焦点を置いた旅の歴史である。ほぼ千数百年に及ぶ期間を取り上げているのは、根源がしばしば時代を超えた遠い昔から発し、また歴史上現れたいくつかのターニング・ポイントを考察するためである。

旅の様式、またその根源とはどのようなものだろうか。旅の様式とは旅の要素の状態の組み合わせである。旅を活動として見ると、それにはいくつかの基本要素がある。誰が誰と旅するのか、いつ、どこへ行くのか、どのように旅が行われるのか、その旅の目的は何かといった要素である。これらの要素の状態の組み合わせによって旅の様式が決まる。

たとえば、夏休みに家族でディズニーランドへ遊びに行くというのは旅の様式の一つである。味覚には甘味、酸味、塩味、苦味、うま味といった少数の基本要素しかないが、それらの状態の組み合わせによって料理の様式は数え切れないくらいある。同じように、旅の基本要素も数少ないが、それらの状態の組み合わせからできる様式は個人レベルで見るときわめて多様である。

そのなかで二つの様式に注目する必要がある。一つはその時代の支配的な様式である。ある時代をとって見ると、多くの人が採用しているという意味で支配的な様式がある。現在でいえば、新婚旅行、連続休暇を利用しての家族海外旅行、修学旅行あるいは企画旅行（パッケージツアー）による旅行などがそれであろう。

もう一つは先駆的様式である。先駆的様式の旅はそれぞれの時代において旅様式の革新者によって行われてきた。先駆的様式はかならずしもそれが生まれた時代に支配的様式になるとは限らない。旅の先駆的様式は、いわば種子となって人々の心のなかで長い年月の間眠るが、時には数百年の時間を経て大賀ハスのように花開くこともある。現代の個人旅行などでは、長い年月の間眠っていた多様な種子が一斉に花開き始めているようにもみえる。たとえば、現代における若者の漂泊の旅は、自分の中にひそむ可能性を探し求めた西行法師の漂泊の旅などに通じるところがある。

根源という用語は、これらの支配的様式や先駆的様式が歴史上で生まれた事情に関わっている。ある旅の様式の生成のかたちとそれを生み出した要因を合わせて、本書では根源と呼んでいる。旅様式の根源のなかでも、本書がとくに注目するのはなぜそのような旅をするのか、つまりに旅様式にかける人間の欲望である。ここで欲望という言葉は、欲情、欲求、要求、願望、あるいは夢といった多様な言葉で言い表されてきた、人間行動の基本的動因を表すために使われている。旅様式の生成のかたちはこの欲望を反映している。

旅は日常生活の鏡である。鏡といっても日常生活をそのまま写し出しているわけではない。日常生活で欠けている部分を映すのだ。時代を下るにつれて、多くの人は旅によって生じる非日常性に喜びを感じるようになった。その非日常性こそ日常生活で欠けている部分だからである。風光明媚な温泉旅館でくつろぎながら数日を過ごす。それに無上の喜びを感じる主婦がいるとすれば、彼女の日常生活は育児、家事、共稼ぎのパートに追われて、そのような時空間とまったく無縁だからである。海外の一流ホテルで美容マッサージに至福を感じる若い女性がいるとすれば、彼女の日常生活は仕事に追われ、職場での人間関係ストレスのなかで、肌が荒れ女が壊れていくことを実感しているからである。

古代の旅を除けば、旅の根源史はそれぞれの時代での日常生活で満たされない欲望を明らかにする。その種の欲望が重要であるのは、明日の日常生活に取り込まれる可能性も秘めているからだ。旅の様式を見ることは、明日の日常生活の様子を予想することでもある。旅様式の時代的変化を見れば、このような日常生活で満たされない欲望がどのように生成し、高まりまた衰微していくのか、その変遷の過程が明らかになる。しかし、旅の根源史は欲望とその生成・発展・消滅に関しては何を語ることができるのだろうか。

経済学やマーケティング論では、あらゆる議論は究極的に人間の欲望に関連している。しかし、ソースティン・ヴェブレン（「有閑階級の理論」）などの少数の例外を除けば、経済学は欲望は与えられたものと想定し、その具体的内容に立ち入ることはなかった。マーケティング論の議論では、消費者の欲望はもっとも基本的な題目のはずである。しかし、ほとんどの議論では特定商品についての欲求といった、事例的であまりにも断片的な欲望だけを取り上げているに過ぎない。

欲望そのものを真正面から取り上げたのは心理学である。心理学者アブラハム・マズロー（「人間性の心理学」）の有名な欲求五段階説などはその代表例であろう。この説によれば、人間の欲望は食欲・性欲といった生存欲、安全でありたいといった欲望をその根底に持っている。しかしさらに欲が出ると、友人・家族を持ちたいと願い、それが満たされれば地位、名誉、富を求める。これらの欲望階層をかけ上がった果てには、自己実現の欲望しかない。自己実現とは、自分のなかにひそむ可能性を自分で見つけ、それを十分に発揮していくことである。しかし、心理学は欲望を個人に内在的なもの、歴史的にもそう変わらないものとして捉えている。

旅の根源史は欲望の生成に関して、個人心理だけでなく、階級、職業、性差、家族などを通じてその人が置かれる社会関係を重視している。本書の各章で、旅の歴史とは一見関係がないように見えるそれぞれの時代の社会的特徴を議論しているのはこのためである。人の欲望は日常生活のなかで生まれるが、その日常生活は社会関係によって枠づけられ構造化されている。社会関係を通じて他者との接触が生じ、それによる刺激、影響、生活問題などが、個人心理をプリズムにして各人の欲望を生み出す。

欲望は社会関係と個人心理との、日常生活を媒介にした相互作用の産物である。様式から見て先駆的な旅人の欲望は、その時代の社会関係が生み出す問題により鋭敏に反応している。一方、支配的様式に参加した旅人の欲望は、個人心理よりも、むしろ時代の社会関係の特質の影響を模倣などを通してより強く受けている。その欲望の具体的姿は同じ時代でも個人が置かれる社会関係で異なり、通時的に見れば社会関係の変動にともない移り変わっていく。とくに近代以降では、観光業者など、マーケターの影響がより強くなっていく。

以上のように、旅の根源史は、旅立ちの動因から見た旅の歴史であるとともに、旅というもののなかに垣間見せる、日常生活で満たされない人間欲望の歴史でもある。この歴史でも変化を生み出す多層的な時間の流れ（フェルナン・ブローデル「歴史学の野心」）がある。近世にいたるまで長く続いた徒歩旅のように、交通技術によって支配され時代をまたがってゆっくりと流れる長期持続的な流れ、体制変化などをきっかけに時代によって変わる流れ、そして同じ時代のなかでも目まぐるしく変わる流行など短期的な流れがある。観光といった特殊な旅様式の将来も、これらの多層的な時間の流れの交錯のなかで形作られていくはずである。

出版事情がきわめて厳しいなか、千倉書房社長千倉成示氏には、快く本書の出版を了承していただいた。編集部の関口　聡氏には資料収集のご援助や編集の労をとっていただいた。島　一恵氏は、筆者の指示した資料に基づき、詳細な挿絵を描いていただいた。これらに対してここに謝意を表する次第である。

二〇一三年二月七日

田村　正紀

目次

I　流離の悲哀——古代の旅——

1

長い年月を隔てると、同じ事柄がまったく対極的な様相を持って現れることがよくある。現代人にとっては、旅は生活上の楽しい出来事である。ビジネス出張など業務命令による場合もあるが、多くの旅は、別居家族・親戚・友人への訪問や観光目的のために自発的に行われる。この種の旅では、旅人は日常生活からの解放感を味わい、旅を楽しむ。その旅はその間の思い出、写真、土産物を持っての帰宅という円環で終わる。

ほぼ千年前後も時を隔てた、歴史家が古代と呼ぶ飛鳥、奈良、平安の時代（五九三—一一八五年）の旅はまったく逆であった。旅人は国家命令あるいは不本意な個人的事情によって、いわば非自発的に旅立たねばならなかった。それは八世紀の後半に成立の「万葉集」、巻一二に収められた「羇旅《たび》に想いを発《おこ》せる歌」にもすでに現れている。

古代人にとって旅とは日常の生活空間からますます離れていく流離の旅であり、円環をなして帰宅できる保障はなかった。そして旅の道中、また旅先で苦労や悲哀を味わった。古代人にとっては、旅そのものが悲しい出来事だったのである。古代人は、上田敏の名訳で知られるカール・ブッセの詩のように、「山のあなたの空遠く幸い住む…」とは思わなかった。古代人にとって旅は初めから悲哀であり、その裏面には今の定住場所に留まっていたいという願望が表れていた。

◆律令国家の旅のインフラ

いつの時代でも、旅は何よりもその目的地への移動である。この移動には目的地への路や交通手段が要り、また道中での飲食や宿泊をまかなう施設が要る。目的地への路や交通手段、道中の飲食と宿泊のための施設、これら最低限の旅のインフラは現代の旅人にとっては、だれでもいわば水や空気のごとく当たり前のことである。

しかし、千年以上も前の古代では、旅のインフラは今日とは大きく異なっていた。旅をしようとすれば、多くの人は徒歩によるほかはなく、乾飯《ほしいい》などの食料やその調理用具を携行しなければならなかった。乾飯とは貯蔵用の乾燥した飯であり、水に浸せばすぐ食べられる代表的な携行食糧である。貨幣の流通がきわめて限られていたので、米、酒、布などの交換手段の携行も必要であった。宿泊施設はきわめて限られており、自分で庵を建てたり、ときには草枕で野宿をしなければならなかった。

このような旅のインフラは身分、階級によって大きく異なっていた。その様子はどのようなものであったか。

大和朝廷を中心とする古代律令国家は、大化の改新（六四五年）と大宝律令（七〇一年）によって成立した。そして七一〇年の平城京への遷都もって完成した。それは中国の唐に倣い、官僚的中央集権国家を日本に作り上げようとするものであった。公地公民制によって、すべての土地と人民は公（天皇）に帰属するとされ、官僚による土地・人民支配が確立する。国民を約一〇％を占める賤民と残りの良民とに分けた。賤民は奴隷あるいはそれに近い身分の人たちであり、良民は皇族・貴族から一般農民までを含んでいた。

良民内部にも官人、公民、品部《しなべ》、雑戸《ざっこ》などの身分がある。官人は官吏・役人であり、多階層の位階序列によってその地位を等級づけられた。皇族以外の諸臣についていえば、正一位から少初位下まで三〇の官位階に区分される。昇殿を許される五位以上がいわゆる貴族であり、それ以下は下級官僚層である。受け取る俸禄は位階間で大きい格差があった。公民は農民からなる。戸籍に編入され、耕地としての口分田が班給される代わりに、租・庸・調・雑徭などの課役を賦課された。品部、雑戸は技術者や職人である。

律令国家はその行政区画を五畿七道に分けていた。五畿は都の周辺部の畿内であり、七道はそれ以外の地方区分である。七つの道はさらにいくつかの令制国に分割され、各令制国には国府が置かれた。国府とは令制国の国司（＝現在の知事に該当）が政務を執る施設（＝国庁）が置かれた都市で

畿内七道，令制国および主要な国府

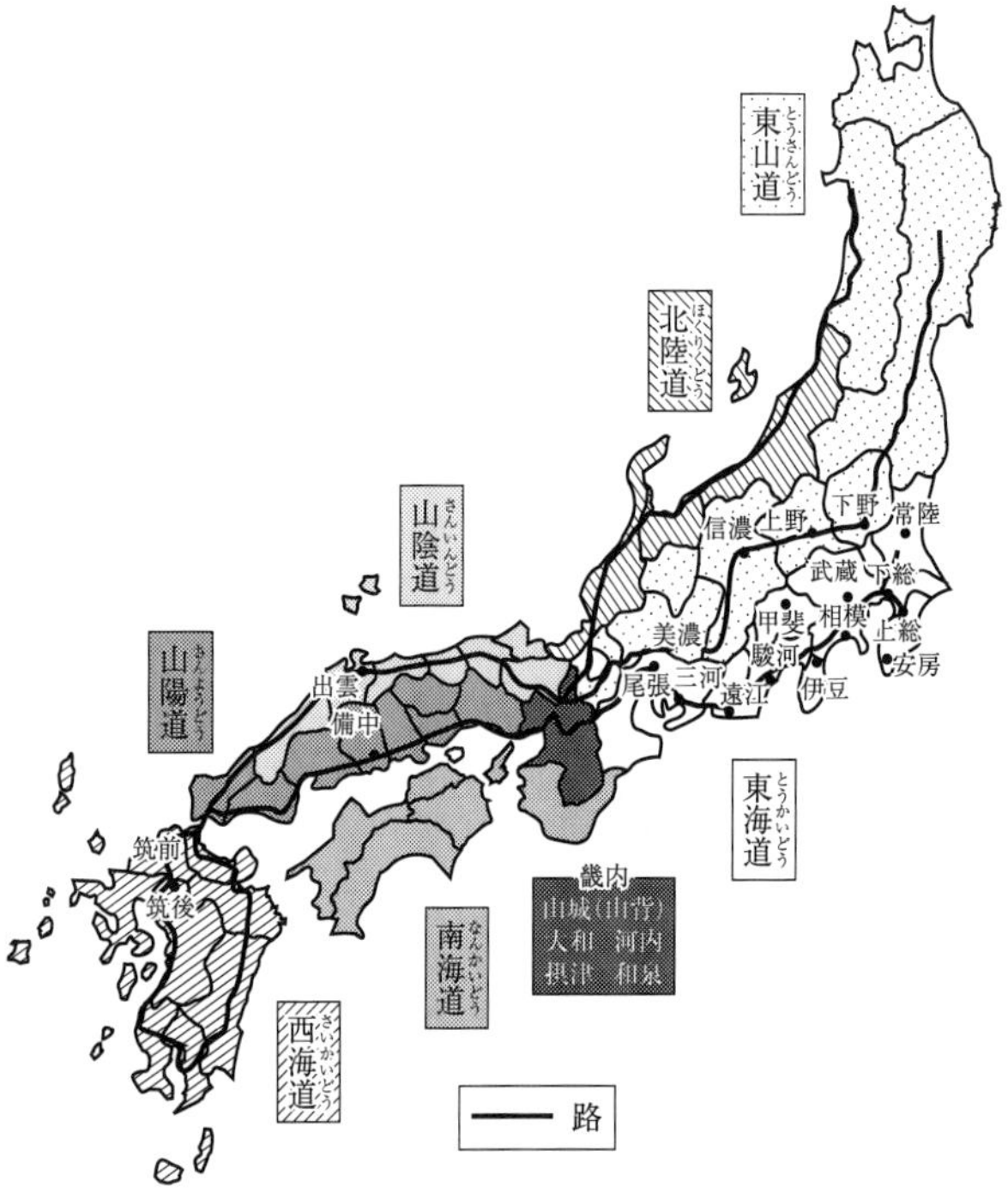

あり、役所が立地する街区は国《こく》衙《が》と呼ばれた。各令制国はさらにいくつかの郡に分けられ、その中心には郡の官人が政務を執る郡《ぐん》衙《が》が置かれた。郡衙の長が郡司であり、在地の有力豪族がその任に就いた。

中央集権下の上意下達を行うため、都と国府は駅制と呼ばれる交通網によって結ばれていた。外国使節が通る太宰府から都までの山陽道と西海道の一部は大路と位置づけられ、東国と都を結ぶ東山道と東海道は中路、その他は小路と位置づけられた。大路では三〇里（一六㎞―令制下の一里は約五三四m）ごとに駅家《うまや》が置かれたが、中路、小路ではその間隔はより長くなった。これらは目的地間を直線で結ぶ幅一〇メートル程度の道であった。

駅家は緊急連絡、公文書伝送、官人の公用旅行の拠点であり、宿泊・飲食サービスだけでなく、旅行用の馬やその飼料を用意していた。大路では二〇匹、中路では一〇匹、小路では五匹である。公務出張にさいして朝廷から渡された鈴（駅鈴）には、位階によって異なる刻みがあり、それによって調達できる馬数が異なっていた。また、国府と郡を結ぶ交通体系には、伝制と呼ばれる同種の仕組みがあった。その拠点の伝には馬五匹が用意されていた。

駅制と伝制は合わせて駅伝制と呼ばれている。駅を維持する人員は周囲の家から選ばれ、駅戸《えきこ》と呼ばれた。駅戸には大路は四町、中路は三丁、小路は二丁の田畑が与えられている。駅戸はこれを耕作し、その収穫を給食支給や馬数の維持に当てていた。駅の維持にあたった人員数は一二〇人から一三〇人といわれている。

これらの交通網はもっぱら官人の公用業務のためのものである。もっとも養老令（七五七年）の定めによると、私用の旅行でも、駅家での宿泊は官位五位以上の貴族たちや、また下級官僚でも位階の最下位である少初位以上であれば、不便な土地で他に方法のない場合には許されていた。しかし、宿泊のみで食料、馬と飼料の供給は受けることはできなかった。したがって、貴族の場合でも多くの日数を要した長距離の旅行は困難であった。まして、一般庶民には道中の宿舎と食料が確保できないため、旅はほとんど不可能であった。しかし、旅のインフラがこのような状態でも、古代には長距離移動の旅を強要された人たちがいた。

◆納税の旅

律令国家では、公民である農民は納税期になると、都まで旅立たねばならなかった。かれらを強制的に旅立たせたのは、租庸調制の下での納税の旅である。租庸調制は古代国家を支える財政基盤であり、一〇世紀に公地公民制が崩壊するまで続いた。租は農民に与えられた土地に対する税であり、農民に最低生活を保障するために低く抑えられた。租は田の収穫の三〜一〇%であり、国衙の正倉に蓄えられ地方の財源に当てられた。

庸と調は二一歳以上の男子に課せられた人頭税である。庸はもともと都に上って労役が課せられるものであったが、その代替物として米、塩、布、綿を都に納入することになった。これらは御所の衛士（＝守衛兵）や采女《うねめ》（＝後宮女宮）の食糧や、公共事業の雇役民への賃金・食糧に用いる財源となった。調は一七歳以上の男子に賦課された。その内容は繊維製品の納入を基本とするが、地方特産品あるいは貨幣による納入も認められていた。たとえば、常陸国からの庸調には米、塩、真綿以外に、魚、海藻、麦、鉄などの特産品が含まれていた。これらは中央政府の財源として、官人の俸給（位禄・季禄）などに充てられていた。

　庸調は都に運ばれ中央政府の財源となった。しかし庸調の人頭税は財源の中心であり、農民に過重な負担を強いるものであった。旅の歴史との関連で重要な点は、これらの庸調となった地方産品はそれを生産した農民みずからが搬送しなければならなかった点である。民衆のなかから運搬夫が指名され、国府の官人に引率されて都まで運んだ。奈良時代には車船による輸送は原則として認められていなかったので、農民は納税品を担ぎ徒歩で運んだ。

　しかも道中の食料などは自弁であり、必要な食料を持参しなければならなかった。しかし、当時、畿内以外のほとんどの地域から都への旅は往復で二週間以上を要した。この間に必要になる食料の重量を納税品の荷物に加えると、それは個人の体力の限界を越えていた。米だけ食べるとしても、一日に必要な米の重量は約一kgになるからである。こうして、遠方よりの納税者は十分な食料も持たずに旅立たねばならなかったのである。

　かれらが辿った道は、駅伝制によって設定された官道である。重い荷を担いだ都への旅は多くの日数を要した。道中、官人は馬に乗り駅舎などに宿泊した。しかし運搬夫は沿道の民家や寺、修験道場などに宿泊し、それがないときには野宿を強いられた。この過酷な旅のため、道中で多くの病人が出ただけでなく、道中の食料の不足から餓死する者もいたといわれる。これらは社会問題であるだけでなく、庸調が無事に都まで搬送されることは国家にとっても重要事であった。この問題を

納税の旅

©島 一恵

解決するため、仏教寺院の主導と国府などの協力により、旅行者のための一時救護・宿泊施設が各地につくられた。これらの施設は布施屋と呼ばれた。

布施屋は三軒から五軒の建物からなり、救護・宿泊施設と物資庫・食料庫から成り立っていた。救護・宿泊施設では食料の提供、けが、病気の手当、宿泊などのサービスが提供されたが、その機能の中心は救護にあり宿泊機能はきわめて貧弱であった。奈良時代の高僧、行基が布教にさいしてつくったといわれる布施屋がとくに有名である。

それらは山城国、摂津国、河内国、和泉国、備後国などにつくられた。これらは都に向かう畿内の要衝に位置するが、都にまで徴発された人民が食物もなく苦しんでいるのを見かねて設けたものといわれている。これ以外にも、大和国、武蔵国、相模国、美濃国、尾張国に寺社あるいは官営の布施屋がつくられた。

いずれにせよ、庸調は民衆にとってはきわめて過酷な税負担であった。帰路の食料不足のため、都近くにとどまる者が増えただけではない。税負担そのものを逃れるため、農民の浮浪、逃亡、偽籍が頻発した。浮浪とは本籍地を離れて、不法に他所に流浪し在留することであり、逃亡は無断で本籍地を離れ他所へ移住することである。さらに偽籍とは男が税負担の少ない女として戸籍登録することである。

浮浪・逃亡農民は地方豪族に身を寄せたり、貴族の従者になったり、あるいは僧侶になった。これらは口分田の耕作人を減少させて田畑を荒廃させただけでなく、庸調の都までの運搬人を減少させ、庸調の徴税を困難にした。さらに兵士自体も弱体化していく。過重な税負担は公地公民制を崩壊させるきっかけになった。

実際問題として、庸調を全国から陸路で徴集することは困難であった。西海道、南海道は九州、四国を含み海によって隔てられていた。また東国から都に上るには、いくつかの大河を渡らねばならなかった。下総国の太日河（＝現在の江戸川）、武蔵国の住田河（＝現在の隅田川）、駿河国の富士河、遠江国の大井河、尾張と美濃を分ける墨俣河などである。墨俣の両岸に布施屋を設けたことは、この大河の渡河がしばしば滞留したことを示している。

このため、八世紀の後半になると西国からの輸送には、海上輸送が本格的に導入された。人力による陸路輸送の原則は他の地域でも崩れていった。また租税は地方官がその責任において都へ搬送するようになっていったので、農民による納税の旅はなくなっていった。それにつれて、布施屋、寺院、道場も寂れていった。

◆防人の旅

強制的に旅をしなければならなかった庶民には防人もいる。防人は、七世紀後半から八世紀の中頃にかけて、律令制下で徴兵され北九州沿岸部に送られた兵士である。六六三年、朝鮮半島の白村江で日本は、唐・新羅連合軍と戦った。その敗戦以降、日本と唐・新羅などとの間に外交的な緊張関係が生じる。いつ侵攻を受けるかもしれないという脅威である。これに備えるため、大和朝廷は防人を筑紫に送り、太宰府の管轄の下に、九州沿岸部の防御に就かせたのである。

兵士たちは当時、東国と呼ばれた地域から徴集された。現在の静岡、南関東、甲信の地域である。旧称でいえば、遠江《とおとうみ》、駿河《するが》、伊豆、上総《かずさ》、下総《しもふさ》、安房《あわ》、常陸《ひたち》、武蔵、下野《しもつけ》、上野《かみつけ》、相模《さがみ》、甲斐、信濃などの諸国であった。

なぜ東国から防人が徴集されたのだろうか。東男が「出で向い 顧みずして 勇みたる 猛《たけ》き軍卒《いくさ》（＝敵に向かってひるまない勇敢な兵士）」（万葉集・四三三一）と見なされていたからである。白村江の戦い以降、律令国家の都は大津京（滋賀県大津市）、藤原京（橿原市）、平城京（奈良）へと次々に遷都した。これらの都から見れば、東国は遠国であるだけではない。それは大化の改新後における律令国家の辺境であった。蝦夷との係争を経て、律令国家の支配地域は次第に北進していくが、このような係争地に隣接した東国の環境が東男を逞しくしたのだろう。

防人の任期は最低三年であり、延長されることもあって、いつ帰れるともわからなかった。その間に税が免除されることもなく、食料も武器も各自負担であった。そのため、防人の任は農民にとっては重い負担となった。

遠い東国から九州までの旅は長旅である。東国から筑紫まで一千キロメートル前後離れている。当時の人はこれを一ヵ月半から二ヵ月かけて移動した（中西 進編『万葉集事典』に延喜式にもとづく旅程日数資料がある。）。往路は係の者が同行して連れて行った。しかし、任務終了後の帰路は付き添いがなく自分で帰らねばならなかった。

「万葉集」の巻一三、一四、二〇には、防人の歌と呼ばれる多くの歌が収録されている。この歌のほとんどは筑紫への往路にさいして歌われており、帰路についての歌はない。しかし、これらは防人の旅がどのようなものであったかを示している。筑紫への旅立ち命令は突然やってきた。「潮船の舳越《へこ》そ白波にはしくも負《おふ》せ給《たま》ほか思はへなくに」（＝潮路を漕ぐ船の舳先を越す白波のように、突然にも命じなさることよ。考えてもみなかったのに。「万葉集」・四三八九）と嘆いている。四三八九という数字は万葉集の歌番号である。

これによって東男は、その日常生活から突然に断絶され、旅立たねばならなかった。旅は日常生活からの別離であるが、日常生活を多様なかたちで反映する。防人に出る以前の生活はどのようなものであったか。「万葉集」巻一四には、東国の人たちの歌がまとめられている。いわゆる東歌《あずまうた》である。この東歌で詠まれている自然、風景、生物を見ると、東人は豊かな自然に囲まれ、それと調和しながら充実した生活をおくっていたことがわかる。

中心部は広大な関東平野であり、西方には富士の霊峰がそびえ、その手前には箱根、足柄山がある。北方には秩父山脈が連なり、東方ははるかに筑波の山陰が見えた。山裾はミズナラ、クリ、トチ、カエデなど落葉広葉樹林に覆われていた。空を見上げれば、鷲が天空高く舞い、山に入れば、鹿やイノシシが徘徊していた。これらの山々から流れ出た多くの水清らかな小川は、多摩川、利根川などへ合流し、豊かな土壌の関東平野を作り出し、太平洋に注いでいた。

平野の中心部には武蔵野台地がある。千年も後になって、国木田独歩が「武蔵野」のなかで描いた美しい自然とどのように異なっていたのか、想像の域を出ない。だが東歌で詠まれている題材からいくらかの推測はできよう。

そこには、高く生い茂った蘆、萩が果てしなく続く草原が拡がり、林や沼沢が所々にあり、清らかな小川が流れていた。沼沢には真鴨、小鴨が群れ遊び、林では山鳥がさえずり、ホトトギスの歌声を聞くことができた。草原にはキジが生息し、野ウサギが飛び跳ねていた。山裾の林では、クリ、トチ、クルミなどの木の実がとれ、野原、沼沢の水辺などは、アサツキ、イタドリ、ヨモギ、ワラビ、タケノコ、タラ、ニラなどの山菜、薬草などの宝庫であったことだろう。

また平地を切り開いた田には鶴が舞い降り、優美な姿を見せていた。穏やかな春の日差しに輝く新緑、夏にかけて咲き乱れる野原の草花、霞、時雨、山際でたなびきながらその姿かたちを変えていく雲、秋の紅葉、黄葉など鮮やかな彩りの変化、風のそよぎのなかで舞う落葉、そして水墨画の世界を現に映し出す冬景色など、四季によって変わる色あざやかな風景に取り巻かれていた。

人々は弓矢を持って山に入って、イノシシ、鹿、ウサギなどの狩猟を行い、手なづけた鷹によってウズラ、カモ、キジなどを捕っていた。水田で稲作を行い、畑には麦、粟を育てた。野辺で食用や薬用に茎韮《くくにら》、染料用に紫草《むらさき》などを採集した。海岸部では若布《わかめ》を採集し、船を仕立てて漁業に従事した。麻、綿を栽培し、また養蚕を行って、布を作り衣服や寝具を作った。馬を駆って草原を駆け抜け、必要とあれば相聞相手の愛しい女の様子をうかがいに出かけた。男女とも愛しい相手を獲得することは、生活上の最も大きい関心事であった。防人の歌に多く含まれる相聞歌がそれを示している。

防人の出立は、水鳥の飛び立つようにあわただしかった。父母と十分に話す時間もなかった。防人ができることは、自分が帰還するまで、年老いた親が面立ちも変わらず長生きして無事に暮らしてくれることを祈るだけであった。送り出す父は、家に残って待ちこがれるよりも、防人が身につける太刀になって守ってやりたいと願っていた。母は袖で涙をぬぐいながら泣いていた。（「万葉集」・四三三七・四三五七・四三四〇・四三四二・四三二六・四三四七・四三五六）。

妻の絵があれば、旅行中それを見て妻を偲ぶことができる。しかし、それを写し取る時間もなかった（四三二七）。幼子をかかえた妻がやせ細っていくことを思えば悲しかった。万葉歌人、大伴家持は、七五四年に兵部少輔《ひょうぶしょうゆう》になり、その翌年には難波津で防人の検校《けんぎょう》の任に就いていたから防人の事情をよく知っていた。この経験を踏まえ、彼は「鶏が鳴く　東男の妻別れ　悲しくありけむ年の緒長み」（＝鶏が鳴く東の男の妻との別離は、悲しかったろう。年月が長いので。万葉集・四三三三）と詠んだ。

東国は七道のうちの東山道あるいは東海道に属していた。筑紫《ちくし》（＝筑前・筑後の二国）に行くために防人はこれらの駅路を通って、難波の港に向かった。しかしその間、駅家の宿泊施設などを利用できたわけではない。駅路や駅家は急を要する公務出張や公文書の伝送のために作られ、宿舎などを利用できたのは官人や公文書を伝達する駅使などに限られていたからである。

防人は野宿を繰り返しながら、難波の港まで旅をした。その旅のつらさを、「わが家ろに　行かも人もが　草枕　旅は苦しと　告げ遣《や》らまくも」（＝わが家に行く人がいないかなあ。草を枕の旅はつらいと、告げてやりたいことよ、万葉集・四四〇六）と嘆いている。しかし、難波の港に集結した防人（万葉集・四三二九）は、そこから大船で瀬戸内を経て北九州の筑紫に向かった。船出を見送る親や妻はなく、東方の生駒山にたなびく雲を見て、そのはるかかなたに残してきた家族への想いをつのらせた。

現在では多くの旅立ちは自発的であり、旅人は期待に胸をふくらませて目的地に向かう。家を出立するやいなや、何ともいえぬ解放感に包まれる。旅の途中でも、目的地についても、そのまなざしは、日常生活では体験しなかった新しい、未知のものに向けられる。日常生活とはまったく異なる時間、空間に取り巻かれ、そのなかで非日常性を楽しむのである。居宅からの距離が離れれば離れるほど、この感がますます強くなる。

防人の旅はこれとまったく逆である。「今日よりは　顧みなくて　大君の　醜《しこ》の御楯《みたて》と　出で立つわれは」（＝今日からはすべてを顧みず、天皇の御楯の末になろうと、出発する。私は。「万葉集」・四三七三）といった類の防人はほとんどいない。かれらの多くは後に残してきた、それまでの日常生活世界につねに後ろ髪を引かれている。引いているのは父であり母であり妻である。

防人の歌は望郷の想いで満ちあふれている。旅の道ばたに咲く花を見れば、父母が花であったらなあと思い、どうして母という花が咲き出してこないかと嘆く（四三二五、四三二三）。忘れようとして、野を越え山を越えても父母が忘れられない（四三四四）。飲み水のなかに妻の影を見て、妻が自分を恋しがっているではないかと案じてしまう（四三二二）。いくら旅の衣を重ねても妻がそばにいないので肌寒い（四三五一）。家の方から日々風は吹いてくるけれども、妻からの便りを持ってくる人はいない（四三五三）。東国へ飛んでいく雁を見れば、妻への便りを書き付けたいと想う（四三六六）。

郷里では見たこともない風物に出会っても、何の興味も示さない。いったいどのようなところに連れて行かれるのか。あるのは闇夜のごとき不安だけである。「筑紫辺《つくしへ》に　舳向《へむか》る船の　何時《いつ》しかも　仕《つか》え奉《まつ》りて　本郷《くに》に舳向かも」（＝筑紫の方に船先を向けた船は、いつの日に任務を果たして故郷に船先を向けるのだろう、「万葉集」・四三五九）と、帰れるときのことだけを考えている。防人の歌には、父母を想い、妻を恋する歌に満ちあふれている。旅先でのあらゆることが、残してきた家族と結びつけられる追憶の旅になっていた。

◆ 遣隋使・遣唐使の旅

古代人のなかで旅をしなければならなかったのは公民だけではない。上流階層のなかにも強制的に旅をしなければならない人たちがいた。そのなかでもっとも苦難の旅は遣隋使・遣唐使の旅であろう。

遣隋使は六〇〇年から六一八年にかけて五回、遣唐使は六三〇年から八九四年まで十数回派遣されたといわれる。古代の大阪湾には難波津《なにわつ》と呼ばれた港湾施設があった。その遺構はまだ発見されていないけれども、現在の大阪市中央区付近ではないかと推測されている。現在でもこのあたり一帯は船場《せんば》と呼ばれ、南端は難波《なんば》と呼ばれている。遣隋使や遣唐使は、難波津から瀬戸内海を通り玄界灘から外洋に出て中国沿岸に向かった。それから、水路や陸路で遣隋使は隋の都、洛陽へ、遣唐使は唐の都、長安（現在の西安市）を目指した。

遣隋使の目的は、中国大陸国家と国交を開くという外交目的と、その制度、技術、物品、宗教など、一口でいえば文化を学ぶことであった。隋が比較的短期間で滅び、唐の時代になると、遣唐使の目的は、回数を重ねるにつれて、外交よりもむしろ文化輸入に重点が置かれるようになる。

とりわけ重視されたのは、まず、貴族たちの贅沢欲求を満たす物品であった。これらは唐物と呼ばれ、明治維新前まで贅沢品の代名詞になった。すでに源氏物語などにも、「蔵人所《くろうどどころ》・納殿《をさめどの》の唐物ども、多く奉り給へり」（「源氏物語」、若紫）といった記述がある。蔵人所は天皇側近の雑用を務める役所であり、納殿は宮中で歴代の宝物や衣服・道具類などをしまっておくところである。天皇がこれらに保管されている唐物をたくさん献上なさったというのである。

遣唐使のもう一つの目的は、先進的な中国文化を理解し、その知識を持つ人材を養成することであった。遣唐使一行は、大使など役人、兵士、医師、絵師、陰陽師、占い師、通訳、雑役係、水夫、船大工など、長旅に欠かせない人たちから構成されていた。この一行にさらに選抜された留学生・学問僧が随行したのである。現代風にいえば、官僚やビジネス・エリート候補生の海外留学・出張のようなものである。

現在では、これらの人たちは喜び勇んでこの種の旅に出かけ、親たちは子供の将来への期待を膨らませる。しかし、古代のエリートたちやその親たちはかならずしもそうではなかった。この時代、旅はあまりにも危険な試みであったからである。朝貢時期に合わせるため往路、帰路とも天候の悪い六・七月であったこと、外洋航海に耐える船舶や航海技術がそれほど発達していなかったことなどによるといわれる。

遣唐使はたいてい四隻の船に各一〇〇人程度に分乗して中国に向かった。八三八年に派遣された一行は最後の遣唐使である。それに、僧、円仁が参加していた。彼は旅の様子を詳細な日記に書き残した。「入唐《にっとう》求《ぐ》法《ほう》巡礼《じゅんれい》行記《こうき》」である。それは、後にエドウィン・O・ライシャワーによって、マルコ・ポーロの「東方見聞録」や、イスラムの大旅行家イブン・バトゥータの「大旅行記」に匹敵すると評された旅行記である（エドウィン・O・ライシャワー「円仁 唐代中国への旅」）。「入唐求法巡礼行記」によると、遣唐使派遣の経験がそれまでに積み重なっているにもかかわらず、依然として過酷な船旅であったことが記されている。

円仁たち一行は、六月一七日筑前博多を発ち、順風を待って志賀の島などに立ち寄りながら、六月二三日五島列島の最北端宇久島に着いた。そして同日午後六時、順風が吹いてきたので暗黒の大海に乗り出した。そのさい航海の安全を祈って、遣唐大使の藤原朝臣常嗣は画師に観音菩薩の像を書かせた。僧たちも読経して航海の無事を祈った。しかし、六月二七日になると、激しい波によって、船体の隅角や接続部に使ってある鉄の板が波の衝撃によって全部脱落してしまう。見張り人を帆柱にのぼらせて探らせても、まだ陸地は見えない。

六月二八日には、海の色が淡い緑色から白濁色へ繰り返し変わり始める。海は浅くなってきたが、強い風のため波は高く雷のよう音を立てる。座礁の危険性を議論しているうちに、船は強い風によって浅瀬に乗り上げてしまった。舵は砕け折れ、船の後部が破れ割れようとしている。やむなく帆柱を切り舵を捨てると、船は漂流し始めた。波によって船は東西に大きく傾き、波が船上を何度も洗うことになる。

船上の一同は裸になってふんどしを締め直し、神仏に祈る以外になすすべがなかった。船の骨組みの接続部の合わせ目は大波にたたかれて、みな外れ飛んでしまう。船が真ん中からまっ二つに切断されようとしたので、乗組員はそれぞれの活路を求めるのに必死であった。泥水が船中にあふれ出し、船は沈んで砂土の上に乗ってしまった。

六月二九日の夜には遠方に火の光がかすかに見える。七月二日になると、幸いにして満ち潮とともに船が浮き、漂流し始めた。しかし、二つの潮の合流による渦巻きに出会い、船は泥の中に埋まり始め、ほとんど沈没するばかりになった。波によって右に左に大きく傾くにつれ、居場所を替えることが数度に及んだ。もう死を待つばかりとなった。船底の板材が折れ、流れ去った。人々は涙を流して泣き叫び、神仏の加護を祈るばかりであった。しかし幸いにも、こうしたなかで救助船が現れ、一命を取り留めることができたのである。

十数回に及ぶ遣唐使の派遣のなかでも、円仁が経験したようなことはしばしば起こっている。渡海できずに中止したり、往路や帰路で難破したり、あるいは目的地以外に漂流した事例が多い。これらの事故によって海のもくずとなった人や、渡海に成功しても現地で病気などにより落命した人は多い。また帰国しようとしても、ついに果たせなかった人もいる。阿倍仲麻呂はその代表である。

天の原　ふりさけみれば　春日なる　三笠の山に　いでし月かも（「古今集」・八四六）

仲麻呂の望郷の念を伝えるこの有名な歌は後に百人一首にも選ばれた。

こうして、遣唐使として旅に出ることは、帰りのない旅立ちになるかもしれず、不運に遭えば死さえも覚悟しなければならないほど、きわめて危険なことであるという社会的通念が拡がっていた。こうした通念は数百年も前から続いていたものである。

「後漢書東夷列伝」（藤堂明保他全訳注「倭国伝」）に記すように、邪馬台国、卑弥呼の使者が三世紀頃から朝貢などの目的で中国に旅していた。三世紀の後半に書かれたとされる歴史書「三国志」の倭人についての記述（「倭国伝」）によれば、そのような旅人は残された家族によって死者と同じようになされていた。いわゆる持衰《じさい》の慣行である。

「倭国から使いが海を渡って中国に往来するときは、いつも一人を選んで、その人に髪をとかさず、しらみもとらず、衣服も洗わず汚れたままにしておき、肉を食わず、女を近づけないで、人を葬るときのようにさせる。…もし使節の旅が無事であれば、持衰する人に奴婢《ぬひ》や金品を分けてやる。もし途中、使節が病気になったり暴風雨にあったりしたときには、その者の持衰のしかたが不謹慎だったからといって、殺そうとする。」

その後数世紀を経ても、中国への旅の危険性についての社会通念は変わっていない。一〇世紀末期、平安中期に現れた日本文学史上最古の長編物語、「宇津保物語」の第一巻「俊蔭」には、遣唐使派遣に関わる当時の人々の心情を描いた次のような一節が出てくる。

「俊蔭一六歳になる年、もろこし船いだし立てらる。此度《こたび》は殊に才賢き人をえらびて、大使・副使と召すに、俊蔭召されぬ。父母悲しむこと、さらに譬《たと》ふべき方なし。…朝に見て夕の遅なはる程だに、紅の涙を落とすに、はるかなる程に相見むことの難き途に出で立つ。父母・俊蔭、悲しみや思いやるべし。三人の人、額をつどへて、血の涙を落として、出で立ちて、ついに船に乗りぬ。」

長く読み継がれる文学は、たとえ虚構にせよ、それぞれの時代の人々の典型的あるいは代表的な心情を映し出している。宇津保物語のこの一節は、一般の人たちにとっては遣唐使の旅がいかに悲しい旅であったのかを示している。遣唐使の旅をその人生に活かすことができた人は、空海、最澄、円仁のように、宗教家として強い信念と厳しい修行を通じて剛健な肉体を持ち、かつ無事に旅を終える幸運に恵まれた少数の人たちだけであった。

◆国司たちの旅

万葉の時代に旅をしなければならなかった上流人に国司がいる。律令制の下で各国に派遣された国司たちも代表的な旅人であった。かれらは地方の令制国へ中央から派遣された官吏である。守《かみ》、介《すけ》、掾《じょう》、目《さかん》の四等級があった。現代風にいえば、守は知事、介は次官、掾は部長級、目は課長級である。国司には任地に赴く者と、そうせずに官位に伴う給付だけを受け取る者がいた。国司四等官のうち、現地赴任して行政責任を負う筆頭者は、平安時代以降に受領《ずりょう》とも呼ばれた。官位からいえば、下級貴族である五位クラスの者が国司の任に当たった。

万葉歌人である大伴家持（七一八—七八五年）、山上憶良（六六〇—七三三年）なども、国司として各国に赴任した。家持は武門の家に生まれ、父は同じ万葉歌人であり、太宰府の長官であった大伴旅人である。家持は官位が従五位下であった七四六年に越中（現富山県）の守に任官し、七五六年まで務めた後、帰京した。その後も、因幡守、薩摩守、上総・伊勢の守を歴任している。山上憶良は、七〇二年に無冠のとき、第七次遣唐使に加わり、唐に渡った。帰国後、従五位下であった七一六年に伯耆守《ほうき》になり、七二六年には筑前守になった。帰京したのは七三二年である。

国司の任国への旅は公務であるから、従者を伴い、駅路を辿った馬、船を使った旅であった。また駅家を利用し、そこで替え馬、食事、宿泊など種々な支援を受けたであろう。防人の場合と異なって、旅の行程での苦労は当時としてはそれほどなかったはずである。国司たちの苦労はむしろ、都から遠く離れた任地での生活であった。

令制国で国司の居住場所はその中心地である国府である。国府は、国司が政務を行う国庁を中核とする都市域である。現在でも各地に残る遺跡後から見ると、国庁は中庭を囲むように正殿、東脇殿、西脇殿をコの字型に配し、南に正門があった。この門から出る南北道とこれと交叉する東西道が中心街路であり、それに沿って他の役所の建物や、国司公邸である国司館などが並んでいた。国衙と呼ばれる区画である。国衙には国司を補佐する官僚や職員が居住した。その規模は、二・三千人に及んだ太宰府を別にすれば、小国では数十人、大国でも数百人であったといわれる。

しかし、狭い国府を一歩外に出れば、まったく異なる光景が広がっていた。国府や国分寺は都風に建てられていたが、そこで地方文化が花開いていたわけではない。国府や国分寺を除けば、そこには田畑や手つかずの山野が連なり、山上憶良が「貧窮問答歌」で詠んだような困窮した農民が住んでいた。かれらは傾きつぶれかけた低い家に住んでいた。竈《かまど》には火の気もなく、雪まじりの雨降る夜は、ぼろぼろの麻衣を羽織って、地べたにじかにひいた藁の上で家族が身を寄せ合い、寒さに打ち震えていた。富と権力が都に一極集中したこの時代に、地方やそこで住む農民は、都での貴族の生活を支える道具に過ぎなかった。

大伴家持には、越中守時代に国府での生活を「いぶせし」（＝心が晴れずうっとうしい）と嘆いた長歌がある。「庭中の花に作れる歌」（『万葉集』・四一一三）と題された長歌である。およそ次のような内容である。

「天皇の遠い政庁とて、ここに任命なさった役目のままに、雪も深い越の国に下って来て、五年間も、柔らかな手枕をすることもなく、紐も解かず丸寝をしていると、心も晴れずうっとうしい。心を慰めるため、なでしこを我が家に蒔き育てたり、夏の野から百合の花を採ってきては庭に植える。それらの花を庭に出て見るたびに、なでしこの花のような妻に、百合の花の名のごとく後に合おうと心を慰める。そんな気持ちも持たずに、都から遠く離れたいなかに一日とていられるものだろうか。」

家持の憂鬱を慰めているのはただ一つ、いつかは都に戻って妻との再会をはたせる期待だけである。しかし、彼の憂鬱そのものはどこから出てくるのだろうか。何が任地生活を「いぶせし」といわせ、また「いなかに一日とていられるものだろうか」といわせたのだろうか。

越中の国府は現在の富山県高岡市にあった。その西北方向に隣接する氷見市との境界あたりは能登半島の代表的な景勝地である。小高い二上山《ふたがみやま》がそのあたりで富山湾に没している。白砂と青松の美しい海岸線がそのあたりに長く続く。今日では雨晴《あまはらし》海岸と呼ばれ、万葉時代は渋谿《しぶたに》と呼ばれたところである。岩礁が多いので、打ち寄せる波が白波となって砕け散る。その海岸から富山湾越しに見れば、夏近くまでその頂に白雪をかぶった立山連峰が連なっている。現代の観光客をも感動させるパノラマである。

家持も同じような光景を見て歌心を動かされ、いくつかの歌を詠んでいる。

玉くしげ　二上山に　鳴く鳥の　声の恋しき　時は来にけり（『万葉集』・三九八七）

馬並《な》めて　いざうち行かな　渋谿の　清き磯廻《いそま》に　寄《よ》する波見に（『万葉集』・三九五四）

渋谿の　磯の荒磯《ありそ》に　寄する波　いやしくしくに　古《いにしえ》思ほゆ（『万葉集』・三九八六）

などである。二上山に鳴くホトトギスなど野鳥の歌声、渋谿に打ち寄せる美しい波姿を気に入っていたのであろう。

しかし立山のような雄大で宏壮な眺めについては、現代人のようにその美しさを賞嘆するというよりも、山を神の住むところと考えていた古代人らしく畏敬の念を持って歌を詠んだ。

立山《たちやま》に　降り置ける雪を　常夏《とこなつ》に　見れども飽かず　神《かむ》からならし（「万葉集」・四〇〇一）

などはその代表歌である。

家持は雨晴海岸以外にも、奈呉や布勢といった近隣の海岸を訪れた。国衙の同僚やそこを訪れる都からの使者である貴族仲間と酒を酌み交わし、そのような折にこの種の歌を詠んだ。家持のように詩才のある者は、僚友との詩酒の間にその旅情を慰めていたのである。しかし、越中の美しい風景、それによって湧き起こる詩情、さらには友人たちとの宴も、越中生活を楽しいものにはしなかった。貴族の目から見れば、荒涼とした地方生活は、かれが後にしてきた都での貴族生活とあまりにも隔たっていたからである。古代の貴族にとっては、都のみが自分たちらしい生活が送れる世界であり、都の外は人の住むべき国ではなかったのである。

他方で、国司の任を終え、都に上る旅では旅程の進行の遅さが気になり、また都を知らぬ子供たちにとってはますます夢が膨らんでいく旅であった。

「男もすなる日記というものを女もしてみむとしてするなり」。この有名な冒頭文で始まる「土佐日記」は、土佐守の四年間の任期を終えた紀貫之が、九三四年に京へ帰る紀行文である。かれらの旅は、任地の土佐から四国南岸沿いを辿り、大阪湾を経て京に至る船旅であった。

この旅路は江戸時代になってもまだ時間を要し危険な旅路であった。山内藩は参勤交代に際して当初この行程をとっていたが、まもなく北上して山を越え瀬戸内海に出る行程に変更している。紀貫之は一二月二一日に任地の土佐を出立し、船旅は同二七日から始まった。京に帰り着くまで五五日間を要している。風、波、雨などの天候不順や海賊への恐れなどから、途中たえず停泊を余儀なくされたからである。

旅中に夫妻は娘のことを何かにつけて思い出す。娘は旅の途中で亡くなり、京へ連れて帰れなかった。しかしこの紀行文を一つの物語として読めば、思い出とともにそこには、一日も早く都に帰りたいと願うはやる心と、天候不順や海賊への脅威のため遅々として進まない船旅へのいらだちの相克が主題的な底流として流れている。

また「更級日記」は、上総の国府に任官していた父・菅原孝標につれられて都に帰る菅原孝標《すがわらのたかすえの》女《むすめ》の自伝風物語である。一〇二〇年、彼女は父や家族、従者とともに上総の国府を出発して京へ向かった。男は馬に乗り、女は従者がひく手車に乗って移動した。約百六〇里の行程を九一日間で移動している。途中病気や事故などのため、庵などを作って逗留しなければならなかったからである。しかし、著者にとっては、都に行けば、源氏物語の全巻が読めるかもしれないという文学少女の希望がふくらんでいく旅であった。

都からの下り旅とそれへの上り旅での旅人の心は、これほどまでに対照的であるが、いずれにしても、古代貴族の旅は都との関連を抜きにして語ることができない。旅は去ってきた都での生活の追憶を背景にして旅人の心を映し出す鏡になっていた。

古代において自発的な旅をしようと欲すればできた人たちは上流貴族だけであった。しかし、ほとんどの貴族たちは旅に出かけようとしなかった。一〇世紀の中頃に書かれた「伊勢物語」には、自分を勝手に無用な人間と思って東国に下る男の話が、「むかし男ありけり」という有名な書き出しとともに登場する。その主人公ではないかといわれているのは、在原業平である。歌人であり、また美男子として名高く、従四位上・蔵人頭・右近衛権中将の官位を占めた。公卿と呼ばれる上流貴族の身分である。

伊勢物語の男は、高貴な家柄の娘に思いを寄せ、ついには盗み出してしまう。しかし娘の家の者に取り返される。これが都中のうわさになって気まずくなり、同行の友人、従者数人をともない不本意ながら東国への旅に出る。

しかし、この男も、三河の国にいたり、その沢に咲く「かきつばた」の花を題材に旅の心を詠めといわれ、

からころも　着つつなれにし　つましあれば　はるばる来ぬる　旅をしぞ思ふ

と詠む。五七五七七の最初の文字が「かきつばた」になっている。さらに進んだ隅田川のほとりで、

京では見かけなかった鳥の名を都鳥《みやこどり》と聞けば、

名にし負《お》はば　いざこと問はむ　都鳥　わが思ふ人は　ありやなしやと

と詠んだ。その歌を聴いた同行の人たちは乾飯《ほしいい》の上に涙をこぼした。旅人の心にあるのは、去ってきた都での生活への郷愁だけである。

旅情はつねに日常生活と表裏の関係にある。現代人は日常生活をひとときでも忘れるために旅に出る。古代人は旅に出てもそれまでの日常生活をたえず引きずっている。古代人の旅を憂鬱なものにしたのは、旅先で経験し見聞する地方生活と都の生活のあまりにも大きい文化差異であり、また旅を悲しいものにさせたのは都での日常生活の思い出であった。

◆古代貴族の享楽主義

古代人、とくに貴族の旅心を憂鬱なものに、また悲しいものに変えた都での日常生活とはどのようなものであったのか。

平城京（七一〇年）、長岡京（七八四年）、そして平安京（七九四年）と遷都しながら、都での貴族の生活は次第に享楽主義の色彩を強めていった。享楽とは快楽に耽り楽しむことであり、享楽主義とはそれを人生の目的にすることである。この享楽主義の追求によって、とくに平安京以降は、東山の麓、鴨川の河畔にだけ、まばゆいばかりの貴族生活が花開き始めた。この背景には、政府のなすべき政治事業がほとんどなくなっていったことがある。

律令国家は、それまでの豪族による土地・民衆支配を否定し、権力と富を中央政府に、そして場所的には都に集中しようとした。そこでの政治権力を握ったのは貴族官僚である。少なくとも平安京遷都まで、かれらの政治事業の中心は国家の存立基盤を強固にすることであった。国際的には朝鮮半島の新羅や中国の超大国、唐との外交問題があった。国内的には蝦夷との抗争があった。

しかし、八世紀の中頃になると、唐も新羅も国内の混乱などで急速にその勢力を衰微させた。外国から侵略されるという脅威は消滅した。蝦夷との抗争についても、征夷大将軍坂上田村麻呂は八〇一年敵対する蝦夷を破り、蝦夷への防波堤として現在の岩手県奥州市に胆沢城（八〇二年）、現在の盛岡市近郷に志波城（八〇三年）を築いた。国内的には貴族の政治権力に対抗する勢力はまったく存在しなかった。平民はおとなしく、租税や使役によってこの貴族生活を支えていた。

政府にやるべき事業がないから、貴族官僚はその権力を使う場所がない。彼らの関心はその政治権力の存在をただ示すだけの、朝廷の儀式や仏教の法会をより華やかに美しくすることに向かっていった。政治家としての素質などは必要ではなくなる。儀式を華やかにするため、美しい容貌、上品な身のこなしだけが必要であった。これらは多くの貴族の生まれながらの特徴である。儀式は美しく着飾った殿上人・上達部《かんだちめ》（＝官位三位以上の政府高官）が役者として演じる一種の芝居となった。

政治がいわば遊戯になったのである（津田左右吉「文学に現れたる我が国民思想の研究」）。

このような時代の空気のなかで、貴族の個人生活にも享楽主義が横行した。この実現のために、貴族たちは二種のゲームに没頭した。ゲームというのは、一定の規則に従った、人間同士の争いである。

まず第一のゲームは恋愛ゲームである。このゲームはこの時代での結婚制度と深く関連している。その特徴は、一夫多妻であること、そして夫が妻の家に通うことである。求婚は男の方から和歌を付けた手紙を届けることから始まる。女心を捉える歌を詠めること、また達筆であることは不可欠の条件であった。女に受け入れられると、男は女の家に通うことになる。そして適当な時期が来ると、正室として同居することになる。しかし、正室が一人であったわけではない。

この正室すらも初めから正室と決まっていたわけではない。したがって恋愛ゲームにおける情交関係はきわめて不安定であった。春の野花に飛び交う蝶のように、数度訪れただけで通わなくなる男もいれば、男の情が移ると次の男を求める女もいた。「源氏物語」や平安中期の代表的歌人、和泉式部の愛の遍歴（「和泉式部日記」）はそれらの具体例を示し、藤原道綱母の「蜻蛉日記」は、移り気な男の情への女の怨念を克明に記している。

貴族の女たちはその姿を他人に見せない習わしであった。居宅では几帳や屏風の影に隠れ、外出するときは牛車に乗って出かけた。容姿に優れた女を見つけ出し、口説くことに男たちは必死であった。平安も後期になると、貴族の恋愛ゲームにかける熱情は、やがて見目麗しい女を容易に獲得できる遊女の里を生み出した。

遊女は、古代で宮廷に使えた女房、神事などに携わった舞妓、妓女などの女性官人に源流を持っている。彼女たちは和歌を詠み、その教養も高かった。律令制が変質・弱化していく過程で彼女たちは職能集団として座を組み外部へ出ていった。遊女たちのなかには公家社会と密接な関係を持ち、宮廷行事などにも参加する者もいた。彼女たちの社会的地位が著しく低下し、社会的差別の対象にもなるのは中世以降のことである（網野善彦「中世の非人と遊女」）。

大江匡房《おおえのまさふさ》（一〇四一―一一一一年）は、儒学者、歌人としても著名であるが、「遊女記」によって当時の遊女の様子を描いている。それによると、江口と呼ばれる場所には、多くの名妓、美女をかかえ、上流貴族たちも遊興した遊里があった。加茂川（鴨川）尻を少し下った草津から淀川を下り、神崎川と分流する地点である。西国から山陽道、西海道、南海道を辿って京に上るさい、かならず通る交通の要衝に位置していた。

この辺りは京都へ往来する船、釣り船、酒食を商う商人舟が往来していた。川面が見えないほど混雑した船の間を、遊女たちは老女が漕ぐ扁舟《ひらぶね》に乗って漕ぎ回り、鼓に合わせて今様（＝当時の流行歌）を歌いながら泊客を誘った。「遊びをせんとや生まれけむ　戯《たわぶ》れせんとや生まれけむ…」（後白河法皇編「梁塵秘抄」）と歌っていたのだろうか。

客を誘う扁舟《ひらぶね》の遊女

©島 一恵

「遊女記」によれば、客を求める声は川霧を留めるほどであり、今様の調べと鼓の音色は川風に余韻を漂わせて、天下第一の楽しいところとなっていた。貴族たちは一夜の情を交わすだけでなく、気に入った女がいると妻や妾にして子を生ませた。後白河法皇の女房、丹波局も江口の遊女出身である。

貴族の男たちはこれらのゲームのなかで官

能的快楽の実現を目指した。この恋愛ゲームが貴族生活の中心であり、生き甲斐であったことは、当時詠まれた和歌の大半が恋歌に関するものであり、また多くの物語がこのゲームを主題にしていることに示されている。しかし、貴族の女や容姿に優れた遊女は都に集中していた。地方では男たちが蝶となって飛び交える花畑は存在しなかった。いわば貴族の男たちにとって生活上の生き甲斐となる場が存在しなかったのである。

貴族たちは多情的な恋に身をやつす一方で、美しく着飾って種々な儀式に参列し、また蹴鞠、管楽、歌合わせに打ち興じ、また広大な居宅の庭園内に外の水を引き入れて流をつくり曲水の宴などを楽しんだ。曲水の宴とは、流れてくる盃が自分の前を通り過ぎるまでに詩歌を詠み、盃の酒を飲んで次へ流し、別堂でその詩歌を披講するという行事である。居宅には書物、絵画、磁器、その他の美術工芸品など、唐物を集めた。さらに吉野の美しい山、清き水に囲まれて遊宴を開き、宮廷生活を、近隣の山紫水明の地にまで拡張しようとした。

いつの時代でも贅沢は際限を知らない。享楽的・遊戯的生活をかぎりなく追求してゆくには、豊かな財力が必要であった。貴族たちは政府からの支給だけでは、次第に贅沢な生活の維持が難しくなっていった。享楽主義の経済基盤を確保するために、貴族たちはより多くの荘園（私有地）を確保しようとした。そのためにはより高い官位が必要であった。荘園の開設や確保が官僚統制のもとにおかれていたからである。こうして出世ゲームに邁進することは享楽主義実現のための第二のゲームになった。

八世紀頃から人口増もあって、税基盤を強化するため墾田が始まっていた。この推進のため、政府は耕地国有主義、班田制を次第に緩め、土地の私有化を認め始めた。貴族、寺院などは土地の私有化に邁進した。いわゆる荘園の始まりである。税制などに関して、有利な土地をより大きく獲得するには、官僚統制のなかではより高い官位とその維持を必要とした。貴族と官僚が結びつき、公器を利用して私腹を肥やす時代が到来しつつあった。

出世ゲームに勝ち抜くために、皇族は皇位、上皇の地位を争い、上流貴族は、より高い官位や、摂政、関白、太政大臣、左大臣、右大臣、大納言といった高い官職を得ようと争った。この出世ゲームの勝者は次々に対抗勢力を蹴落とすことに成功した藤原氏であり、いわゆる摂関政治を完成させた。天皇が幼児のときには摂政が、成人してからは関白が、天皇の政務代行職である。藤原一族はこの摂政・関白の地位を独占し、また娘を中宮として皇子をもうけることによって外戚となった。

一般の貴族官僚は、帝の周辺の人たちや藤原氏などの権家に諂《へつら》い従う以外に出世ゲームに生き残ることはできなかった。その実力を示そうとしても、政府に重要な政務・事業もなく、狭い都の中では実力発揮の場がなかったからである。「枕草子」第二段には、春の除目（＝定期人事異動）の頃の宮中の様子が生き生きと描かれている。

雪が降ったり、氷が張りつめていたりするなか、人々は申し文（＝申請書）を持ってあちこちする。年取って白髪頭だったりする人が女房の局に立ち寄り、自分ははなはだ才幹のある者と自賛した。同じ局の若い女房に馬鹿にされているのも知らずに、「どうかよしなに主上に申し上げて下さい、中宮様にも」などと頼み込んでいた。

貴族のなかでも、上流と下流の境目辺りにある官位五位クラスの貴族は、貴族としては軽蔑を受けながらも、あえて受領（＝現地赴任国司）として地方へ赴任した。土地私有化が進むなかで、受領になれば、種々な経済的恩恵が得られたからである。受領の期間は、享楽主義的生活に戻るための忍耐の期間であった。

都以外の地方はすべて田舎であった。東国の武蔵野のように、気候が温暖で広葉樹林が拡がり海山の自然の恵みが豊かな一部の地域を除けば、国民が貧困にあえぐ荒涼とした風景が拡がっていた。そこには貴族の享楽生活を支えるような文化基盤は未成熟であった。

一方、貴族が生まれ育った都の生活は、煩瑣な敬語的言語が飛び交う世界であった。この世界では、尊敬、謙譲、丁寧、およびそれらの組み合わせや敬語動詞の使い分けが要求された。平安朝の中古文では、主語がなくても誰が誰に何を話しているかがわかるのはこの敬語世界のためである。しかし、このような貴族にとって、民衆のしゃべる言葉は、「源氏物語」の明石の巻に記されているように、ほとんど理解できない言葉であった。

享楽主義を生き甲斐とする貴族たちの感覚から見ると、都以外は人間の住むところではなかったのである。貴族にとって都を離れるということはその全生活を捨てること、あるいは一時中絶することと同じであった。旅を悲しく、憂鬱にしたのは、貴族にとってその生き甲斐のすべてを失うことと同じであったからである。

◆日本的自然観の誕生

日本の自然は四季により美しく色どりを変える。古来、日本人はその変化を愛してきた。その証拠に万葉集以来の和歌を見ても、日本人はその感情を自然に仮託してきた。長々しい序詞などは、ほとんど自然の風景に関わっている。たとえば、

夏の野の　茂みに咲ける　姫百合の　知らえぬ恋は　苦しきものそ（「万葉集」・一五〇〇）

時鳥《ほととぎす》　鳴くや五月《さつき》の　あやめ草　あやめも知らぬ　恋もするかな（「古今集」・四六九）

といった歌がある。この歌で傍点部分が序詞であり、下句の心情部分に対応する自然風景である。

京から出て地方へ行けば、都では見られないような新しい自然に出会えるかもしれない。これが旅の誘因にならなかったのだろうか。現代の旅人の重要な動機の一つは、日常生活では見られない自然に出会うことである。古代人にはこのような動機はなかったのであろうか。

旅に出ようとすれば、自発的に出ることができた貴族でも、都の近隣以外に出ることを好まなか

った。古代において、貴族が個人的に自発的に自然を求めて地方へ旅に出たという記録はほとんど残っていない。地方が荒廃し盗賊などが横行して、安全な旅ができないというだけではない。古代人、とくに貴族が愛する自然そのものの内容に、自然を求めて旅に出ようとしなかった理由がある。

自然とは手つかずのままにある人間生活の環境である。それらは空、山、川、湖、海、動物、植物、そしてこれらに変化を与える気候がある。日本には、小高い山も多いが、富士山、南北のアルプスのごとき高山もある。また木々が生い茂る山もあれば、煙をたなびかせる火山もある。琵琶湖をはじめ大きい湖もあり、四方を海に囲まれている。古代には今よりも多種の動物が野山に生息し、多様な草木があった。しかし、日本の自然を特徴づけるのは、四季によるその諸相の変化であろう。

古代人はこれらの自然の諸相のすべてを愛したのではない。かれらがふれあおうとしたのはこれらの自然のごく一部である。古代人の感情生活ととくに関わったのは四季の変化である。かれらはこれに対応してその感情を表現しようとした。すでに万葉集の第八巻でも、雑歌《ぞうか》、相聞歌を春、夏、秋、冬に分けて編集し始めている。

九〇五年に奏上された最初の勅撰和歌集である「古今集」になると、全二〇巻のうちで、四季の名前を付けた巻が一から六巻を占め、恋歌、離別歌、物名歌、羈旅歌、離別歌、哀傷歌、雑歌など他のテーマをくらべても、もっとも多くを占めている。

万葉や古今のこれらの巻で、古代人は四季の何に心をひかれ歌を詠んだのだろうか。

例をあげれば、春には霞たなびくなか、芽吹き始めた柳、咲き始めた梅の花に飛来する鶯の鳴き声、雪が消えるとともに野に出始めた若菜（＝春の七草）、そして暖かくなって満開になるやすぐに春風や春雨のなかにはかなく散りゆく桜花であった。夏には、花橘に飛来する時鳥とその鳴き声、そして野辺に咲く卯の花、なでしこ、姫百合に情を動かした。

今までとは違う風や天空を渡る雁に秋の到来を知った。女郎花《おみなえし》、萩、藤袴、菊の花咲きを楽しみ、夜になると、雲間や木隠れの月を眺めた。天空に流れる天の川に隔てられた織女星と牽牛星にせつない恋の想いを感じ、キリギリス、マツムシなどが奏でる秋の夜の調べに耳を澄ました。日々種々に色づき多様な色模様を見せる紅葉、奥山から聞こえる鹿の鳴き声、浅茅につく露などで、深まる秋の足音を感じていた。冬になると、木枝に積もる淡雪を花に見立てて春の再来を願っていた。

古代人が愛した自然は、身の回りにある小さな美しい自然である。「春は曙《あけぼの》…」で始まる「枕草子」の序段は、平安朝人の自然美学を構成する小さな自然の組み合わせを示している。しかし、清少納言はどこからこの自然を眺めていたのだろうか。春の明け方の山際にたなびく赤みがかった雲、夏夜の月や闇に飛び交う螢、秋の夕方にねぐらに急ぐカラスや雁の群れ、風の音、虫の音、冬の早朝に見る白い雪や霜など、明らかにこれらの自然風景は、居宅あるいは宮中を立ち位置にしても見られるものである。

出歩くことがより自由な男の場合でも、愛した自然は居宅から近隣のいわば凡水凡山に限られていた。身の回りの小さな自然を愛するというこの自然観は、現代でも日本人の底流にある。それは後鳥羽院の歌に対する、昭和の文豪、谷崎潤一郎の関わりにも現れている。後鳥羽院は、平安末期に、新興武家勢力に対抗する政治家であるとともに、また屈指の歌人でもあった。歌論書、「後鳥羽院口伝」を表すとともに、「新古今集」を編むことを勅命した。この後鳥羽院には、

見わたせば　山もとかすむ　みなせ川　ゆふべは秋と　なにおもいけむ（「新古今集」）

という歌がある。

水無瀬川《みなせがわ》は淀川支流の一つであり、天王山の南西麓を流れる。この水域は、平安期頃には小動物や鳥が群れ遊ぶ自然豊かな地であり、貴族たちの遊猟地であった。昭和の文豪、谷崎潤一郎は、この歌枕の地を特定しようと出かけた。尋ね当てた場所に立って、その風景を次のように述懐している。

「それは…いわゆる奇勝とか絶景とかの称に値する山水ではない。…いかにも大和絵にありそうな温雅で平和な眺望なのである。なべて自然の風物という物は見る人のこころごころであるからこんな所は一顧の値打ちもないように感ずる者もあるであろう。けれどもわたしは雄大でも奇抜でもないこういう凡水凡山に対する方がかえって甘い空想に誘われていつまでもそこに立ちつくしていたいような気持ちにさせられる。」（「蘆刈」）。

この谷崎の述懐にうなずく現代人も多かろう。とくに現代でも中高年の人たちがグループを組ん

で近隣の山野へ日帰り旅行に出かけるのは、こういう自然を発見し山野草などを愛でるためである。

身の回りの小さな美しい自然を愛した古代人は、真夏に輝く太陽や抜けるような青空、その中を立ち上がる入道雲には関心を寄せなかった。その代わりにやさしい月光と天の川を眺めていた。「土佐日記」の紀貫之のように、太平洋を四国南岸に沿って長い船旅をするにしても、大海原の水平線とその向こうにある世界に思いをはせず、それに背を向け浜に打ち寄せる白波や浜辺の松林に目を注いでいた。多くの古代人は、周辺の小高い山にかかる雲や四季の彩りに目を向け、煙をあげる火山や、夏でさえその頂に雪をかぶる高山は神が住む世界として畏怖の念で眺めていた。

身の回りの小さな美しい自然は管理可能である。そのため古代人が愛した自然はやがてその享楽主義の対象になっていった。この種の自然をそのまま居宅の中に取り込もうとしたのである。古代人が理想としたこの極地を、紫式部は源氏物語の「少女《おとめ》」の帖で、光源氏の六条院として描いて見せた。嵯峨天皇の皇子、左大臣源融《とおる》の河原院《かわらのいん》をモデルにしたといわれている。宇治市の源氏物語ミュージアムにその模型がある。

須磨、明石の配所から許されて帰京した光源氏は、その居宅として、四町（約一二、〇〇〇坪）からなる広大な六条院を造営する。敷地は四つに区画された。

東南方向の春の宮には、築山を高くして春の花木が植えられ、前栽には五葉松、紅梅、桜、山吹、岩つつじがあった。北東方向の夏の宮には涼しげな泉と夏に木陰をつくる森のような植え込みがあった。水際には菖蒲があり、前栽には花橘、なでしこ、薔薇が植えられ、山里めかして卯の花の垣根が巡らされていた。南西方向には秋の宮があり、紅葉する木々が植えられた。遣り水によって泉水を流し、その音が高くなるように岩を立てて滝を落としていた。庭は広々とした秋の野の風情であった。北西方向は冬の宮である。深山木が植えられ、垣根は漢竹《からたけ》を配していた。雪を眺められるように松の木を植え、朝露を付けるように菊の間垣《まがき》を巡らしていた。

六条院は古代人が愛した自然をそのまま庭園としてほとんど取り込んだ事例である。光源氏はここに三の宮、紫の上、花散里、夕霧、玉鬘、明石の君などの妻や家族と住み、四季を巡る自然の変化を楽しんだ。六条院ほどではないにしても、多かれ少なかれ、庭園内に四季の自然を取り込もうとする欲求はその後に定着するにいたる。

中世になって、兼好法師は家にありたき草木として次のような物をあげている（徒然草、一三九段）。樹木としては、五葉松、一重桜、柳、桂、橘、草花としては山吹、藤、かきつばた、なでしこ、池には蓮、秋の草花としては萩、すすき、桔梗、女郎花、藤袴、われもこう、刈萱《かるかや》、りんどう、菊、蔦、葛、朝顔などである。この選択の根底にある自然観は古代人と同じである。

小さな美しい自然の管理は庭園だけではない。この享楽主義の対象は衣服にまで及んだ。四季の変化の基調は自然が織りなす多様な色調の変化でもある。いくつかの着物を重ねるとき、古代貴族は表裏の色の配合に気をくばった。四季によって着るべきいくつかの表裏配合があり、それぞれの配合にはその配色にふさわしい自然、樹木、草花の名前が付けられていた。たとえば、梅とよばれた色目は表が白、裏が蘇芳《すおう》の重ねであり、早春に咲き匂う白梅の花の色を表わしていた。これらを襲《かさね》の色目と呼ぶ（長崎盛輝、「かさねの色目─平安の配色美」）。

表と裏にどのような色を使ったか。若干の例を挙げれば、春には梅（白・蘇芳）、若草（淡青・濃青）、柳（白・淡青）、桜（白・赤花）などがあり、夏には卯花（白・青）、菖蒲（青・濃紅梅）、百合（赤・朽葉）、花橘（朽葉・青）などの色配合が着られた。秋になると、萩（紫・白）、紅葉（赤・濃赤）、貴紅葉（黄・濃黄）移菊《うつろい》（紫・黄）といった配合があり、冬には紅梅（紅・紫）、氷（白瑩・白）、雪の下（白・紅梅）、椿（蘇芳・赤）のような色目があった。

小さな美しい自然は、襲の色目として、季節、性別、年齢、場所がらによる衣生活の変化を支配した。十一月から二月に着るべき紅梅を三・四月に着ることは、清少納言のようなとくに鋭い感性を持つ人から見れば、まさに「すさまじきもの」（＝興ざめなもの）以外の何物でもなく、昼吠える犬、火おこさぬ炭櫃などに該当した（枕草子、二二段）。

このように、愛した小さな自然を居宅内や衣裳生活に取り込んでしまった古代貴族たちは、近隣の吉野などへの遊興あるいは温泉への湯治を除けば、自然を求めて自発的に都の外への旅に出ることはなかった。

◆古代のたそがれ

平安時代も末期になると、貴族中心の社会にも、たそがれが訪れ始めていた。そのなかで武士の足音が次第に高くなっていった。かれらの台頭は新しい時代の夜明けを告げるものであった。

武家の源流は古代後期から中世最初期にかけて出現した、清和源氏、桓武平氏、秀郷流藤原氏のような軍事専門の貴族である。清和源氏は清和天皇（八五八―八七五年）の皇子を祖としている。桓武平氏は桓武天皇（七八一―八〇五年）の孫が臣籍降下したのが始まりである。秀郷流藤原氏は名門藤原北家の流れをくむ鎮守府将軍正二位の藤原秀郷（通称、俵藤太）を祖としている。

名門の血をひくとはいえ、九世紀末になるとかれらの多くは没落した下級貴族であった。藤原氏が台頭し始めて、上流官位はかれら一門によって独占されつつあったからである。宮中での激しい権力闘争を経て、一一世紀の初頭には藤原氏による摂関政治が確立する。藤原一門は最高官職として摂政、関白の地位を独占した。

さらに一門のリーダー藤原道長は、娘を中宮や皇后にして天皇の外戚となることに成功し、一〇一七年には内閣事務機構の最高位、太政大臣に就任する。彼の権勢のもとに、都には後宮を中心に華やかな王朝文化が花開くことになる。こうしてかれは、

この世をば　わが世とぞ思ふ　望月の　欠けたることも　なしと思へば

と詠んで、自分の時代を謳歌した。

官位五位程度の下級貴族にとっては、現地赴任の国司としての受領ぐらいのポストしか残されていなかった。藤原一門のような上流貴族は、享楽主義に基づき、都での生活を離れることを望まなかったからである。しかし、軍事貴族の地方赴任は、やがて来る武家社会誕生の種子をばらまく撒《さん》種《しゅ》の旅でもあった。

かれらは赴任地の郡司たちとの関係性を強化した。郡司は中央から派遣された国司のもとで令制国の各郡を納める地方官である。地元豪族たちが世襲的にその任に当たっていた。かれらは大化の改新以前に地方の支配者であった国造《くにのみやつこ》の子孫であり、地元での伝統的権威とともに豊富な財力を持ち、中央と地方地元とのパイプ役になっていた。

それだけではない。国司たちは地元郷人の女子を妻妾とし、子をもうけた。わが国で日本中世史を初めて著した明治の史家、原勝郎はこのような事態が多く発生していたことを指摘している（『日本中世史』）。その根拠としてかれがあげているのは、貞観《じょうがん》一〇（八六八）年の禁令である。すでに天平一六（七四四）年の勅《みことのり》において、令制国の管轄範囲での女子をめとることを禁じているが、貞観一〇年の禁令はそれをさらに厳しくしてその女《むすめ》を嫁に差し出す郡司らだけでなく、それを娶る国司もともに現任を解くという厳しいものであった。原勝郎はこの禁令もほとんど行われなかったと述べている。

国司たちは数年間の任務が終わると正妻や嫡流のいる都に帰った。しかし国司たちが任地でもうけた子は母のいる令制国に留まった。こうして都と地方との間に異母兄弟の親族関係ができた。父は都の貴族であり、そこには異母兄弟もいる。任地に残された国司の子は、これらの関係を通じて、都の情報や文化を他の地元民よりもいち早く知ることができたであろう。一方、母方は地元の有力豪族である。これらの関係を通じて、令制国に残された国司の子は他に抜きんでた地方豪族として育っていった。武家の有力家門はかれらや、それと婚姻・主従関係を結んだ郡司らの子孫である。

一〇世紀以降、都の貴族たちはますます享楽主義に陥り、その奢侈生活を支えるため地方への重税賦課を強めていった。このため、地方は荒廃し都への庸調の運送品を奪う海賊群盗が徘徊した。重税を取り返そうとした郡司たちがその中に混じっていたといわれる。地方豪族のなかでは、家督相続、領地を巡る争いが生じ、また国司の命に反して納税を怠る者も出始めた。また武家はより高い官位を望んだが上流貴族たちは武士を蔑視してかれらに高い官位を与えなかった。

一〇世紀の東国に生じた平将門の乱、西国で生じた藤原純友の乱、一一世紀の東国で生じた平忠常の乱、前九年・後三年の役など、大きい戦乱はこのために生じた。国府まで占領されたこれらの乱を鎮めるために、貴族は武家の軍事力にますます頼るようになる。武家は一族郎党を率いて乱を鎮めるため各地に向かい、また都の貴族たちを警護するために領地と都の間を移動するようになった。

さらに保元の乱（一一五六年）や平治の乱（一一五九年）では、皇位や官位を巡る貴族間の争いに貴族たちが武家の武力を利用するようにまでなった。この機会を捉えた平清盛は貴族たちの間をうまく立ち回った。対宋貿易などで得た財力や武力を背景に、一一六七年には武士として初めて太政大臣にまで上り詰め、政治権力を掌握した。一一七二年には娘徳子を高倉天皇の中宮とすることに成功し、一一八〇年には徳子が生んだまだ三歳の幼子への譲位を高倉天皇に迫った。後に壇ノ浦で入水した安徳天皇である。

武家の行動は貴族とはまったく異なっていた。貴族の個人的利己主義に代えて、一族郎党との集団主義を重視した。狭い都での閉じられた生活しか知らず、地方の庶民を自分たちの奢侈生活のための道具としか考えなかった貴族に対して、武士は地方の生活実態をよく知り、それを自分たちの権力基盤であると考えていた。貴族は先例主義にもとづく儀式的政治しかできなかった。そのさい、有識《ゆうそく》故実《こじつ》や先祖が書き残した日記だけが頼りであった。一方、武士は時代の変化を読み取り、それに対応した現実的な政治を行おうとした。

このような武家の行動は旅の様式にも現れた。その例の一つは天皇、上皇、法皇などの行幸である。古代ではかれらの行幸は御輿を使い、吉野、熊野、伊勢など都からの近隣地に限られていた。しかし、一一七四年に高倉天皇の父、後白河法皇は福原やさらに遠く厳島（宮島）まで行幸した。

福原は清盛が遷都を目論んでいたところであり、厳島は平家の守り神を祀っている。海路も使った遠距離の行幸の最初であり、貴族たちを驚かした。法皇が編集した「梁塵秘抄口伝集」には、厳島で当時の流行歌である今様を聞き感激されたとの記述がある。

清盛はまた法皇の子、高倉上皇にも福原、厳島への行幸を強く迫った。まだ数え年三歳にも満たない清盛の孫、安徳天皇に譲位した一一八〇年のことである。このときには短期間であるが福原への遷都が行われている。上皇の近臣、源通親は旅の様子を「高倉院厳島御幸記」に詳細に記している。殿上人十余人、上達部七・八人などが随行したこの旅は、貴族たちにとってかならずしも楽しい旅ではなかった。同御幸記には、

「厳島の御幸あるべしとて、弥生《やよい》の三日、神宝始めらるべき日次《ついで》の沙汰あり。位降りさせ給ては、加茂、八幡などへこそいつしか御幸有《ある》に、思ひもかけぬ海のはてへ浪を凌《しの》ぎて、いかなるべき御幸ぞと歎き思へども、荒き浪の気色、風もやまねば、口より外に出《いだ》す人もなし。」

と、海路での遠い旅の不安が記されている。

草津より淀川を下り、摂津につけば、福原から中国人も乗せた唐舟が迎えにきていた。清盛が日宋貿易に使った宋船であろう。絵でしか見たことのなかった貴族たちはそれに驚く。しかし天候が良くないので陸路で福原まで行き清盛の歓待を受けた。そこから海路で須磨、明石、加古川、家島、

児島、玉島などを経て厳島に着く。一〇日足らずの船旅であった。途中の宿泊地では一行のための宿泊所が十分に用意されていた。厳島では数日滞在し神楽などを奉納し、その後一週間ほどかけて都に帰り着いている。

政権を奪った平氏一門は急速に貴族化した。後白河法皇や藤原摂関家との権力ゲームのなかで、平氏はゲームのルールを変えようとはしなかったからである。貴族社会が設定したゲーム・ルールに従って権力を掌握しようとした。具体的には官位位階を頂上まで上り詰めることであった。清盛が最高官職の太政大臣に就任し、その兄弟や子供たちが参議となって朝政に参加し、高官位に名を連ねた。こうしてその出自が武士でありながら、平家一門は上流貴族の仲間入りをすることとなった。平家の公達《きんだち》と呼ばれる由縁である。

都に豪壮な邸宅の甍《いらか》を並べ、日常生活も貴族化した。一一七二年、清盛の娘、平徳子（建礼門院）が高倉天皇に入内して中宮になったとき、平家一門の栄華は頂点に達した。この建礼門院の女官であり、また平資盛（＝平重盛の次男。母は藤原親盛の娘。位階は従三位まで昇叙、新三位中将と称された）と恋愛関係にあった右京大夫は、平家滅亡後に私家集「建礼門院右京大夫集」をあらわした。歌に付けられた長い詞《ことば》書きのなかで彼女は、夢幻のごとく過ぎ去ってしまった平家一門の栄華を追憶している。

平家の公達たちは色配合などに意を用いた瀟洒な衣裳を身をまとい、宮中に出入りした。たとえば、「少将（平維盛《これもり》）は…ふたあゐの色こき直衣指貫《なほしさしぬき》わかかえでのきぬ、その比《ころ》のひとえつねのことなれど、色ことにみえて、警固の姿まことに絵物語にいひたてたるように、美しくみえしを…」（「建礼門院右京大夫集」）といった類である。

文中で、直衣は公家たちの平常服、指貫は足下をくくるようにした袴、ひとえは現代風にいえばシャツである。「ふたあい」とは紅花と藍で染めた紅色がかった青色、「わかかえで」は表は薄萌黄、裏は薄紅梅を合わせる襲の色目の名称である。その姿に武人の面影はまったく消えていた。かれらは女房たちもまじえて、管弦花月の遊興に耽るようになっていった。

II　比較と漂泊——中世の旅——

一二世紀の平安後期から一六世紀にかけて中世と呼ばれる時代が到来する。中世は古代と近世をつなぐ時代区分である。武家の台頭が古代と中世を区分し、中世と近世は強力な全国的中央政権（徳川幕府）の成立によって区分される。しかし、中世がいつ始まったのかについては諸説があり一定しない。実際に平安末期には、古代の特質と中世の特質が混じり合い、これから見れば古代と中世が重なり合う過渡期である。

旅の様式はその時代の社会や人々の生活様式を強く反映する。中世も同じである。中世は日本の歴史上、大激動の時代であった。これによって旅の様子も大きく変貌した。何よりも旅は古代の旅のように、かならずしも非自発的に強制される悲しい流離の旅ではなくなっていた。旅のイメージ自体が大きく変わりつつあった。中世中頃の一四世紀になると、兼好法師は、「いずくにもあれ、しばし旅立ちたるこそ、目さむる心地すれ」（徒然草、一五段）と書いた。

私用で旅立つ人が増え始め、誰が旅をするかの内容も変化した。貴族、武士、僧侶、さらには商人、工人、芸人など職能人の旅人が生まれた。しかし、一般庶民の旅人が増えたというわけではない。中世で旅をするには、旅中での宿泊・飲食、そして身の安全性を確保できることが条件であった。

貴族は護衛も兼ねた従者をともなない集団で旅行した。武士は貴族のように集団旅行でなくとも、その身を守る武芸を身につけていた。商品調達のため遠隔地まで出向いた商人たちは一人あるいは集団で旅行した。物騒なところでは猟師などの護衛を雇った。各地を回る職能人は同業仲間のネットワークやその技能によって、旅中の宿泊場所や飲食を確保できた。何よりも彼らは旅のなかで生きていたから旅慣れていた。僧侶の旅の多くは一人あるいは従者一人を連れた旅である。僧形であるため身の安全性を確保できた。また各地の寺社の宿坊などで一夜の宿りを確保し、お布施の米銭によって飲食を確保できた。中世の旅人はこれらの人に限定されていた。

旅の様式への武家台頭の最大の影響は、旅のネットワークを飛躍的に拡大したことである。古代では、都から各令制国に伸びる放射状のネットワークを、少数の旅人が往来するに過ぎなかった。しかし、武家が台頭し、武家社会が実現して行くにつれて、この単極の細い旅路からなる放射状ネットワークは、新しい政権の地、鎌倉の登場によって複核型に変化した。両極を結ぶ東海道には多くの旅人が行き来するようになった。

やがて各地に大名領地が形成されると、旅人が全国各地間を往来するようになり、その数も増大した。古代では旅の移動方向は都を中心に主要都市へ放射状に拡がっていたが、中世になって城下町や交通の要衝に定期市などが現れ始めると、旅人の交流は全国各地を結び始める。このネットワーク拡大の過程は、武家社会発展の過程を抜きにして語れない。自発的に個人で旅立つ人も現れた。こうして旅の道中に、旅人が感じる旅情も多様化の兆しを見せるようになる。その内容は、現代の旅にも通じるいくつかの旅情の根源を含んでいる。

◆無常の時代

中世ほどめまぐるしい時代はない。とくに政治上の覇権の所在が次々に変化した。藤原摂関政治の衰退、院政、平家の全盛、源氏三代による鎌倉幕府、北条の執権政治によるその継承、建武の中興による皇室の束の間の復権とその挫折、南北朝の併存、足利氏による室町幕府、応仁の乱をきっかけとする戦国時代への突入、下克上による群雄割拠と各地大名の盛衰、信長・秀吉による統一などである。

この激流は、メガトレンドとしては、武家の台頭と貴族の衰退を基調にしていた。そのなかで、個々人の人生は翻弄された。覇権を巡って、武家の間にも盛衰があり、貴族の間にも官位を巡る闘争のなかで各家門や個人の地位の変転が生じたからである。少数の権力者を除けば、多くの人の人生出世ゲームは、既存組織でのピラミッド・クライマーとして行われる。しかし、ピラミッドを途中まで登ったところで、主家の衰退や滅亡などによりピラミッド自体が崩壊した。現代サラリーマンの人生がその会社の盛衰に大きく左右されるのに似ている。一般庶民の人生も、相続く戦乱、それに伴う為政者の交代、そして領地再編のなかで、猫の目のようにめまぐるしく流転した。

「方丈記」の著者、鴨長明は一一五五年に生まれ、一二一六年に没した。かれの生きた時代は、武家政権が誕生して中世がその姿を大きく現し始めた動乱の時期である。かれが生まれるとすぐ、貴族階級の凋落と武家の台頭を決定づけた保元の乱（一一五六年）、平治の乱（一一五九年）があり、平清盛に率いられた平家一門が覇権を握って、都に豪壮な甍《いらか》を連ね平家全盛を誇った。その隆盛は「平家にあらずんば人にあらず」という言葉によって後世に残されている。

しかし清盛の死後まもなく、一一八五年には平家一門も壇ノ浦のもくずとして消えていった。平氏を滅亡させた木曾義仲や源義経も、短期間の間に歴史の舞台から姿を消した。一一九二年になると、源頼朝は京都を遠く離れた要害の地、鎌倉に幕府を開き、新しい覇権を確立しつつあった。それとともに、頼朝を支えてきた源範頼、梶原景時・景季、畠山重忠、和田義盛などの重臣たちも、権力闘争のなかで次々に消えていった。

「ゆく河の流れは絶えずして、しかももとの水にあらず。よどみに浮かぶうたかた（＝泡沫）は、かつ消えかつ結びて、久しくとどまりたるためしなし。世中《よのなか》にある人と栖《すみか》と、又かくのごとし。」

「方丈記」の冒頭を飾るこの一節は、時代の無常を語る名文として、今日にいたるまで広く知られている。かれは世を捨て、京都の日野近くの山中にわずか四畳半程度の庵を結んでいた。そこからかれは、個人の人生が天変地異や社会激動に翻弄され、また家門がはかなく盛衰していくさまを眺め追憶していた。

しかし、個人や家門の運命における無常は、つねに革命的変化による時代の激動によって生み出される。中世の革命的変化の内容は、武家の台頭を基軸として、それに伴って生じた商品経済の拡大と鎌倉新仏教による宗教改革などである。これらの革命的変化は、同時に旅の支配的様式を大きく変質させるきっかけにもなった。旅の支配的様式とは、どのような人が何の目的を持って、どのような場所へ、どのように旅をするかの時代的特徴である。この変化とともに、旅のインフラが発展し、各旅人が感じる旅情もその内容を多様化させていくことになる。

◆新しい旅先としての鎌倉――比較のまなざし――

平家一門の専横は、平治の乱で平氏に敗れ各地に散っていた源氏一族や、政権を奪われた後白河法皇、貴族たちの反発をかった。清盛の死に先立つ一年前の一一八〇年、源頼政、木曽（源）義仲、源頼朝らの挙兵が各地で相次ぎ、種々な戦いを経て一一八五年平氏一門は壇ノ浦の戦いで滅亡する。一一九二年源氏の棟梁、頼朝は後白河法皇によって征夷大将軍に任じられ、京を遠く離れた鎌倉に幕府を開いた。平氏、義仲、義経などの轍《てつ》を踏み、貴族政治・文化に呑み込まれ、武士の精神を骨抜きにされることことを恐れたからだろうか。

頼朝は守護、地頭を東国中心に置き、軍事、行政、経済の権限を掌握した。守護とは国単位で設置された軍事指揮官・行政官であり、地頭とは荘園・国衙領（公領）を管理支配するための職である。鎌倉と京都の二頭政治の抗争は、荘園での貴族と地頭との紛争に現れた。貴族の荘園はとくに西国に多かったが、上皇の荘園などは広大であり東国にも及んでいた。地頭が設置されると税の滞納が起こり、地頭と上皇の近臣の争いが続いた。都の貴族たちはかれらの経済基盤が武家政権によって侵犯されることに気づき始めた。

またうち続く戦乱のなかで、貴族たちは軍事力の重要さを知った。そのため武芸を好んだ後鳥羽上皇は、一三世紀の初めころから軍事力として西面武士を組織し始めていた。それは上皇に仕え、身辺警護、奉仕にあたった武士団である。関東や在京の御家人を中心に構成され、西国の有力御家人や武士が参加していた。後鳥羽上皇は、この武力を背景に、また全国に倒幕の院宣を発して、朝廷の権限を復活させようと企てる。

一方、挙兵を知った鎌倉では、頼朝の妻、北条政子が鎌倉武士を前に、「故右大将（頼朝）の恩は山よりも高く、海よりも深いはずだ」と檄を飛ばしていた。これに鼓舞された東国武士の大群が都に押し寄せ、朝廷側は敗れてしまう。一二二一年の承久《じょうきゅう》の変である。これによって幕府の権限は西国にまで及ぶようになった。幕府は朝廷方の動きをつねに監視するため、また京都での軍事行動の拠点として、六波羅にあった旧平清盛邸を改築して役所とした。これはその後に六波羅探題となり、京都と西国の動向を監視する鎌倉幕府の直轄機関として機能した。

鎌倉は名実ともに武家政権の中心地になった。鎌倉は南が相模湾に面し、他の三方を山に囲まれる要害の地である。古代から鎌倉には社寺があった。やがて源氏の父祖ゆかりの地になり、一一世紀の中頃から鶴岡八幡宮は源氏の氏神をまつっていた。この鶴岡八幡宮から由比ヶ浜に向かう若宮大路を中心に、幕府は六大路を碁盤の目状に配した都市を造った。鶴岡八幡宮の周囲には幕府の中枢施設が立地した。建武の中興によって、鎌倉幕府が滅ぶ一三三三年まで政治の中心地であった。

今日でも多くの旅人は都市ツーリズムの行き先として、過去あるいは現在の権力中心地を訪れる。奈良、京都は前者の例であり、東京は後者の例である。鎌倉は新しい権力の中心地として、中世の旅人にとって重要な新しい旅先になった。蜜に蟻が蝟集《いしゅう》するように、権力中心地は多くの人を吸引する。中世三大紀行文として、後世まで多くの人に読まれた「海道記」、「東関紀行」、「十六夜日記」の行き先はすべて鎌倉である。

「海道記」と「東関紀行」が書かれたのは、武家政権が確立した直後の一二二三年と一二四三年である。旅の目的はいずれも定かではないが、新しい権力中心地を見たいという動機はたしかであろう。かれらは鎌倉をどのように見物し、何を感じたのだろうか。

「海道記」の著者は未詳であるが、京都に住み中年にいたって出家した五〇歳過ぎの男である。文中の記述から見ると、承久の変で誅せられた上流階級に縁故があった。京都を発ち鎌倉に着いて、中心街の若宮大路近辺に宿を取る。多くの人の来訪に備えて、旅人のための宿泊機能が十分にできていたのであろう。かれは鎌倉に数人の知己・友人を持っていた。一〇日ほどの滞在中、かれは鎌倉を見物し友人に会って語り合う。

彼の日に鎌倉は海山に囲まれて景観が美しく、広くもなく狭くもなく、路が四方に通じた「聚《しゅう》」(＝集落)、「邑《いふ》」(＝村里)として映っていた。しかし都と比較すれば、景観が美しく、剛勇の人と賢い人を選んで住まわせ、賑わっていると評している。東南の角にあった港での賑わいや商人たちの活気に驚き、三方の山裾に頼朝が建立した大御堂(勝長寿院)、二階堂(永福寺)、鶴岡八幡宮を見て回り、その豪華絢爛さを賞賛する。将軍の住居を隙間からのぞいて、美しい建物の緑色のすだれは喜びの色をあらわしていると感じる。ここを訪れる多くの人馬を見て、将軍の「威光は高く輝き、万人が仰ぎ見る」と賞賛の声を上げる。

しかし、心の底の想いはどうであったろうか。古い友人と心の底を語り合った会合では、「先ず、往事の夢に似たることを哀しびて、次に、当時の昔にかはる事を歎く」(＝まず、昔のことが夢のようであることを悲しみ、次に、今の世が昔と違っていることを歎く)。これが本音であろう。鎌倉と将軍の威光を賛美しながらも、京の都を中心にした貴族の時代が夢のごとく過ぎ去り、勝手の違う武家の時代が到来したことを歎いているのである。これは貴族社会に関わっていた人たちの共通の想いであり、また藤原家の本流として、なぜ貴族の時代が武家の時代に変わったかの歴史道理を追求しようとした、慈円の「愚管抄」（一二二〇年）の根底を流れる想いと同じである。

「海道記」から二〇年後に書かれた「東関紀行」の著者も未詳である。貧しいが人並みの生計を立て、世俗にあるが心は隠遁状態にあるという五〇歳近い男である。京から鎌倉に着き、低い身分の者のみすぼらしい家を借りて約二ヵ月間滞在している。旅宿が都とは異なりわびしいといいながらも、「海道記」の著者と同じように、大御堂、二階堂、鶴岡八幡宮などを見物し、また建設中の大仏を訪れ、次第に鎌倉に心がひかれていく。

しかし、「文にも暗く武にも欠けて、終に住み果つべきよすがもなき数ならぬ身」（＝学問にも暗く武芸も達者ではないし、生涯をこの地で送るような方法を持たない、取るに足らぬ自分）であることを悟り、都に帰ることになる。滞在日数から見て、新しい求職の旅であったのではなかろうか。その悲哀は会社倒産の憂き目にあり、再就職しなければならないが、どこといってウリのない中年サラリーマンに似ている。

「十六夜日記」が書かれた一二八〇年ころは、第一回目の蒙古来襲（一二七四年、文永の役）を乗り切り、次の来襲（一二八一年、弘安の役）に備える騒然とした時代であった。しかし、鎌倉幕府は、北条執権政治のもとに確固とした基盤を築いていた。「十六夜日記」の著者、阿仏は大納言藤原為家の側室であり、歌人、歌道家であった。出家後は阿仏尼と呼ばれる。大納言は太政大臣、左大臣、右大臣に次ぐ内閣事務機構の地位であるから上流貴族といってもよいだろう。彼女は実子、為相《ためすけ》のため細川庄の相続権を幕府に訴えるため京から鎌倉への旅立ちを決意する。

阿仏尼は、一〇月一六日に旅立ち二九日に鎌倉に着き、翌年の秋まで鎌倉に滞在した。彼女が住んだ場所は、海が近い山裾の山寺の近くであった。ひっそりと物寂しいところであるが、波の音、松の枝葉を吹き抜ける強い風の音だけが聞こえていた。長逗留にもかかわらず、不思議なことに「十六夜日記」には、鎌倉についての記述は住んだ場所以外には出てこない。出てくるのは、都での知人、友人との便りのやりとり、それにともなう贈歌、返歌だけである。

訴訟に忙しく、鎌倉見物をするゆとりがなかったのだろうか。しかし、旅の道中での景観や名所、旧跡については多くの記述がある。長逗留であり、訴訟をするためには若宮大路近くに出向く必要があったから、鎌倉の主要場所を見たはずである。だが、阿仏尼は都での友人、知人との頻繁な便りのやりとりを通じて、彼女の都での日常生活であった歌の世界に閉じこもっている。

鎌倉での彼女の心情生活は、そこまで拡張された都での生活だけである。それとともに彼女は幕府が訴状に対して正当な判決を下すことを祈るばかりであった。しかし、鎌倉についての阿仏尼の沈黙の背後には、無声音が響いていたのではないだろうか。覇権を奪われた上流貴族の、鎌倉への蔑視や怨念の無声音である。

阿仏尼の鎌倉滞在から数年後の一二八九年に、久我雅忠女《くがまさただのむすめ》が鎌倉を訪れる。父は中院大納言、母は大納言四条隆親の女《むすめ》である。一四歳のときに後深草院の後宮に入って女房名を二条と呼ばれ、幼くして亡くなる皇子を産んだ。鎌倉訪問は、宮中での複雑な愛欲生活に疲れ果て、三二歳で出家後の最初の旅であった。彼女が書いた「とはずがたり」は、告白的な日記と紀行文からなる。長い間秘蔵され、宮内庁書陵部所蔵の桂宮家蔵書に含まれていた写本が一九四〇年に紹介されるまで、その存在を知っている者はごく限られていた。

阿仏尼と違って、二条は鎌倉について黙ってはいない。鎌倉を見る彼女のまなざしは、異郷訪問にさいして現代の旅行者でも持ち合わせている比較のまなざしである。この比較はたえず京を基準に行われる。先ず同時点での共時的比較である。

化粧坂を超えると鎌倉が見えた。二条は鎌倉という街全体の景観がまず気に入らない。東山から見る京の景観とは違って、「家々が階段のように幾重にも重なって、袋の中に物を入れたようにぎっしりと住まっているのは、ああやりきれない、とだんだん見えてきて、心の惹かれるような気もしない」（「とはずがたり」）。さらに街中に入って、寺社参詣のさいの上流階層の衣裳、宮将軍（次節参照）へ随行する公家・殿上人のお粗末さ、小舎人《こどねり》や女房たちの行儀作法のいたらなさを指摘し、流鏑馬《やぶさめ》、神事の作法・有様などは見る価値もないと切り捨てる。そこに現れているのは、鎌倉に対する京都の文化的優越感である。

一方、衣裳の仕立ての助言を求められて訪問した幕府重臣の居宅では、その居宅、家具造作、そして奥方の衣裳などが、宮将軍の御所と比べてもはるかに華美であることに驚く。経済、財力から見れば、貴族が落ちぶれているのに武家はいかに興隆していることか。この背後にあるのは、貴族と武家との盛衰を巡る通時的比較のまなざしであった。

同じ対象でも、それを見る旅人の心によって様々なイメージを創り出す。旅先としての鎌倉の印象は、旅人の身分やそれまでの人生によって、多様な意味の世界として現れていたのである。

◆経済と文化の互酬路としての東海道

しかし、旅先の中心が京都から鎌倉に移ったわけではない。重要な旅先が京都と鎌倉に複核化して、両地をむすぶ東海道の旅が増えたのである。その背後には、鎌倉の経済と京都の文化の互酬によって、業務、縁故、友人、知人のネットワークが両都市間にまたがり、さらに拡大したことにある。それはかつての武門貴族の撒種の旅による親戚・関係の地域的拡がりに重なり、相互訪問するという旅のネットワークを拡大することになった。

政治権力はその中心地に権力の重要基盤として富を集める。富の蓄積によって高級文化が生まれ、それを担う文化人が生まれる。それは権力の所在を全国的に誇示するためにも必要である。平安貴族が京の都に創り出した華麗な文化はその例である。

高級文化を維持し続けるには富力がいる。しかし、鎌倉幕府の成立によって、富の所在と高級文化の所在が分離した。新しい権力中心地としての鎌倉は早急に高級文化を習得する必要があり、京都はそれまでの高級文化を以後も支える経済基盤を求めていた。鎌倉と京都は経済と文化のいわば互酬関係を確立する必要があった。

具体的にいえば、当時の高級文化とは、歌道、蹴鞠、管弦、歌舞などの遊芸の奥義、古典学、絵画、工芸品、衣裳制作の技能、神事のさいの神楽、はては陰陽道などの儀式であった。貴族たちはこれらの技芸を基礎教養として身につけていたし、また京都には貴族文化を底辺で支える多くの技能人がいた。

しかし、鎌倉の武士たちは、かつて平安末期には都人に嘲笑された東夷《とうい》の子孫であった。武芸を重んじたかれらは、詩歌管弦の席に連なり、洗練された歌を詠むことなどできなかった。また鶴岡八幡宮の神事を催すにさいしても、神楽など管弦歌舞を行う人はいなかった。

そのため建久二年（一一九一年）には、京都より雅楽奏者の多好方《おおのよしかた》を招いて舞わせ、帰京にさいし神楽を伝習させるため一三人の侍を随伴させた。また、都より管弦遊楽の技能を持つ貴族や画師などを招き始めた。一方、京都の貴族たちのなかにも、歌道や遊芸の奥義を伝えて、鎌倉の関心を買い、果ては幕府の高官の娘を娶って姻戚関係を作ろうとするものが多く出てきた。文化を提供して、経済基盤を得ようとしたのである。こうして、三代将軍実朝の時代になると、将軍自体が歌集「金槐集」を編むなど、鎌倉の上流階級は流鏑馬や相撲よりも、公家文化を好み貴族化するようになった。

鎌倉幕府内の抗争の結果、三代将軍実朝は兄頼家の子、公暁《くぎょう》により暗殺され、源氏将軍の血統は絶えた。血なまぐさい権力闘争を勝ち抜き、覇権を握ったのは頼朝の正室、政子が出た北条一族である。かれらは執権職によって幕府の実権を握るために、幼児や少年を将軍に立てようとした。

かれらは二歳から六歳といった幼児期に将軍となり、成年に達すると将軍の座を降りた。摂家である九条家から招いた頼経、頼嗣、はては宗尊親王などのように、天皇家の親王を次々に招き、将軍に就けたのはその例である。かれらは宮将軍と呼ばれた。かれらに随伴して、京都の貴族、その家臣、女官などが京都と鎌倉の間を移動した。また、朝廷の動向を監視し西国の押さえとしての六波羅探題を維持するため、鎌倉幕府の要人たちが京に出向くことになった。

こうして、京都と鎌倉を往来しなければならない人が増えた。「春の深山路」という日記を残している飛鳥井雅有《あすかいまさあり》なども そのような一人である。かれは蹴鞠の家の飛鳥井家の当主であり最終官位は正二位であった。祖父教定《のりさだ》以来の関東祗候《しこう》の廷臣として鎌倉幕府と朝廷の両方に蹴鞠・和歌・古典学を持って仕えた。妻は幕府の重臣北条実時の娘である。彼を取り囲む人間関係は、この時代を生きぬこうとした貴族の代表事例であった。

雅有は一二四一年に鎌倉で生まれたが、二六歳のとき、宗尊親王が将軍を廃されて帰京した。以後京都と鎌倉を往復する生活となった。「春の深山路」は、飛鳥井雅有が四〇歳になった一二八〇年一年間の日記である。前半は蹴鞠、歌合わせ、管弦、花見、神社参詣、行幸などを中心に宮廷生活が描かれ、後半は幕府の命により鎌倉に下向する旅日記である。

貴族として雅有の心は完全に京にあった。数ヵ月にわたる京生活を楽しんでいると、六月二一日鎌倉より使者が来る。この日の日記に彼はこう記した。「二十一日、鎌倉より使いあり。下るべき由なり。思ひ設けたる事（＝予期していたこと）なれど、さしあたりて胸ひしぐる心地す（＝実際に直面すると胸がつぶれるような気持ちがする）。」心は京にあってその文化を愛し、身は鎌倉にあって経済基盤を得なければならない。この心身の分離は東海道の旅によって結ばれていた。

東海道などのように旅人の往来が多くなると、その需要を当て込んで旅のインフラは急速に整備されていった。とくに長旅にとって重要なことは、道中の宿泊施設と交換手段としての貨幣の発達であった。

古代では旅館は旅籠《はたご》と呼ばれていた。旅籠とはもともと馬の飼料を入れる籠を意味したが、のちに旅行用の食料や日用品またその食料も意味するようになる。旅籠という言葉が意味するように旅館の起源は古代の駅伝制で、馬の世話をした駅家である。これらは公用旅行する官吏のためのものであった。一般の旅人は民家などに頼みこんで泊めてもらっていた。

中世になると、旅人の増加につれ宿泊施設が発達した。旅人を泊めていた民家などが、宿泊客の増加につれ次第に旅人への宿泊提供を主要な業務とするようになった。言語の意味内容はたえず現実を反映することから見ると、旅籠などの意味内容の変化はこの発達に対応したものであろう。街道筋の村のなかには、旅人への宿舎提供を主業務としている家が集積するところが生まれてきた。これらは宿駅《しゆくえき》と呼ばれるようになった。宿駅とは旅客を宿泊させ、また荷物の運搬に要する人馬などを継ぎ立てる設備のあるところである。中世文で「―の宿」というのは、この宿駅があり、旅人宿泊の便のある町村を意味した（宮本常一「日本の宿」）。

京から鎌倉への東海道の旅は二週間前後を要した。「海道記」、「東関紀行」でも、著者たちは、道中で多くの宿駅に泊まっている。鏡（近江国）、萱津《かやつ》（尾張国）、矢矧《やひき》（三河国）、赤坂（三河国）、豊河（三河国）、橋本（遠江国）、池田（遠江国）、山口（遠江国）、菊河（遠江国）、播豆蔵《はずくら》（遠江国）、手越（駿河国）、湯居（駿河国）、蒲原《かんばら》（駿河国）、木瀬川（駿河国）、関下（相模国）、逆川（相模国）などの宿である。貴族でないかれらは徒歩の旅であり、宿駅が利用できないときは農家などに泊まったのであろう。

飛鳥井雅有《あすかいまさあり》などは貴族であり、また幕府の廷臣でもあったから従者を連れ、馬で東海道を移動した。阿仏尼は阿闍梨《あじやり》という名の山伏になっていた息子を道案内にした僧姿での徒歩による旅であった。かれらの紀行文では、駅宿の記述は少ない。かれらは縁者、知人の紹介による各地有力者の居宅や寺社の僧坊などを利用することが多かったのであろう。

宿駅は旅人の一日の平均移動距離ごとに発達したが、とくに東海道を横切る、墨俣、富士川、大井川、天竜川などの渡し場付近には必要であった。雨で増水したときには渡河が困難であり、旅人は岸辺で長逗留を余儀なくされたからである。天竜川岸の池田、大井川岸の播豆蔵《はずくら》、富士川岸の蒲原の宿などはその例である。雨天になれば、道路事情も悪化した。飛鳥井雅有などの紀行文「春の深山路」には、道がぬかるむと馬でも移動が困難な場所があったことが記されている。

宿駅は旅人に寝場所と飲食を提供しただけではない。多くの旅人が往来しまた逗留するところには、多くの遊女たちが集まり旅人を誘った。古代の平安期などでは、「更級日記」で記されているように、一行が足柄山麓で庵を組んで宿泊した際に、どこからともなく現れた三人の遊女たちは歌舞も売り物にしていた。

しかし、中世の宿駅には、貴族の凋落につれその生活基盤を失った遊女たちが集まっていた。この遊女たちは、芸よりも性を売り物にしていた。下着とともに恥をも脱ぎすてて、旅人と一夜をともにした。赤坂、池田、関下などの宿はこの種の賑わいでよく知られていた。現在でもセックス・ツーリズムは国際観光の一つの様式であり、世界各地にいくつかの名所がある。日本の中世でも、魅力的な遊女が多くいるかどうかは、宿駅の重要なアメニティであったのであろう。

日本人の性風俗が庶民の間でも近世に至るまできわめておおらかであり、現代人の感覚から見ればきわめて奔放であったことは、民俗学者、宮本常一の名著「忘れられた日本人」における種々な語りに記されている。しかし、この語りだけから昔もそうであったと推測はできない。生き人への聞き取りを方法論とする民俗学は、歴史への時間射程が短く、また少数事例に基づいているから、その歴史的推測には限界がある。

たしかに戦国期に来日した宣教師のフロイスは、日本の女が自由で奔放に生きていること、また「比丘尼の僧院はほとんど淫売婦の街になっている」と書いた（ルイス・フロイス「ヨーロッパ文化と日本文化」）。しかし、中世においても、性風俗のおおらかさや奔放さを、だれでも心から承認していたわけではない。

自らが爛れるような愛欲生活を体験してきた「とはずがたり」の二条にしても、鎌倉へ向かう途中の鏡の宿についたとき、「夕暮れころなので、遊び女たちが一夜の客を求めて歩く様は、まことにつらい世の姿なことよと思われてたいそう悲しい」と語る。遊女への憐憫のまなざしは男の旅人にもある。たとえば、「海道記」の著者は、関下の宿の遊女が可哀想だという。

「関下の宿場を通ると、…窓際で歌う遊女は旅人を引き留めて一夜の夫とする。可哀相《かわいそう》だよ、千年までも夫婦でいようとする約束を旅の宿の一夜の夢に結び、一生涯の生活の頼みを行き来する旅人の泊りをする気持に欠けている。翠《みどり》の帳《とばり》を垂れ紅《くれない》に飾った寝所に比べれば結婚の作法は違っているが、草の庵《いおり》や柴《しば》の戸の粗末な家でのそれも一生の間の楽しみには変わりない」（「海道記」）

また源実朝の近臣であり、彼の死とともに出家した武家歌人の信生《しんしょう》法師は、鎌倉への旅の途中、近江国小野の宿に泊まったさい、その宿の「遊女たちの様子が特別に哀れである。この世を渡る道はどれも苦しいのが普通であるから、ひたすらはかない男女の仲を頼みとし、約束を守らぬ人を待つよりほかのこともなく、こうして暮らしつつ、罪が積もっていくのも気の毒で…」（「信生法師日記」）と感じている。

◆ 流通発展と商人の旅

貨幣の流通も旅のインフラとして重要である。古代では貨幣に代わる交換手段は絹や米であった。しかし従者も連れず徒歩で一〇日を超えるような長旅では、それらの携行は困難である。長旅の発達には道中の宿舎や飲食が商品化して、金銭でまかなえるようになることが必要であった。中世の東海道などで旅人の往来が増えたのは、貨幣が普及し始めたことにも大きく依存している。

中世で普及したのは、宋銭と呼ばれる中国の北宋で鋳造された銅銭である。当初、宋銭は仏具の材料として使うために輸入が始まった。平清盛はこれに目を付け大量に輸入して絹に代わる交換手段として普及させようとした。その後、絹を交換手段として主張する朝廷との間に交換比率などを巡り紛争があったが、一二二六年には幕府が、そして一二三〇年には朝廷も宋銭の使用を認めた。以後、宋銭は急速に普及していったのである。日本の中世に対応する一二世紀から一六世紀にかけて、中国の王朝は宋から元へ、そして明へと代わっていった。それにともない宋銭に加え元銭、明銭が日本に流入するようになった。

貨幣流通の拡大は、同じ時期に商品流通が急速に拡大したことを意味している。古代から中世初期の一三世紀頃まで、商品流通業務は供御人《くごにん》、寄人《よりうど》、神人《しんじん》などが独占業務として担当した（網野善彦『日本の歴史をよみなおす』）。かれらは皇室、貴族、僧院の直属民である。

市場に供給された余剰産品は、朝廷、貴族、寺院の荘園から収集された貢納物品の一部、あるいは供御《くご》（＝天皇、皇室の飲食料品）として生産した産物の一部だったからである。供御人は朝廷に属し、山海の特産物や各種手工業品を貢納した集団である。寄人は権門の荘園などで庇護され雑役などに使役されていた人、神人は神社に仕えて神事、社務の補助や雑役に当たった下級神職・寄人である。

かれらは貢納物の収集流通業務だけでなく、その独占的販売権を与えられ、座を形成した。座は平安時代から戦国時代にかけて存在した同業者組合である。座は織り手座、綿座、錦座、鞠座、油座、魚座、材木座のように物品種類別に形成された。朝廷、貴族、寺社への貢納物を金銭で買い取る代わりに、その物品の販売独占権を得た。

販売のため、かれらは各地の市場を渡り歩いた。その旅装束は黄衣など特異であり、関所、渡し、津、泊まりなどでの交通税を免除され、自由通行の特権を持っていた。しかし、この独占的流通組織は、新都市での織田信長の楽市楽座の開設など封建領主によって次第に排除され、豊臣秀吉によって解体されるまで中世の流通を支配した。かれらは少なくとも中世末期まで、もっとも活動的な旅人であった。

一四世紀頃から市場に出される物品は、かならずしも座のような独占的流通組織を経由しなくなった。皇室、貴族、寺院の荘園からの産品は、地頭などの介入によって外部に流れ出した。また有能な守護大名、戦国大名たちは城下町を造るようになると、そこに商人を定住させるようになった。その軍事力の経済基盤として領国の地場産業を育成したり、他国との交易を奨励するためである。

こうして、中世中期から末期にかけて、市場で流通する物品が増え、自由人としての商人が誕生した。かれらはその拠点を造り、市場を求めて全国各地を遍歴し、また朝鮮・中国などの外国と取引しようとした。堺商人、近江商人、伊勢商人などはその代表例である。

各地の主要産品が貴族や僧院の需要を当てにして京に流れ込んでいた。東北からは金と馬、東国からは絹、布、西国からは米、油、紙、塩、鉄、牛などである。これら以外にも各地で採集栽培された食品があった。平安末期から中世にかけて、京では従来からあった東西の市が衰え、三条、五条、七条通りや各通りの交差点には店を構える定住商人が増え出した。新しく政治経済の中心地なった鎌倉でも、商売を許される町屋地区が急速に増えていた。

中世の主要国内流通ルートは三つあった。まず、北九州から瀬戸内海を経て京に至るルート、次に、日本海沿岸各地から海路で北陸の三国湊、敦賀などに運び、そこから陸路を琵琶湖の北端まで辿り、水路で大津まで運ぶルート、最後に南九州、土佐から紀伊半島を経て鎌倉、そして東北へ運ぶ海上ルートである。海路の最終地から目的地へは馬借《ばしゃく》などが利用された。馬借は大津、坂本、淀などの水陸交通の要地や主要街道沿いに集団で居住し、水路で運ばれた荷を京都など最終消費地に運んだ（網野善彦「日本社会の歴史」）。

遣唐使が廃止された後、中国の製品は日宋貿易によって日本に流入していた。日本からは銅、硫黄の鉱物、木材、日本刀が輸出され、宋銭、陶磁器、絹織物、書籍、文具、香料、薬品、絵画などが輸入されていた。これらの商品はすべて唐物と呼ばれた。唐物を運んできた商人は唐人と呼ばれ、太宰府や越前の敦賀などに住みつき唐人街を形成していた。中世はこのような国際貿易をさらに盛んにした時代であった。

これらの流通ルートに沿って、とくに畿内から多くの商人が旅人となって移動した。かれらの最終的な目的地は、定期市であった。鎌倉時代以降に各地の交通の要衝で月に数度、開かれるようになっていた。定期市には米、絹、布など農民が領主に年貢公事物として納めた商品が集まっていた。京などからやってきた商人は、京の産物や各地から京にやってきた特産品をここで売却した（笹本

馬借

©島 一恵

正治「異郷を結ぶ商人と職人」)。主要な商品は鋳物、油、魚貝、塩、酒、小袖、鉄製農機具、陶磁器、衣類、武具などである。京などから来た商人はそれらを売却した金で、定期市で売られているその地の特産品を仕入れて京に持ち運んだ。

船、馬、荷車などを利用した当時の物流技術からすれば、物資の移動速度は速くなかった。そのため、流通の地理的範囲が拡大するにつれ、流通路にそって仲継拠点を造り、港、倉庫や、商人と搬送従事者の宿泊所を造る必要があっ

三津七湊

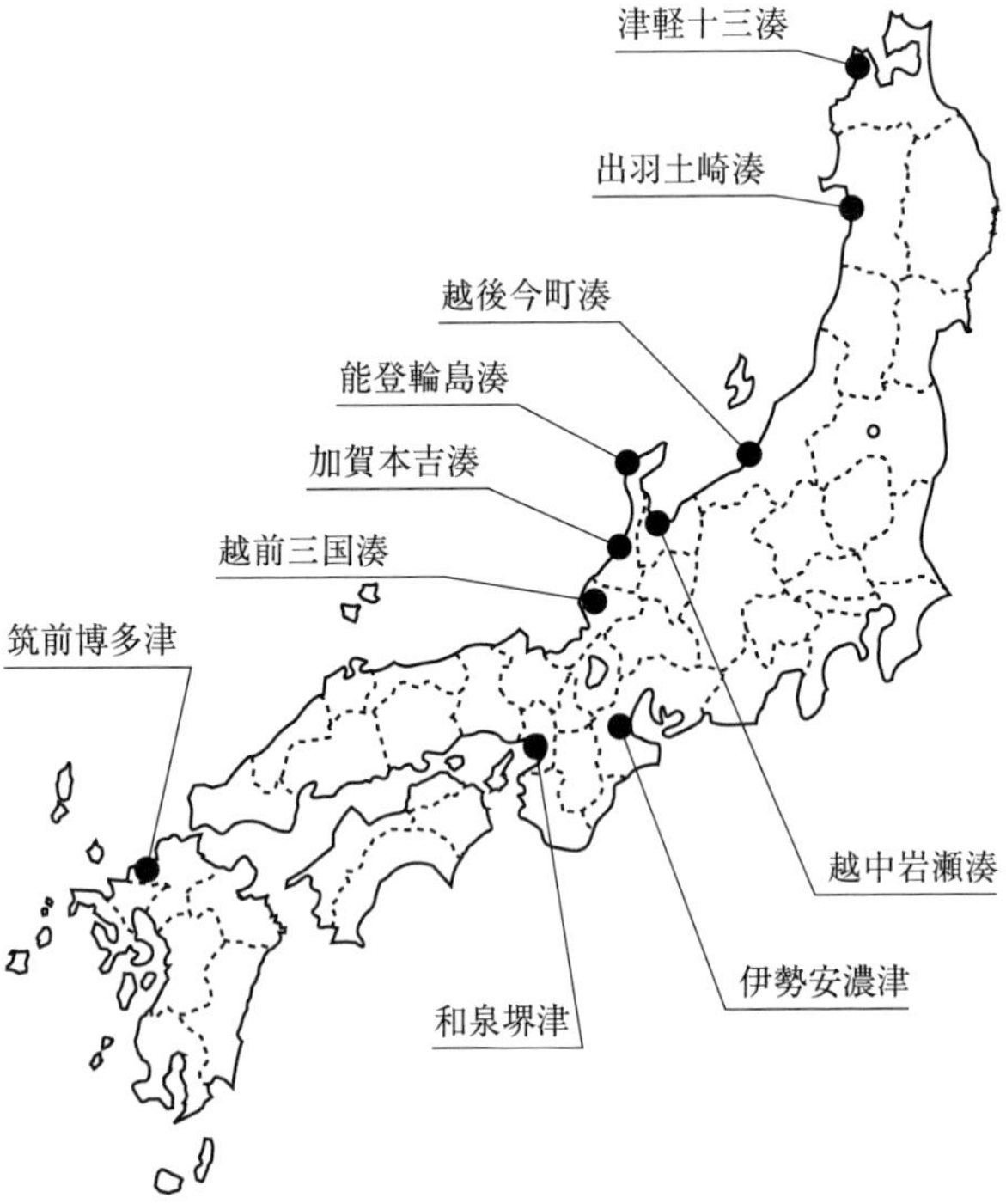

た。拠点として先ず発達したのは港である。

中世の室町時代末期に成立したといわれる最古の海洋法規集「廻船式目」には、日本の代表的な港として、三津七湊《さんしんしちそう》をあげている。三津とは、伊勢国の安《あ》濃《の》津《つ》、筑前国の博多津、そして摂津国の堺津である。七湊は日本海側の主要河口に位置した。北から十三湊《とさみなと》（陸奥国）、土崎湊（出羽国）、今町湊・直江津《なおえつ》（越後国）、岩瀬湊（越中国）、本吉湊（加賀国）、輪島湊（能登国）、三国湊（越前国）である。これら以外にも、瀬戸内海にも多くの泊りができていた。日宋貿易の中国船は博多や薩摩国の坊津などを日本への入り口にしていた。

このような港には、平安後期から鎌倉にかけて問丸《といまる》ができた。問丸とは、港周辺に居住して、主に荘園からの年貢米の運送、倉庫、委託販売業を兼ねる組織であったが、後に港町での総合流通組織となっていった。問丸は京など中心地と地方とを結ぶ流通路の中継機能を担った。港町には遠隔地から交易を求めて商人が集まり、交易場所としての市が立った。遠隔地から来た商人を宿泊させる宿ができ、かれらを客とする遊女や傀儡《くぐつ》（＝旅芸人）、白拍子などの芸人が集まり、かれらが待機する遊女屋などができた。

また鎌倉新仏教、とくに禅宗、律宗などは商人、芸人などを重要な布教相手と考えていたから、僧侶たちが訪れ寺院などを末寺として立てた。かれらは土木工事や造船などの技術を持ち、多くの職人を動員することもできた。商品経済が進展した一四世紀の後半になると、さらに為替などを扱う金融業者も集まるようになる。三津七湊などの港町は都市として発展していったのである。

商人は本来的に自由人であり、国境に縛られない。市場があればどこにでも出向いていく。新しい市場に向かうとき、彼らの前に道はない。しかしかれらが歩いた後に道ができる。自由な商人が往来するようになると、やがて宿泊所ができ、遊女屋ができ、物流、金融拠点ができ、寺院が建った。中世で個人が旅をする旅路は、商人たちが初めて歩いて行った足跡にそってできていったのである。

古代から中世への変わり目の一二世紀、京都の鞍馬寺にいた紗那王《しゃなおう》（後の義経）は、黄金商人、「金売吉次《かねうりきちじ》」の手引きによって、鞍馬寺を脱出し遠く離れた奥州の地、平泉に下った。この伝説によれば、金売吉次は奥州の金を京に運び、京の名品を購入して平泉に運ぶ商人であった。軍記物語「義経記」にこのような商人による手引きが記されているのは、何よりも商人が旅路の開拓者であったことを示唆している。こうして商人の旅は、社会的に見ると、物品や情報の地域間格差を埋めていく役割を担った。

◆地方都市との旅行ネットワーク

中世は商人以外の人の旅先も、全国各地の地方都市に拡大していった時代でもある。このような旅はどのようにして始まったのだろうか。

一三三三年に鎌倉幕府が滅びると、建武の中興の立役者の一人である足利尊氏は、征夷大将軍になった。かれは後醍醐天皇の建武政権を離脱し、光明天皇を即位させるとともに、京都を本拠にして室町幕府を開き武家政権を維持しようとした。そして関東一〇ヵ国を押さえるため、鎌倉に出先機関を設置しその長官として鎌倉公方、それを補佐する役職として関東管領を置いた。当時、鎌倉公方は鎌倉御所あるいは鎌倉殿とよばれた。

この動きに反発して後醍醐天皇は、足利政権下の朝廷（北朝）に対抗して吉野に南朝を開いた。軍記物語の「太平記」が記しているように、南朝と北朝は相互に激しく戦かったが、北朝方が勝利を収め一三九二年には南北朝が合一して室町政権が確立した。

京都に本拠を置いた室町将軍家は急速に貴族化していった。それは南北朝合一に成功した三代将軍義満のときに絶頂に達した。一三七八年、御所近辺にその二倍にも及ぶ、東西一町、南北二町の敷地に豪壮な邸宅を建てた。鴨川から水を引き、各地の守護大名に命じて四季の花木を配したため「花の御所」と呼ばれた。それは光源氏の六条院を彷彿とさせる。かれはここに天皇や関白など上流貴族を招き、詩歌管弦遊楽の宴を楽しんだ。それはまた貴族社会への武家政権の力の誇示でもある。さらに、老いを迎えた一三九七年には、山荘北山殿（今の金閣寺）を造り、金閣を中心にした建築・庭園によって極楽浄土を表現しようとした。

室町幕府はその要職に足利一門の家来筋を就けた。将軍を補佐する三管領には細川、斯波、畠山の各氏を就け、侍所長官である所司には赤松、一色、山名、京極、土岐の各氏を就けた。かれらは大きい領国を持つ守護大名であり、室町幕府はこれらの守護大名による一種の連合政権である。そのため将軍の権力はそれほど強いものではない。鎌倉時代には将軍が各地の武士（御家人）と直接主従関係を結んでいた。しかし、室町の守護大名も領国の武士と主従関係を結び始め、将軍、守護大名、各地の武士との主従関係が錯綜するようになっていった。

有力な守護大名は幕府に出仕するため京都に在住する期間が長く、そのさいには家臣などから守護代を任命して領国においた。京都在住の守護大名は将軍に倣って広大な邸宅を構え、貴族風の生活を楽しみ出した。また貴族の邸宅や有力寺社で連歌会や能楽の催しがあると、それに参加して公家たちと交友を深め、貴族文化を吸収しようとした。連歌は能楽とともに、室町文化を代表する遊びになっていた。

こうしたなかで、将軍の後継者問題、幕府重臣間の権力闘争、そして畠山氏や斯波氏のように有力守護大名における家門の家督問題が次々に起こった。それらは銀閣寺を造営した八代将軍義政（一四三六―一四九〇年）の時代に頂点に達した。実子のいなかった義政の後継問題に端を発して、細川勝元と山名持豊らの有力守護大名が争い、一四六七年には戦国時代の幕開けともいうべき応仁の大乱が始まった。

戦いは九州を除く全国に飛び火した。主要舞台は京都であった。一四七七年まで続いたこの大乱によって、京都のほぼ全域が灰燼と化し、壊滅的な影響を受けた。ターシャス・チャンドラーの推計によれば、応仁の乱前の一四五〇年に一五万人いたとされる京都の人口は、乱後の一五〇〇年には四万人にまで激減している（Tertius Chandler, *Four Thousand Years of Urban Growth : A Historical Census*）。多くの公家の屋敷や神社仏閣が消滅し、京都文化を支えてきた公家や文化人が生活の場を失った。

　しかし、旅の歴史から見ると、応仁の乱と戦国時代への突入は一つの転機であった。京での居場所を失った公家や文化人が、連歌会などで知己になった各地の守護大名・戦国大名を頼って地方移住したからである。これは公家・文化人の地方流寓《りゅうぐう》と呼ばれている。地方流寓は当初は奈良、丹波、伊勢など近隣地区に限られていたが、戦乱が続くにつれて全国各地に拡がっていった。

　たとえば、後に儒学の薩南学派の祖となった桂庵玄樹《けいあんげんじゅ》は肥後国の国守、菊池重朝を頼って隅府《すみふ》に行き、また島津氏十一代当主、忠昌の招きによって鹿児島に行っている。正三位少納言であり国学・儒学に優れた清原宣賢《きよはらのぶかた》は、能登の守護・戦国大名の畠山義総《はたけやまよしふさ》を頼って七尾に身を寄せた。関白の一条教房《のりふさ》は奈良に移った後、一条家領の土佐国幡多庄《はただしょう》に移りそこで骨を埋めた。禅僧で歌人であった万里集九《ばんりしゅうく》は相国寺の焼失にともない、近江、美濃、尾張を転々とし、最終的には太田道灌のいる江戸に行っている。太田道灌は関東管領上杉氏の武将であり、江戸城築城と山吹伝説で著名である。

　山吹伝説とは道灌が歌道に精進するきっかけになった物語である。鷹狩りの途中でにわか雨に遭った道灌は、蓑《みの》を借りるためにみすぼらしい家に立ち寄った。出てきた少女は山吹の花一輪を差し出しただけであった。その行為は、「七重八重　花は咲けども　山吹の　みのひとつだに　なきぞあやしき（＝礼儀に外れている）」という和歌を踏まえていた。「後拾遺集」にある兼明親王の歌であ

公家の地方流寓

©島 一恵

る。この歌で、「みの」は「実《み》の」と「蓑《みの》」の掛詞になっている。少女の行為に立腹して帰った道灌は、後に少女の行為の意味を知り、自分の不明を恥じて歌道に精進するようになったという。

　戦国時代に入ると、禅僧で漢学にすぐれ五山の俊英といわれた策彦周良《さくげんしゅうりょう》、正三位で儒者であった清《きよ》原《はらの》枝賢《えだたか》などは、周防の守護大名、大内義隆を頼り山口に身を寄せた。大内義隆は周防・長門を拠点に中国・九州にも領国を拡げつつあった大内氏の第三〇代当主として生まれた。京都の文化人とも交流し、和歌、連歌など公家文化を愛した。彼の時代の山口は西の京として栄えたことで著名である。

このような地方流寓によって、親戚・縁者・友人・知己が京、鎌倉以外の全国各地の都市にまで拡大した。かれらを訪問するのは、現代でも旅の主要目的の一つである。地方流寓によるかれらのネットワークの地方都市への拡大は旅をしなければならない人を、その後に全国各地に拡大するきっかけになった。

それだけではない。この地方流寓はその行き先の大名が文化の愛好者であるならば、また京文化を地方に伝播《でんぱ》させるきっかけにもなった。地方流寓の行き先であった七尾は、その城下に壮麗な畠山文化の花を開かせて北陸の小京都と呼ばれ、山口が京風文化を取り入れた大内文化の拠点になったことなどはその例である。中世は地方文化が花開き始めた時代である。これによって、旅人が足を向けたい都市が京、鎌倉以外にも増えていったのである。

◆漂泊の個人旅の先駆者

だれが旅をするのか。この点でも、中世は旅の歴史における一つの転機であった。一人で自発的に旅立つ人が現れてきたのである。その多くは出家した世捨て人あるいは遁世者であり、詩才に長けていた歌僧であった。

　もっとも何事にも時代を超えた先駆者がいるものだ。古代でもその末期の十世紀や十一世紀になると、自発的な一人旅に出た歌僧がいなかったわけではない。増基《ぞうき》法師や能因《のういん》法師はそのような数少ない先駆者であった。中世にはかれらの後を追った人たちが数多く出てきたのである。これらの先駆者はなぜ漂泊の個人旅に出たのだろうか。

　増基法師は、平安中期の中古三六歌仙の一人である。かれは熊野詣や浜名（遠江国）への東路の旅を旅日記「いほぬし」に記した。その成立時期は未詳であるが、一〇世紀の中頃であったといわれている。いほぬしとは、庵《いほ》、つまり世捨て人の粗末な仮住まいの主のことである。「いほぬし」は、旅立ちの動機を述べる次文で始まる。

「いつばかりの事にかありけむ、世をのがれて心のまゝにあらむと思ひて、世の中にき、ときく所々、をかしきを尋ねて心をやり、かつはたふとき所々拝みたてまつり、我が身の罪をもほろぼさむとあ（イす）る人ありけり。庵主《いほぬし》とぞいひける。」（＝いつごろのことであったろうか。世を逃れて心のままにあろうと思い、世間でうわさされる有名な場所や趣が深い場所を訪ねて心を慰め、あるいは貴い場所に参拝して、我が身の罪を滅ぼそうとする人があった。いほぬしといった。）

いほぬしとは、増基法師のことである。この書き出しから見ると、増基法師は自分の心のままに生きることを願い遁世した。その生き方の一つが旅に出ることであった。旅に出れば、有名な場所や趣が深い場所を訪れ、心中にわだかまっている憂さ、つらさ、苦しさを晴らして心を慰め、また尊い寺社を訪ねて神と一体になり罪滅ぼしができると考えたからである。

熊野詣では、かれは京から摂津国の住吉にいたり、紀伊路から熊野古道を辿って本宮にいたる。その後、新宮に出て伊勢路を歩き、逢坂の関を通って京に帰っている。道中でかれは石清水八幡宮、住吉神社、熊野本宮やその霊場を巡っている。しかし、旅の歴史から見て、熊野詣の意義はこの参拝の部分ではない。重要なのは、名所・旧跡など趣が深いところを訪れて心を慰め、また旅を心のままに生きることのかたちと考えている点にある。

かれは寺社を参拝した際にも、その周囲の風情に趣を感じている。かれが感じた趣とはどのようなものだろうか。石清水八幡宮では、松の梢に吹く涼風、忍びやかな虫の声、はるかに聞こえる鹿の声であり、住吉神社では、はるかに見える海の眺望とそれに注ぐ川辺に群れ遊ぶ水鳥、そして浜辺に点在する漁師たちの小さな家々であった。

吹上の浜に出れば、友を呼ぶ鶴の鳴き声、群れ遊ぶ様々な鳥の姿、そして海面に映る月をたえず洗っている波の風景に情趣を感じたのである。また、逢坂の関から鈴鹿山、貴船に至る道では、鈴虫の音、萩の花、月を楽しみ、秋風に舞う紅葉に秋が幕を下ろしていく情趣を感じた。増基法師がいう趣のあるところとは、平安朝の貴族たちがその広大な居宅内に人工的に取り込んでしまった、小さな自然のあるがままの姿の中に身を置くことであり、歌を詠みたくなる小さな自然の移り変わりであった。かれはこのような場所ではかならず歌を詠んだのである。

それにしても、遁世して心のままに生きることと旅人の心は、心情としてどのように結びついていたのだろうか。

昭和の哲学者、三木 清がいうように、現代人にとっても、「旅に出ることは日常の生活環境を脱ける事であり、平常の習慣的な関係から逃れる事である」（『人生論ノート』）。旅は移動であり、つねに過程である。旅をすれば、安定した日常生活関係から、たえず周囲の状景と出会う人が日々変わっていく不安定な関係の世界に移る。旅に出ると、日々慌ただしく、日常生活からより遠くへ離れていくことから漂泊の感情が生まれる。そしてこの漂泊の感情が感傷を生み、ロマンを生み、さらには自分自身と今まで取り巻いていたそれまでの生活環境を見つめ直す新しいまなざしを育てることになる。

現代人の旅は日常生活への回帰を前提にしている。古代や中世の漂泊の旅は、それまでの日常生活環境から永遠に脱出することであった。しかし、あるがままの小さな自然のなかに身を置き歌を詠めば、どのような生活価値を求めることができたのだろうか。これについて増基法師は何も語っていない。かれについては亭子院の殿上法師であったこと以外、どのような人物であったかも未詳である。

増基法師と同じように、平安期に漂泊の旅に出て歌を詠んだ歌僧にもう一人、能因法師がいる。かれは九八八年に生まれ、一一世紀の中頃に没した。近江守・橘忠望の子で増基法師と同じく中古三六歌仙の一人である。この能因法師の生涯には、遁世した漂泊の旅人が求めた生活価値の謎を解くカギの一つがあるように思われる。

能因法師は俗名を橘永愷《ながやす》といい、肥後守・橘元愷《もとやす》の子として生まれた。大学寮に学び、文章生《もんじょうしょう》（＝律令制下でつくられた大学寮で詩文・歴史を学ぶ学生）になるが、二六歳のときに出家した。その後、甲斐国や陸奥国を旅して、多くの和歌を詠んだ。百人一首にも、「嵐吹く　三室の山の　もみぢ葉は　龍田の川の　錦なりけり」という一首がある。どれよりもかれの名を後世に残したのは、「都をば　霞とともに　立ちしかど　秋風ぞ吹く　白河の関」という歌である。

白河の関は、都から奥州の陸奥国に至る東山道の要衝に設けられた関門である。福島県白河市にその史跡が残る。古代人にとって白河の関は特別な意味を持っていた。この関を超えれば、そこは蝦夷が住み、かれらがいつ襲ってくるかもしれない辺境の地への入り口だったからである。この歌は奥州への遙かな道のりを思い浮かばせるとともに、都人に最果ての地へのロマンをかき立てた。

なぜ能因法師は若くして出家したのか。かれが歩もうとした人生行路がすぐ前でふさがっていたからであろう。

出家直前の彼は文章生であった。大学寮は、現在の人事院に相当する式部省が直轄する官僚養成機関である。制度的にいえば、文章生の目先の目標は文章博士《もんじょ》になることであった。この職の官位は、当初は正七位下相当であったが、九世紀初頭に五位下に引き上げられ貴族身分となっていた。その職務は、大学寮での教育の他に、貴族たちの侍読《じどく》（＝高貴な人の読み書きを教授する役職）を務めたり、彼らの依頼を受け漢詩を作成したり、かれらの業務文章を執筆することであった。文章博士になれば、さらに上流貴族である公卿への途も開かれていた。たとえば、現在でも学問の神様として親しまれている菅原道真《すがわらのみちざね》などは、文章博士から公卿になり、右大臣にまで上り詰めている。

しかし、文章博士の定員はわずか二名であった。さらに重要なことは、能因法師が生きた一一世紀の初期には、重要な官位について家門による世襲化が進んでいたことである。その地位は、菅原、大江、藤原氏の南家、式家、そして北家のうちの日野流、など五つの名門家系が交互に就き、独占化していた。

橘氏のような家門の生まれでは、文章博士への門は完全に閉ざされていた。文章生としての橘永愷（能因法師）は、その生まれた家門の故に、文章博士への出世ゲームの負け組に入っていたのである。いくら才能があっても、名家ではない家門の出であるから、出世ゲームで勝つことはできない。能因法師の若き出家は、この八方ふさがりの世俗世界のためではなかったであろうか。

しかし、この時代の出家には二種の方向があった。一つは、寺院に入って厳しい戒律の下に宗教生活をおくる途であった。このためには、具足戒と呼ばれる厳しい戒律を守ることを誓わねばならなかった。もう一つの道は、はるかに緩い戒律である沙弥戒《しゃみかい》を受けるだけで、寺院外で生活する方途があった。遁世者、世捨て人とはこの種の出家をした人である。能因法師の出家も、増基法師と同じように、この遁世者としての出家である。

このような出家後、かれは旅人としてだけでなく、歌人として生きた。関白や内裏での歌合に参加し、上流貴族の歌人たちとも交わり、歌論集や私撰集を出した。出世ゲームという点からいえば、出家宣言はそのゲームに不参加の表明である。数少ない官位を争っていた貴族たちにとって、遁世者はもはや出世ゲームのライバルではなかった。こうして一芸に長じていれば、その芸の世界で、上流貴族階級の人たちと対等に交流できたのである。

◆出世欲望の昇華

中世に入るとすぐに、能因法師の生き様をさらに深く追求した歌僧が現れた。西行（一一一八—一一九〇年）である。かれの父は佐藤康清《やすきよ》といい、皇宮警護機構の一部として、近衛府の外側を警護する衛門府で左兵衛尉《さえもんのじょう》であった。官位は六位相当であったから、貴族の一歩手前であるが、当時の武家のなかでは上流に属していたから裕福であった。

出家前の西行は佐藤義清《さとうのりきよ》と名乗り、一六歳で徳大寺家に仕えた。この家門は、公家最高家格である藤原北家支流の閑院流である。一八歳で父と同じ左兵衛尉につき、二〇歳のときには鳥羽院の北面の武士として、院御所の北面の下に詰め上皇の警固や御幸に供奉した。このような職務を通じて、佐藤義清は上流貴族の生活を目の当たりに見ていた。

しかし、かれは一一四〇年、二三歳の若さで周囲の反対を押しきって、突然に出家を決意する。妻子がおり、裕福であり、武士としてエリートである。何不自由なく恵まれている者が若くしてなぜ出家するのか。周囲はそのことに驚いた。しかし、その決意の強さは、抱きすがる幼い娘を縁側から蹴落としてまで家を出たという、「西行物語」のエピソードが物語っている。

西行出家の動機は歴史の闇に消えた謎である。それは以後に多くの憶測、想像を生み、伝説、物語、創作の題材を提供してきた。種々な資料に基づき、高橋英夫はその動機を三説に整理している（「西行」）。第一は仏教に深く帰依するに至った道心説、第二は人生を無常と感じた厭世感説、そして第三は高貴な女人との悲恋説である。その相手は待賢門院でなかったかといわれている。

待賢門院は俗名を藤原璋子《ふじわらのしょうし》といい、名門藤原氏閑院流の出で、鳥羽天皇の中宮として、崇徳・後白河両天皇の母となった人である。彼女は保元・平治の乱のもとになった皇室・貴族間の葛藤の渦の中心に位置していた。宮廷で奔放華麗に立ち回ったとされる女院の色香は、法金剛院が所蔵する肖像画で、法衣をまとっていてもほのかに匂い漂っている。西行は鳥羽天皇が退位し上皇となった際の北面の武士であったから、このような彼女に日常接する機会があった。西行よりも一七歳年上の待賢門院は、二〇歳を過ぎたばかりの若き西行の前に、円熟した理想の女として現れていたのかもしれない。

たしかに出家の動機を巡る三説は、いずれも動機の一部を構成したかもしれない。しかし、いずれも出家後の西行の生き様を説明してはいない。仏教に深く帰依したいと思ったならば、遁世者としてではなく、具足戒を受けて寺院生活を送ったはずである。厭世感が出家の動機ならば、鴨長明のように小さい方丈の庵に閉じこもり、いくたびかの長旅など出なかったはずである。悲恋だけが出家の動機ならば、「山家集《さんかしゅう》」に恋歌の編をもうけ、エロスに満ちた多くの恋歌などを歌わず、悲恋を忘れようとしたのではなかろうか。

仏道帰依の道心、厭世感、悲恋は、若き佐藤義清の心の底に鬱積していた、どす黒い油に火を付ける役割を果たしただけである。石は温めても雛《ひな》にはならない。石ではなく卵を温めて初めて雛が生まれる。ものごとの発展の契機はつねに内在的である。仏道帰依の道心、厭世感、悲恋などは、黒い油への火であり、卵に対する熱に過ぎなかったのではないだろうか。

それでは、若き西行の胸底にたまっていた鬱念とは何であったのか。かれは毎日、眼前に華やかな公卿生活を見ていた。またそこにはかれが憧れる女人たちがいた。その世界に入り込むには、内裏清涼殿の殿上の間に登ることを許される殿上人でなければならず、武人としては官位が五位以上でなければならなかった。

たしかに、十数年後に保元・平治の乱を控え、時代はまさに武家政権の夜明け前であった。武家として殿上人になる道が開かれようとしていた。その武家のなかでは、平家が武家として一頭地抜きん出ていた。平清盛の父であり、平家の棟梁であった忠盛は、一一三二年にすでに昇殿を許されている。しかし、それは平家一門のように財力と武力を背景に持つ武門に限られていた。文章博士の道を閉ざされた能因法師と同じように、若き西行も高い官位につき、公卿になる道は彼の家門の故に閉ざされていたのである。若き西行もその世俗人生に夢を与える出世ゲームでは負け組に入っていた。

その生まれ故の社会的閉塞状況によって、才気あふれる若者が世俗での夢を絶たれるとき、どのように行動するだろうか。若き西行が採った道は、世俗的な地位や富の獲得に換えて、新しい自己実現の価値を見つけること、それによって生活価値序列の転置を行うことであった。遁世者となることによって地位・富という価値を昇華し、自己実現を最高の生活価値とするため歌道に邁進することを選んだのである。

欲求階層説で著名なマズローは、富や地位を超える最高位の欲求階層として自己実現を位置づけている。それはすでに富や地位を得た人が、その果てにたどり着く欲望の世界であった。しかし、能因法師や西行の行った生活価値の転置は、世俗的な富や地位の追求というかれらには実現できない欲求のかわりに、新たに自己実現を最高位の生活価値として位置づけることであった。それによって、世俗的には最高位とされた富や地位への欲望を昇華したのである（フロイド「精神分析学入門」）。

多くの隠遁者と同じように、出家してまもなく、かれは洛外に草庵を結んだ。まだ都に未練があったからである。それは、

世の中を　捨てて捨て得ぬ　心地して　都離れぬ　わが身なりけり（山家集・一四一七）

という歌に示されている。しかし、かれは二七歳のころ、能因法師の白河の関の歌に誘われ、陸奥の旅に出かける。遠く平泉にまで足を伸ばして数ヵ月逗留した。

その間、近くを流れる厳冬の衣川を訪れている。そこは衣川の戦い（前九年の役）における源義家と安部貞任との歌合の故事で有名な場所であった。逃げる貞任に義家は、「衣のたちはほころびにけり」と詠みかけたが、貞任は「年を経し糸の乱れの苦しさに」と詠み返した。その雅心に驚いた義家は追撃をやめたという故事である。後に義経が自害した川岸の小高い丘に立って、川向こうに拡がる草原を見ながら、この歌合の故事を思い浮かべていたのだろうか。

長旅からかえって数年後、西行は高野山に入る。その間、多くの歌に詠まれてきた、吉野山、熊野路を徘徊した。その後四国への旅に出かけると、今度は伊勢に庵を結ぶ。さらに六九歳の高齢になっても、勧進のため東国に向かって源頼朝に会い、さらに陸奥の平泉まで足を伸ばしている。か

れの生涯は「草庵から旅へ、旅から草庵へと波動曲線」（高橋英夫、「西行」）を描いていた。

西行にとって旅は、初めのうちは、詩文の才を磨くためのものであったかもしれない。しかし、旅は移動であり過程である。旅ゆけば、旅人を取り巻く状況は時々刻々変わっていく。長い漂泊の旅に身を置けば、所によって品変わる多様な生活を見たり、時節によって衣裳を変える、あるがままの自然に出会う。

たえず歌を詠もうとして旅をすれば、人情の機微に触れ、凡人には見えない自然の美しさやその些細な変化を捉えるまなざしはますます鋭くなる。旅が育む鋭利なまなざしを通して、西行はたえず自己自身を見つめて感性を磨き、美しい自然のなかに素朴に生きていくことの楽しさも知ったのではないだろうか。旅は詞藻を磨くためだけでなく、出世欲望の昇華を行うためにも不可欠であった。

時代の歌壇の流れは、「新古今和歌集」に現れているように、本歌取りなど、ともすれば言葉の技巧のみに走るようになっていた。西行の歌はこの流れを超越するものであった。狭い都生活ではなく、各地の多様な生活やそれを取り囲む自然のなかで詩文の才を磨いたからであろう。新古今和歌集を編むことを勅命した後鳥羽院は、西行の歌を「おもしろくてしかもこころに殊にふかく」と評し、「生得の歌人とおぼゆ。おぼろげの人（＝普通の人）のまねびなどすべき歌にあらず。不可説の（＝言葉で説明できない）上手なり。」（「御鳥羽院御口伝」）と賞賛している。

◆歌枕の地

西行は、「願わくば　桜の下にて　春死なむ　その如月《きさらぎ》の　望月のころ」という願いどおりに、桜の花が咲き始める如月（陰暦の二月、今の三月）の中頃に七二歳の生涯を閉じた。人生は旅にたとえられるが、西行は旅そのものを人生として生きた。その西行の生き様は多くの人に感銘を与えた。かれらが西行の生き様に、新しい生活価値の誕生をかぎ取ったからである。それは、享楽生活のための富と地位の獲得よりも、簡素な生活のなかで自分のなかにひそむ可能性を探し出しそれを開花させる自己実現を目指すものであった。そこでは、古代より長く世間を支配してきた古い生活価値が昇華され、自己実現という新しい価値に置き換わっていた。

この置換はまた敗者復活の可能性も示唆していた。激動の時代は、権力の所在の目まぐるしい変転により、多くの敗者を生む。敗者になり負け組に入ったものが、その後の人生をどのように生きればよいのか。生活価値の序列を転置すれば、そこに新しい生き甲斐が生まれる。敗者復活のこの可能性は、かれらのその後の人生に希望を与えた。歌だけでなく、西行の全人格的な生き方そのものが、敗者であることを余儀なくされた多くの人によって受け入れられたのである。

中世も中頃になると、増基法師や能因法師に先導され、西行によってさらに深く追求された自己実現の世界は、人々の心に深く根ざすようになっていった。兼好法師は「徒然草」のなかで、無常の時代におけるこのような新しい生活価値の意義を強調した。世俗的な欲望の追求の愚かさを指摘していう。

名利に使われて、静かなる暇もなく、一生を苦しむるこそ、愚かなれ。（三八段）
人は、…奢りを退けて、財《たから》を持たず世を貪らざらんぞ、いみじかるべき。（一八段）
身死して財残る事は、智者のせざる処なり。（一四〇段）
世の人の心惑わす事、色欲には如かず。人の心は愚かなるものかな。（八段）

「月満ちては欠け、物盛りにしては衰ふ」（八三段）ような無常の世界で、兼好法師が希求していた生活世界は、次のような文言のなかに表れている。

つれづれわぶる人は、いかなる心ならん。まぎるる方《かた》なく、ただひとりあるのみこそよけれ。（七五段）
いずくにもあれ、しばし旅立ちたるこそ、目さむる心地すれ。（一五段）
人遠く、水草清き所にさまよいありきたるばかり、心慰むことはあらじ。（二一段）
万の事は、月見るにこそ、慰むものなれ…（二一段）
何事も古き世のみぞ慕わしき。（二二段）

兼好法師が求めたのは、自然の諸相を楽しみ、古《いにしえ》を懐古しながら、心の平静を保って生きていくことであった。この処世訓は、とくに中年から高齢期に敗者となった人の心にしみ込んでいったに違いない。

漂泊の一人旅に人生のいきがいを見つけた西行の生き様は、このように無常の時代での生活価値の置換を促しただけではない。旅の歴史という点から見ると、それは一人旅の模倣者・追随者を生み、この旅の様式を形式化していった。その形式とは、歌枕の地を巡回しそこで歌を詠みながら旅することである。

歌枕は古代では和歌で使うにふさわしい言葉や題材を意味し、枕詞なども含まれていた。それらは、能因法師の「能因歌枕」という書に示されている。日本中世文学者のプルチョウ（「旅する日本人―日本の中世紀行文学を探る―」）は、歌枕の起源に関する諸説を整理して、それは信仰上の重要な場所、地主神の名の間接的表現、あるいは神の縁語と結び付いていたという。このような場所に来ると、旅人は歌を奉納して旅の安全を祈願する習わしがあった。

中世になると、歌枕は歌人がかつて歌を詠んだ名所・旧跡を意味するようになった。たんに歌に詠まれた場所というだけであれば、すでに「能因歌枕」は陸奥国から対馬まで数十ヵ国にまたがっていた。しかし、中世の旅人が訪れ足を止めたのは、有名歌人が歌を詠んだ場所である。たとえば、「伊勢物語」に出てくる八橋や、かきつばた、都鳥の歌の場を多くの旅人が尋ねた。

西行の旅も歌枕の地を尋ねる旅を広めただけではない。西行自身の旅が訪問すべき多くの歌枕の地を創り出した。この意味で西行は、中世における個人旅のもっとも強力な促進者であった。能因の歌だけでなく、西行が「白河の　関屋を月の　洩る影は　人の心を　留むるなりけり」と詠んだから、白河の関を尋ねたいと思う旅人がさらに増えたのである。

　歌枕の地を尋ねる旅の様子は、中世の紀行に多く現れる。「とはずがたり」の旅行部分、「東関紀行」（一二四二年）、釈宗久「都の土産《つと》」（一三五〇—五二年）、「廻国雑記」（一四八七年）などはその例である。歌枕の地を尋ねる旅は、全国各地に小さないわば観光地を創り出した。しかしその観光地を見る旅人のまなざしは、先人が詠んだ著名な歌という色眼鏡を通したものであった。それは現代の旅人がマスコミや観光マーケターの作り上げたイメージを通して観光地を見るのに似ている。中世の個人的な旅人が、歌枕の地以外に新しい名勝・景観を発見するということはまれであった。個人旅の多くは、こうして先人が定めたまなざしの枠組み内で、定型化していくことになったのである。

III　非日常的享楽と風雅の発見——近世前期の旅——

数世紀にわたって続いた戦国時代は、織田信長・豊臣秀吉の天下統一によって終息に向かう。かれらの事業を引き継いだ徳川家康は、一六〇三年に征夷大将軍になり、江戸に徳川幕府を開いた。これにより全国にわたる武家の中央集権政治体制が初めて確立した。この体制は一八六七年の大政奉還によって明治政府が成立するまで二六〇年あまり続くことになる。歴史家はこの時代を近世と呼んでいる。近世はまた江戸時代とも呼ばれる。

近世社会では、だれが、どこへ、どのような目的で、どのように旅をするようになるのか。戦乱がやみ、平和な時代が到来することによって、中世に芽吹き始めていた旅の様式の変化傾向をさらに大きく促進することになった。それにともない、道路、宿泊、旅の安全性など、旅のインフラも飛躍的に発展した。

近世社会は発展の一途を辿り、元禄期（一六八八—一七〇四年）に頂点に達した。この時期をピークにして、享保期（一七一六—三五年）に入ると、近世社会は安定と停滞の時期に入る。旅の歴史の時代区分からいえば、この享保期を境にして近世を前期と後期に分けるのが便利である。近世前期は武士や商人の移動を中心に旅の様式の転換期であり、近世後期はこの転換をふまえて、旅の大衆化が芽生え始めた時期である。

◆異邦人のまなざし

一六九一年、オランダ人エンゲルベルト・ケンペルは長崎出島から江戸まで旅行した。旅のきっかけは、出島のオランダ商館長の江戸参府旅行に医師として随行することであった。かれは一六五一年に教会牧師であり地主でもあった家の子として生まれた。少年のときから多くの外国語や歴史を学習しただけでなく、医学、薬学、博物学を修め、来日するまで大航海時代を先導したオランダ人らしく、ロシア、中近東、インド、東南アジアなど異文化の地への旅を経験していた。

オランダ商館はオランダ東インド会社の出先機関であり、鎖国が厳しくなった一六三九年以降、日本における唯一の外国商館であった。もともと平戸に立地したが、一六四一年以降、長崎港に建設された人工島の出島に移転した。商館には商館長以下、荷倉役、医師、炊事係、大工、鍛冶など一二―三人のオランダ人が滞在していた。かれらの日常居住範囲はこの人工島の範囲にかぎられていた。出島には長崎奉行傘下の日本人も居住し、オランダ人の監視、輸出品の荷揚げ、積出し、代金決済、出島の出入り、オランダ人の日用品購買の監督を行った。オランダ商館への出入りは公用目的以外には厳しく制限されていた。

江戸参府はオランダ商館長の義務である。オランダ船はほぼ毎年の七月から八月にかけて出島に入港した。そして許された滞在期間は約三ヵ月であった。この間に商館長は江戸に向かい将軍に拝礼して、献上品の謹呈を行い、ヨーロッパの最新情報などを伝えた。江戸参府は一六三三年に制度化された。その後、ほぼ定期的に行われるようになり、一八五〇年までに一六六回に及ぶ。参府の一行は商館長以下のオランダ人数名と、通訳や警固を担当する日本人を含め五―六〇人であった。かれらはほぼ三ヵ月を要して、出島と江戸との間を往復した。

ケンペルが生まれ育った一七世紀の欧州の上流階級では、「旅そのものが教育であり、自己啓発と修養の過程であるという新しい旅概念」（エリック・リード「旅の思想史」）がすでに確立していた。それはフランシス・ベーコンによる観察を基盤にした経験科学の提唱と、グランドツアー（＝大陸旅行）の伝統を踏まえたものである。ベーコンの主著「ノヴム・オルガヌム―新機関」は、神学的な演繹的議論を排して、経験と実験を重んじる帰納法によって近代合理主義の扉を開いた。一六二〇年に出版され、欧州の知的伝統に衝撃を与えていた。グランドツアーは教育の一環として息子を海外旅行に出すという習慣である。それは一五世紀末から一七世紀の初頭にかけてイギリスの上流階級から流行し始めていた。

この新しい旅の概念は、その旅の方法としてアポデミックという新語を生み出した。それはこの理知的な旅を実りあるものとするため、旅行記を書き、観察と分析をする技法を意味した。この技法は旅人にできれば二冊の日誌をつけることを求めた。その一冊には出来事と体験をその生起した順序で記録した。他の一冊はある土地、地域に関する知識を百科全書形式で編纂するためのものであった。それは自然の景色や資源、風景、民族の慣習、しきたり、身なり、食事とその作法、言語、都市の特徴など生活様式の全般にわたっていた。ケンペルが記した「日本誌」の第二巻第五章をなす「江戸参府旅行日記」は、明らかにこのアポデミックの方法に基づいた旅行記である。

◆整備された旅のインフラ

ケンペルの一行は、長崎から陸路九州を横切り小倉に着いた。そこから船で下関に渡り、西海道と呼ばれた瀬戸内海を通って海路大坂に着いた。大坂から京都にいたり、陸路東海道に沿って江戸に向かう。長崎を出てから江戸までほぼ四週間の旅であり、江戸に二〇日間滞在して帰路についた。アポデミックで武装したまなざしで、ケンペルは、徳川幕府の開幕後ほぼ一世紀を経た、元禄初期の日本の旅の様子を詳細に描き出している。アポデミックのまなざしは、何物もとらえて離さない。その特質は同時代に書かれた日本人の紀行文と比較すれば明らかである。ケンペルという異邦人のまなざしがとらえた旅の様子はどのようなものであったか。

交通路、宿舎など旅のインフラは東海道など主要道については かなり整備されていた。陸路ではその間にある町や村を除いて、松の木が街道の両側に狭い間隔で植えられ、旅人に木陰を提供していた。雨に対しては簡単な排水溝が畑に向かって造られ、また雨水を防ぐためみごとな土堤が高く築かれていた。雨天続きのぬかるみの場合以外は、旅人は良い道を歩くことができた。

また道は清潔であった。街道沿いの百姓が焚き物の材料として毎日落ちる松葉や松かさを集め、子供たちが馬のすぐ後からついていって、まだぬくもりのある馬糞を集め、肥料として畑に運んでいたからである。また街道筋の百姓家近くには便所として造った粗末な小屋があり、脱ぎ捨てた草鞋なども この小屋に集められた。これらも畑の肥料として使われた。身分の高い人が通るときには、街道は直前に掃除され、雨のときには乾かすために砂がまかれた。二、三里おきに路傍には木葉葺きの小屋が設けられ、上流の旅行者は用を足したり休養をすることができた。

馬を使えない急な山道のある山岳地帯では、籠を利用することできるようになっていた。大きく深い川には立派な橋が架かっていた。瀬田の橋、矢矧橋、吉田(現在の豊橋)橋、武蔵の六郷橋、日本橋などである。しかし、江戸防衛のために、大井川、天竜川、富士川などの大きい川には架橋は無かったが、渡河のための舟などの施設や援助人が用意されていた。

瀬戸内海を通じる海路では、帆と櫓で運行する船を利用した。幕府の造船規制によって荒海に耐えられる船でないため、陸路からそれほど離れずに航行した。その間の多くの小島には、船が碇を下ろす泊《とまり》があり、天候不順のさいにはそこへ逃避した。

　街道に沿った村落では旅行者に種々雑多な小物を売る住民たちがいた。町に入ると、多くの民家が立ち並んでいた。いくつかの町では、それだけの客がいるのかという疑念が浮かぶほど、通の端から端までたくさんの小売店が建ち並んでいた。街道沿いに一里半から四里ごとに主要な町や村は宿場になっていた。そこには駅舎があり馬、荷物運搬人、配達人などを旅人は一定の賃金で雇うことができた。

　街道沿いには多くの旅館もあった。とくに大名などが泊まる宿場町には本陣と呼ばれる立派な宿泊施設がある。いくつかの本陣では前屋と後屋に分かれていた。一般の客は前屋に泊まった。そこは薄暗くみすぼらしく汚れた畳が敷いてあり、普通の障子や襖で仕切られていた。また調理場もあり召使いや料理人もいた。しかし、後屋は高貴な客をもてなすため、清潔であり、畳、襖、衝立、すだれなどはすべて新ものに見えた。部屋は築山、岩、花木をあしらった中庭や坪庭に面している。室内は美しい木目の建材や銘木で造られ、山水を描いた衝立、掛け軸、季節の花々を活けた花瓶、陶器などで飾られていた。

　便所は後屋の脇にあり、中に入ると清潔な床の上にゴザが敷いてある。外から長方形の桶が差し込んであり、そこには排便後の脱臭用に使うもみ殻か刻んだ藁が入っていた。便所の脇には手を洗うための石で造った手水鉢《ちょうず》があり、柄杓が添えられていた。浴室は小さい庭の奥に続き、檜で造られていた。そこには蒸し風呂か浴槽があった。

街道筋には、身分の低い徒歩の旅行者のために、数え切れないくらいの低級旅館あり、また疲れた旅人が上等ではないが暖かい軽い食事をとれる小料理屋、居酒屋、茶店があった。これらの多くは周囲の景観を活かして立地し、店先には花木の小枝が花瓶に活けられていた。きれいに着飾った二—三人の若い娘が旅人の呼び込みと接待を行っていた。食べ物は焼き串や竹串に刺され、煮たて焼きたての状態を維持しようとしていた。

茶や酒以外に、これらの店では多様な食物を用意していた。蒸し饅頭、蒲焼き、塩漬けや酢漬けにしたタニシ・貝・小魚、ゆでうどん、醤油と酒で煮た野菜に薬味として山椒、ショウガ、ゆず皮などをかけたもの、砂糖菓子などである。商人など豊かな旅行者は案内人をともない、また旅先で接待も受けたであろうが、貧しい旅行者は旅行案内書を見て、どの場所にどのような食べ物があり、どこがうまく安いかを知り店を選んでいた。

◆ 行き交う多様な旅人

ケンペルを何よりも驚かしたのは、東海道など主要街道を往来する旅人の多さである。欧州の都市の街路と同じくらいの人が街道にあふれていた。かれは街道でどのような旅人に出会ったのであろうか。個人または数人で武士、商人、職人、芸人などが多く街道を往来し始めていたことであろう。ケンペルはこれらの旅人についてはとくに言及していない。彼の目をとくに引きつけたのは、以下のような旅人である。

まず武士を中心とする集団の行列があった。その具体的内容は江戸と領国を往来する大名行列と、同じように幕府直轄地と江戸とを往来する幕府役人とその伴者の行列であった。とくに大名行列は大規模であり、大名の石高によって異なるが、大大名になると行列の規模は数千人に及んだ。

大名行列は先行隊、本隊、後続隊からなっていた。先行隊は少数の従僕、荷物運搬の指揮者および輜重《しちょう》隊からなり、大名の宿泊を準備するために先行した。本隊は主君とその警固隊から構成されていた。槍持ち、駕籠かき、その他の従者を除けば、武士たちは黒一色の絹布の衣服をまとい、音も立てずに粛々と進んでいった。この本隊の後にはさらに重臣たちとその従者たちの後続の隊列が続いていた。

また、東海道ではとくに春になると御利益を求めて伊勢参りに出かける旅行者でいっぱいになった。この種の旅行者は老若男女、貴賤を問わなかった。そのなかには自分たちの食べ物や路銀を道中で物乞いして手に入れねばならない人が多く含まれていた。非行を働き免罪符をもらうために両親に無断で家を飛び出した少年もいた。かれらは裕福に見える人を見ると、「檀那《だんな》様、お伊勢参りの者に路銀を一文お恵みくださいと遠慮がちに声をかけてきた。かれらの多くは宿屋に泊まることができず野宿したり、中には路傍で病みつかれて死んでしまう人もいた。

また方々に二―三人の組を作った巡礼者がいた。かれらの目的は各地にある観音を祀った有名な寺に参ることであった。かれらは戸ごとに哀調をこめて観音経を読み、ときには楽器を奏でたが、旅行者に布施を求めるようなことはしない。特別な服装をして、襟の周りにはまだ詣でていない寺の名を小さな板に順々に書いていた。

街道には、また旅人を目当てにした多様な物乞いが流浪していた。その多くは頭を丸め僧の身なりをした若者であった。古来、僧になれば人に物乞いをすることを許されていたからである。かれらのなかには、若くて美しい比丘尼もいた。彼女たちは鎌倉や京の尼寺の支配下にあった。それらの寺や、伊勢、熊野の寺に所得の一部を寄進しなければならなかった。熊野やその近国に多くいたので、一般の尼と区別して熊野比丘尼と呼ばれていた。彼女たちはその魅惑的な容姿を武器にして旅行者からうまく布施を巻き上げるすべを心得ている。

ケンペルによれば、この女たちには出家らしさも貧しさも感じられなかった。そった頭には黒い絹の頭巾をかぶり、一般の人と同じような着物を小ざっぱりと着こなし、手甲をはめ、幅の広い日傘をかぶって化粧をしていた。彼女たちの多くは少女のころより娼家でしつけられ、年季を終えてから自由の身となり、青春時代の残りを旅で過ごしていた。彼女たちの標的は駕籠や馬で旅行する身分の高い人である。このような相手を見つけると、何時間も伴をして野良の歌などを歌い楽しませ、夜をともにした。実際、フロイスも指摘しているように、比丘尼の売色はそれ以前からの習俗であった（『ヨーロッパ文化と日本文化』）。

またこの比丘尼たちに混じって多くの山伏が往来していた。かれらの一部は比丘尼の親や夫である。山伏たちはミツバチの大群のように旅行者の周りに集まり一緒に歌を歌い、熱弁をふるい、法螺貝を吹き鳴らし、大声で叫んでいた。旅人は山伏たちにお祓い、予言、占いなどをしてもらっていた。路傍には乞食がいた。ある者はゴザを敷いて座り、哀れっぽい声で「なんまいだ」と唱えながら物乞いをしている。他の乞食は鼓弓や琵琶を奏でていた。さらに旅人につまらぬ商品を売りつける小売商や農家の子供たちが夜遅くまで街道筋を歩き回っていた。

◆太平時代の到来

中世の墓場から生き返って元禄時代の街道筋に現れた人がいたとしたら、街道の賑わいぶりに驚いたことだろう。街道筋での旅のインフラの整備や多くの人の往来は、別の世界に来たような印象を与えただろうからである。これらの変化は何によってもたらされたのだろうか。それは何よりも幕藩体制の完成による太平の時代の到来の結果である。一六三七年の島原の乱以降、大きい戦乱はなくなり、太平の時代が続いていた。幕末まで二百数十年にわたって続いた太平の世は、戦国時代に幕を引いた徳川幕府の巧妙な統治体制によるものであった。

中世の大部分を占めた戦国時代は三つの特質を持っている。まず、全国は各地方の大名の領土に分割されそれぞれが小独立国であった。いわば割拠主義である。次に、社会を支配したのは武士であった。その武力を背景にして、武士が統治権を握っていた。これは武士本位主義といえよう。武士の間にはその領土を巡ってたえず武力抗争があった。武力はまさしく武士の実力であるが、その変動にともない領主、領国範囲が変化した。その結果として社会は不断の動揺にさらされていた。この不断の動揺が戦国時代の第三の特質である（津田左右吉「文学に現れたる我が国民思想の研究」）。

徳川幕府の統治政策の狙いは、割拠主義と武士本位主義は継承しながら、不断の動揺の芽を徹底的に摘むことであった。割拠主義と武士本位主義から成り立っていた状態を幕府の権力によって固定化したのである。割拠主義にもとづく不安定要素を除去するために、幕府は徳川家との君臣関係の経緯を踏まえ、大名を親藩、譜代、外様の三種に分けその地理的配置に意を配った。

近世前期で見ると、親藩は徳川家康の男系子孫が始祖となった諸藩である。水戸、尾張、紀伊の御三家は徳川姓を名乗り、他の親藩は松平姓を名乗った。御三家は将軍に世継ぎがないとき、御三家から次期将軍が選出された。譜代は関ヶ原の戦い以前より、数代にわたり徳川氏に臣従して大名となったものである。著名な譜代としては、井伊、榊原、鳥居、水野、板倉、小笠原、保科、柳生などの諸家がある。老中や若年寄などの幕府の要職はかれらから選任された。親藩や譜代と将軍は

大名の配置（1664年）

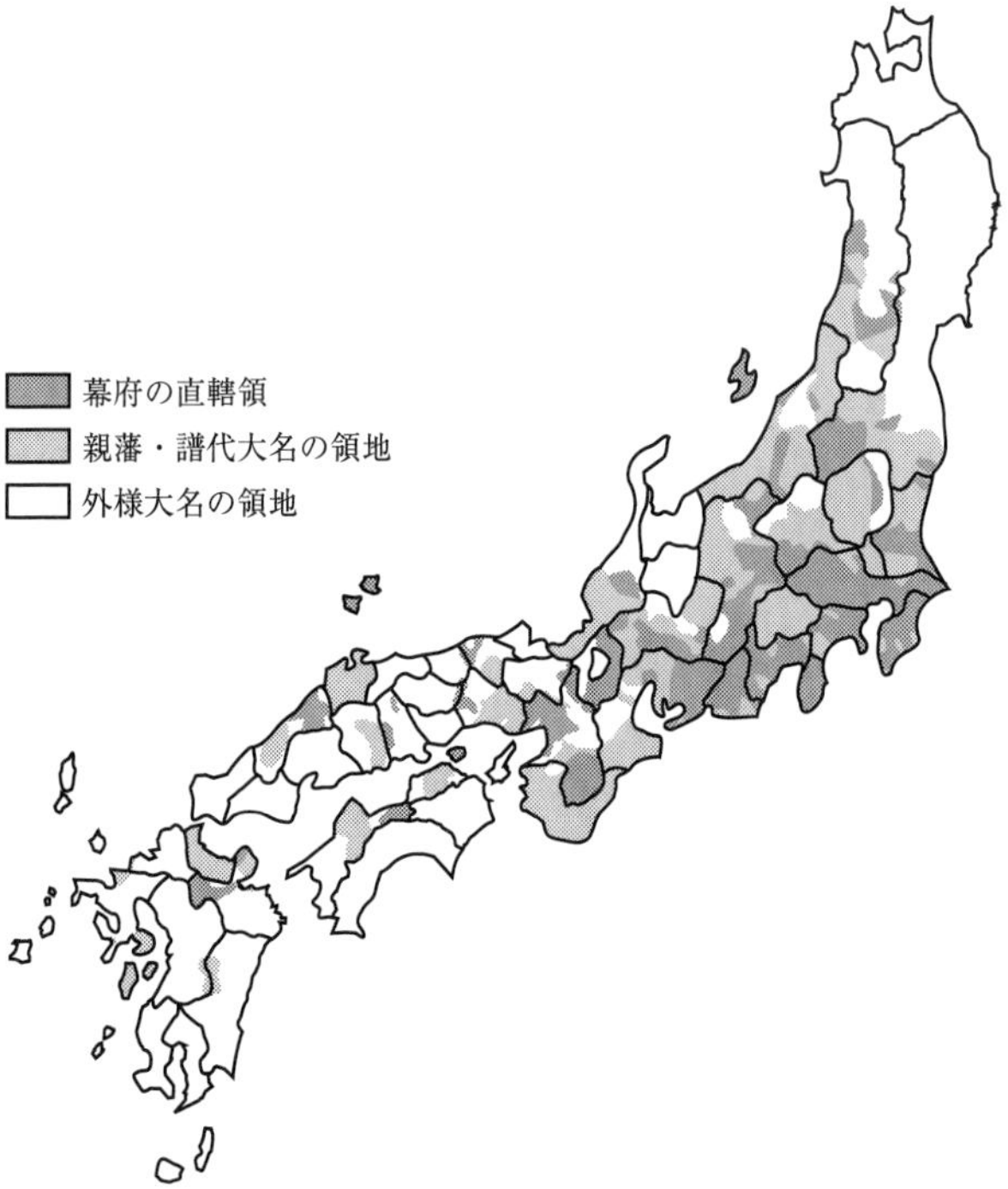

君臣関係で結ばれていた。

しかし、将軍と外様の関係はたんに統治関係に過ぎなかった。外様は関ヶ原の戦い前後に徳川氏の支配体制に組み込まれた大名である。近世前期には、加藤（肥後藩）、福島（広島藩）、蜂須賀（徳島藩）、黒田（福岡藩）などの豊臣恩顧の大名や、前田、伊達、上杉、毛利、山内、島津などの雄藩をなす諸家を含んでいた。

割拠主義の不安定要素は外様による反乱の可能性であった。幕府はまず大坂の冬の陣（一六一四年）、夏の陣（一六一五年）

によって、豊臣家を滅亡に追い込んだ。ついで加藤、福島の両家などのように改易をしたり、前田家などのように将軍家との婚姻関係によって譜代該当に組み替えたり、領国配置によってこの可能性の芽を取り除こうとした。各大名は一国一城に制限され城の新造は禁止された。また大名同士の婚姻も禁止された。

一七世紀の中頃には割拠主義による不安定要素はほぼ除去されている。それを端的に示すのは大名の領国配置である。江戸を取り巻く周辺諸国はほとんど幕府の直轄領か親藩・譜代の領国で取り囲まれていた。その外部に外様の領国があった。しかし外様領国の周辺、とくに雄藩の多い中国、四国、九州では飛び地のごとく直轄領や譜代大名が配置され、雄藩の動きに監視の目を光らせていた。

武士本位主義はすでに中世から現れているが、それはいくつかの不安定要素を含むものであった。武士は階級として確立しておらず、智謀や武芸に優れておれば商人や百姓からも武士になれた。豊臣秀吉は百姓の子であり、斎藤道三は僧侶、商人を経て美濃の大名になった。徳川幕府は士農工商という身分制を導入して他の階級から武士への移動を禁じた。

武士は主君との主従関係で結ばれているが、とくに戦国時代ではこの主従関係が変動した。功名心を持ち権謀術数に長けた武士ならば、利害得失によって主君を変え、機会があれば、主君押し込めや下剋上によって主君の座を奪った。斎藤道三、織田信長、武田信玄、島津忠良など、著名な戦国大名の多くがこれらによって登場した。これに対して、幕府は忠孝を基本とする武士階級の倫理、つまり武士道を体系化してそれを強調した。家格やそれに伴う知行俸禄も、戦場が無くなり、また世襲化が進むにつれて固定化していった。

社会変動の芽は、人々が新しい思想を知り、また外国などの実情を知って自国と比較することによってでも生まれるものである。幕府はこの変動の芽も徹底的に摘み取った。一六一三年には禁教令を全国に拡げてキリシタンを弾圧した。また鎖国令を強化して海外との交流を制限していった。一六三五年には日本人の海外渡航と帰国を禁じ、一六三九年にはオランダ以外の西欧諸国との交易が禁じられた。

こうして一七世紀の半ば頃には、日本人は三重の檻のなかに閉じ込められることになる。もっとも外部には鎖国という檻があった。日本人の海外渡航は禁じられ、外国との交易も長崎でのオランダと中国、対馬での李氏朝鮮、薩摩での琉球王国、松前でのアイヌとの交易に限られていた。鎖国の檻の内部には、さらに封建制の檻があった。士農工商という身分制があり、支配階級の武士でさえも、その生活は狭小な一藩一家中に限られ、藩内部でも世襲的な家格に閉じ込めれていた。さらに封建制の内部には儒教的家族制度の檻があった。それは男尊女卑と家父長制からなり、その倫理によって各人の生活行動を枠づけていた（田村正紀「消費者の歴史」）。太平の世はこのような三重の檻によって維持されていたのである。

◆風穴としての参勤交代

三重の檻は近世を通じて強力に機能した。それだけならば、近世はまったく動きが無く、閉塞感で充溢した非流動社会になっていたであろう。しかし、太平の世をさらに強固にしようとする幕府の施策は近世社会に大きな風穴をあけることになる。それを通じて近世社会を変えていく力学を生み出していくのである。その施策とは参勤交代である。ケンペルを驚かした主要街道での多くの旅人の往来は、太平の世での参勤交代をきっかけに生まれたものである。

参勤交代は大名に隔年ごとに江戸に出仕させる制度である。その基本は大名が部下を連れて将軍の下に馳せ参じる軍事行動であった。関ヶ原の戦い以降にこのような慣行が徐々に始まったが、それが制度化されたのは一六三五年以降である。一六四二年にはそれまで免除されていた譜代大名にまで拡大され、若干の例外を除くすべての大名に義務化された。これらに先立つ一六二二年には、諸大名に妻子を江戸屋敷に居住させるよう要請があり、その後この妻子在府制が定着していくことになる。それは一種の人質であった。参勤交代によって、大名は江戸と領国での隔年生活を強いられるようになる。

参勤交代の狙いは大名の行動に制約を加えるとともに、監視を強化することにある。また大名の経済力を消耗させる狙いもあった。参勤交代の費用が多額に上ったからである。多くの藩ではこの費用は藩の現金収入の大半を占め、次第に藩財政逼迫の主因になっていった（山本博文「参勤交代」）。参勤交代はとくにその狙いの焦点を、江戸から遠く離れた外様大名に定めていた。

しかし、このような幕府の思惑を超えて、参勤交代は近世社会に流動的要素を持ち込み、一連の大変化を生み出すきっかけになる。それは多くの武士に領国以外の世界を見る機会を与えて、武士の生活様式を変えた。巨大都市江戸を出現させるとともに大坂と京も三都として繁栄させ、商人に多くの事業機会を与えて商人階級を台頭させた。これらを通じて参勤交代は旅の様式にも大変化をもたらしたのである。その経緯を辿ってみよう。

参勤交代の年度と時期を幕府は完全に統制していた。たとえば外様大名の場合には、その地理的位置によって東西二群に分け、各群で参勤年度が割り振られていた。さらに江戸到着月や帰国月も割り振られていた。だいたい、四月、六月、八月、一二月に江戸に到着し、八月や二月に帰国した。また譜代大名や直参旗本の時期も、大名間の謀議を防ぎ、ある地域の軍事責任者が不在にならないように配慮して決められていた。本藩とその支藩では参勤時期が異なったし、外国船の入り口であった長崎を警備していた佐賀藩と福岡藩は同じ時期に参勤することはなかった。したがって、季節的には四月や六月に大名行列が集中したが、年度間や地域的に見れば、交通の流れが均等化するようになっていた。

参勤交代は基本的には大名が部下を連れて将軍の下に馳せ参じるという軍事行動である。しかし、元禄時代に近づき太平の世が定着してくると、それは大名の家格などを民衆に示すパフォーマンスとしての性格を強めていった。「下に下に」というかけ声、先端に房や羽根を付けた長槍を持つ中間が手振り足ぶりをしながら独特の動作で歩く様、色彩豊かな揃いの衣裳を着け粛々と歩む隊列、持ち運ばれる大量の武具や道具類、これらが大名の家格と権力を示すパフォーマンスであった。しかし、それ以上に参勤交代は全体として、全国から大名を呼びよせる将軍の権力を示していた。

軍事行動あるいはパフォーマンスのいずれにせよ、その性格上から参勤交代は大名行列という呼び名が示すように大量の集団移動である。ヴァポリスが各種資料にもとづき整理した行列規模表（「日本人と参勤交代」）を見ると、規模は大名領国の位置や石高によって異なっている。一七世紀では、仙台藩（六三万石）は三、四八〇人であるが、同じ大大名でも江戸から遠い熊本藩（五四万石）は二、七二〇人、薩摩藩（七七万石）は一、二四〇人であった。一〇万石を超える大名はおおむね千数百人の行列を組み、本荘藩（二万石）のような小藩でも二六〇人の規模であった。

俳人の小林一茶はその晩年に信越北国街道の合宿《あいしゅく》である柏原宿・古間宿に住んでいた。この街道は高田宿（上越市）から追分宿（軽井沢町）にいたる。加賀藩の前田公が参勤交代に使った路である。江戸後期には参勤交代の人数は減少傾向にあったが、それでも加賀百万石となるとその参勤交代は長蛇の列であった。「跡供《あとども》は　かすみ引きけり　加賀の守」という一茶の句（「新訂一茶俳句集」）

がそれを示している。

これらの行列は三隊に分かれていた。先導隊は主要な荷物を運び、大名を警護する本隊の宿泊や渡河などの準備をした。本隊の後には重臣とその陪審などの後続部隊が続いていた。遠国の大名の場合には江戸への移動は数週間を要した。たとえば、薩摩藩は四〇日、交通事情の悪い土佐藩は三〇日を要したという。全国各地に散らばり、数百に及ぶ大名の領国から、このような大行列が江戸に向かい、また領国に引き返したのである。

参勤交代は旅のインフラに大きい影響を与えた。まず、交通路の整備を促進する。とくに各領国から出発した大名行列が江戸に向かって合流する主要道路の整備が最重要課題であった。江戸日本橋を起点とする五街道のうち四街道は一七世紀の後半までに完成している。東海道（一六二四年）、日光街道（一六三六年）、奥州街道（一六四六年）、中山道（一六九四年）である。甲州街道は遅れて一七七二年に完成した。街道には一里塚が設けられ、一定間隔で宿場が設けられた。また五街道から各領国につながる枝道や舟による海道も各大名や幕府によって整備されていった。

江戸への旅は日数を要したから、その間の宿泊施設も不可欠であった。東海道五十三次などの言葉が表すように、街道沿いに一定間隔で宿場が設けられた。各宿場は幕府の指令と、参勤交代が生み出す旅客の増大によって徐々に整備されていった。宿場の両端には木戸があり、夜間は閉じられた。その間の街道沿いに多くの旅行関連施設が並んでいた。その主要なものは問屋場、高札場、本陣、脇本陣、旅籠、木賃宿、茶屋、商店などである。それらは多様な旅人の往来に対応するものであった。

問屋場は宿場の保護だけでなく、街道筋で必要になる運送業務を統括していた。馬の継立《つぎた》てや大名行列にともなう荷担ぎ人足の調達を助郷《すけごう》にもとづき周辺の村落から行っていた。助郷は徳川幕府が諸街道の宿場の保護、および、人足や馬の補充を目的として、宿場周辺の村落に課した賦役である。高札場には幕府からの禁制や通達事項を記した高札があった。各宿場では小荷物の輸送や手紙などを送るため飛脚を利用することができた。

武士や公家用の宿泊施設としては本陣と脇本陣があった。これらは藩主や重臣など上流武士用である。本陣は商業施設ではなく、その地の有力旧家の邸宅が本陣として指定され大名などの宿泊所になった。脇本陣は本陣に次ぐ武家や公家の宿泊施設だが、空いているときには一般客も泊めた。一般旅行者用には旅籠と木賃宿があった。旅籠では食事を提供したが木賃宿は自炊せねばならなかった。これら以外にケンペルの参府旅行でもふれたように、茶屋や商店があった。今日でも木曽路の観光地となっている奈良井宿や妻籠《つまご》宿は当時の宿場の面影を残している。

参勤交代がなければ、支配階級の武家さえも、狭い領国という井の中の蛙になっていたことであろう。農工商階級では農村部だけでなく、城下町に居住する者もさらに狭い井の中で生涯を送ったことであろう。しかし、参勤交代は多数の旅人を生み出し、主要街道を往来した。その旅人だけでなく、その往来に接する各地住民にも、井の中の蛙がそこを飛び出て、大海を知る種々な機会を与えることになった。

大名は藩士の三分の一から半分を率いて江戸に向かった。そのうちの多くは藩主とともに江戸に滞在し、帰国のさいにはまた随行した。しかし、参勤交代はこれらの随行者だけでなく、多くの旅人を発生させた。見習いと称して、自費で子息を同伴する者もいたし、藩主の江戸到着後にすぐに帰国する者もいた。さらに藩主の二重生活にともない、人員交代や連絡業務の使者が江戸と領国を往来するようになった。

現在でも観光客など旅客の往来は、地域経済の振興にきわめて重要である。同じように、参勤交代による旅人の増加は街道筋の宿場を中心に旅行ビジネスの機会を発生させた。この意味で参勤交代は地域経済を全国各地で振興することになった。しかし、旅の歴史にとってそれ以上に重要なのは、異国のお国柄、産品、情報などが街道筋にそって伝わっていったことである。

他大名の領国を通過するときには、接待供応、挨拶などを通じて交流があり、参勤大名領国の特産品などが贈与された。宿泊する本陣、脇本陣もやがて定宿化した。本陣、脇本陣に特産品が贈与されたり、人的交流が深まり、多くの地域にまたがる知己関係のネットワークが拡がった。これらを通じて大名領国の情報は街道筋に拡がり、街道筋の人もそこを通る大名の領国についてのイメージを膨らませていったに違いない。これらは人々の記憶や伝承を経て蓄積され、やがて人々の旅への願望をくすぐることになる。

◆三都の発展

参勤交代は旅人の主要な出向先も大きく変えた。ほぼ半世紀の間に、それまで未開の地であった江戸に世界有数の大都市を出現させ、また京都、大坂の地位も安定させた。江戸時代に多くの旅人の主要な旅先はこれら三都であった。

秀吉の命により、一五九〇年に家康が太田道灌の築いた旧江戸城に入ったとき、周囲には町屋が一〇〇軒ほどしかなかった。そこは河口部に面する湿地の多い狭小な土地であった。家康は堀や丘陵から出た土を埋め立て土地を拡げていった。中世初期の鎌倉が多くの人の旅先となったと同じく、新興権力の中心地には人が自然に寄り集まる。

関ヶ原の勝利で次期覇権者が明確になった一六〇〇年には、江戸は人口六万の都市になっていた。参勤交代制はこの傾向を強力に促進した。それが全国的に制定されたすぐ後の一六五〇年には、江戸人口は四三万人に達して、それまで最大都市であった京都と肩を並べる。一八世紀の中頃には一〇〇万を突破し、当時の世界都市イスタンブール、ロンドン、パリなどと肩を並べた。

江戸には全国の大名とその従者たちが参集した。しかも大名の江戸隔年生活のために、江戸は各

三都の推計人口の推移

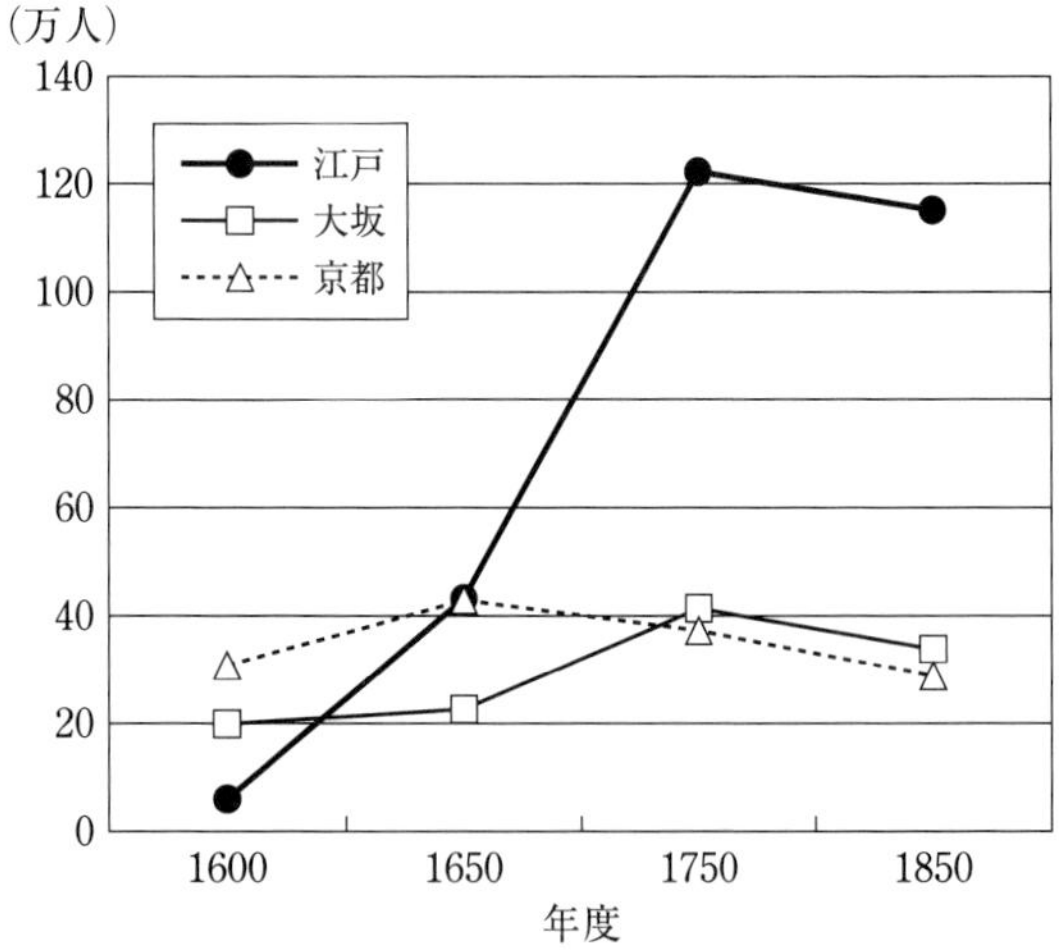

データ源：1650年以降は，斎藤誠治，「江戸時代の都市人口」，地域開発，1984年9月号による。1600年数値は，ドン・ロドリゴ他，村上直次郎訳，「ドン・ロドリゴ日本見聞録」（雄松堂出版，OD版，2005年）の記述にもとづく概算値。

大名の第二の藩庁になった。大名とその従者の生活の場を提供するため、幕府は山の手を中心に広い用地の使用権を下賜して大名屋敷を建てさせた。江戸名物の火事のさいの避難場所や保養所、別荘もかねて、各大名は二つ以上の大名屋敷を建てるようになっていった。江戸城に近いところは上屋敷と呼ばれ第二の藩庁になった。火事に備え、また保養所や別荘もかね、江戸の街の周辺に建てられた屋敷は下屋敷と呼ばれた。またこれ以外に大名の世子、隠居した親や母親の住む中屋敷があった。

上屋敷の中心部は藩主とその家族の居住、来客、藩庁業務用の場所であった。上屋敷や中屋敷の塀の内側に沿って、参勤交代に随行してきた武士たちが居住する武家長屋があった。江戸に常勤している者を除けば、これらの長屋に住む武士たちは単身赴任である。参勤交代に随行し江戸に滞在した武士たちの旅は、家族から離れたいわば長期滞在型の単身旅行であった。千近い大名屋敷が建てられ、それらを中心にした武家居住地区は江戸都市部の七〇％前後を占めた。

武士は知行俸禄で生活する。かれらは生活に必要な財・用務の生産業務には関与しない一種の遊民である。この遊民の消費生活を支えるため、農工商階級の人々が農村地区などから江戸に流れ込み、職人、商人、そしてこれらの奉公人などになった。かれらの多くは武家居住区の外部に密接して建てられた狭い長屋に住んだ。

元禄の頃には、武家と町人の人口比率はほぼ均衡していた。町人が圧倒的に多い大坂や京都に比べると、江戸は武家の街であった。また商家や職人の家への奉公人は単身男子であり、武家の多数を占める参勤交代随行者も単身赴任の男子であったから、江戸は女性よりも男性が圧倒的に多い男の街であった。江戸はこのような人口構成を持つ巨大な消費都市として拡大していったのである。

この消費都市を支えるため、江戸周辺だけでなく全国の物資を江戸に流通させることが必要であった。生鮮食品などは江戸近郊から運び込まれた。井原西鶴（「世間胸算用」）が伝えるところによれば、日本橋船町の魚市場には近海でとれた多様な魚が運び込まれていた。神田須田町の青物市場には、大根が近郷農家から馬によって毎日大量に運び込まれていた。西鶴はその様子を「まるで畑が歩いているようだ」と評している。また、日本橋瀬戸物町や麴町には、「さながら黒い雲を地にたなびかせたように」うずたかく雁や鴨が積まれていた。

しかし、年貢米や各地の特産品など、その生産地が全国に分散している場合には、これらを現金化し、また収集しまとめて江戸に出荷する仲継的な問屋機能が必要であった。この機能を担ったのが大坂である。大坂とその隣接都市堺には以前から有力商人が在住していた。かれらは全国各地との安全な海路を開拓した。そのため多くの大名が蔵屋敷を設けた。それは年貢米や特産品を流通させるための倉庫兼邸宅である。大坂に集まった重要物資は海路で江戸に運ばれた。大坂は商業の全国的中心地として栄え、近世前期にその人口を倍増している。とくに西国大名などにとって大坂は参勤交代にさいして立ち寄るべき場所になった。

近世前期は経済成長の時代である。一六〇〇年には一、二二七万人であった全国人口が一七二一年に三、一二八万人に達している（鬼頭 宏「人口から読む日本の歴史」）。これから見ると、近世初期には急速な人口増があったことがわかる。積極的な新田開発と土地生産性の向上によって、生産力が飛躍的に伸びた。封建経済の基本である米の生産量を見ると、一、八五一万石（一五九八年）から二、五八〇万石（一六九七年）に増加していた。参勤交代は地方経済を潤し、商人の台頭によって種々な商品の流通網が全国的に拡大し始めていた。この経済繁栄の象徴が巨大消費都市としての江戸の出現とその拡大であった。

とくに一七世紀の半ば以降は平和な時代が続き、武家でも合戦経験のない世代へと代替わりしていった。江戸での大名の公式業務は単調であり、過重なものではなかった。将軍に伺候するための江戸城への定期的な登城、日光東照宮への参拝、上野寛永寺と芝増上寺の火番役、五街道の補修や改修、河川治水工事の請負などである。これら以外には、幕府の意向や他藩の動向などを探るため、幕府役人や他藩要人との社交があった。

経済の繁栄、安定した知行俸禄、しかし武士にとってはその実力を見せる機会のない平和の継続、形式的で単調な生活、これらによって武家からは次第に尚武の気風が失われていった。それにともないまず強くなったのは、華麗豪華な生活を求める贅沢指向である。

大名屋敷が江戸に集中し、各大名の生活ぶりは奉公人などを通じて江戸市中に広まったから、家格を重んじ、競争心の強い大名たちの生活文化水準は急速に高まっていった。大名間の婚姻が禁止されたことから、大名の多くがその正室に公家の娘を迎えることが多くなったこともこの傾向に拍車をかけた。

大名や旗本などの上流武士は、贅沢品を求めた。それは美術工芸品、陶器、家具調度、高級呉服など高級文化の産物であった。贅沢品の生産技能を持つ職人は都として数百年の歴史を持つ京都に集中していた。このような事情で、上流武士たちの贅沢を支える物品供給地として京都も、江戸時代にその従来の地位を維持した。歴史的な神社仏閣の集積も相まって、京都も参勤交代に関連して立ち寄る都市であった。

江戸、大坂、京は江戸時代にその人口の大きさから三都と呼ばれる。これらは江戸前期における武士や商人の旅で主要な訪問先であった。この三都以外では、長崎がとくに商人の主要な旅先になった。中国や西欧の珍しい贅沢品を調達するには、この長崎しかなかったからである。中国から糸、巻物、薬品、鮫皮、香木が持ち込まれ、オランダ船からは白砂糖、象牙、鉛、水銀、鮫皮、毛織物、更紗や時計、外科道具、望遠鏡などが持ち込まれた。これらは「日本に富貴をもたらす宝」（井原西鶴、「日本永代蔵」）であった。また白砂糖は金平糖やカステラなどの菓子を生み出すベースになった。

中国やオランダから貿易船が入港するときには、長崎は商才に富む商人の主要な旅先になる。京、大坂、江戸、堺などから駆けつけた商人たちが商品を確保しようと競って入札した。長崎に入った外国の贅沢品は、三都の商人の手を経て大名屋敷などに流れていった。長崎がいかに賑わっていたかは、当時の全国五大遊廓の一つ丸山があったことにも示されている。

この遊廓は幕府の命により一七世紀の中頃にでき、千人前後の遊女がいた。この遊女たちは唐人屋敷や出島への出入りも許されていた。この遊廓跡はその門前にかかる思案橋とともに、現在では長崎観光の名所になっている。西鶴は「長崎に丸山という廓《くるわ》がなかったら、上方の金銀は無事に帰宅するだろう。長崎通いの商売は、海上の心配のほかに、いつ吹き出すともわからない恋風がおそろしい」（「日本永代蔵」）と記している。

◆無聊な日常生活

日常生活の拠点から旅に出れば、旅人は出立地と旅先をたえず比較するものである。古代に大伴家持は国司として赴いた任地での生活を「いぶせし」と評した。都と比較すれば、そこはあまりにも田舎であったからである。江戸時代に参勤交代に随行して初めて江戸に上った地方武士にとって、江戸は領国の城下町とはまったく別世界であった。かれらにとって、江戸はまばゆいばかりの大都会であったからである。

一六五〇年頃でも大名の城下町で人口五万人を超える城下町はごく少数である。金沢（一一・四万）、名古屋（八・七万）、仙台（五・七万）、福岡・博多（五・三万）、鹿児島（五万）などである。その後これらの城下町の人口はほぼ横ばいであったのに対して、江戸は元禄期にかけて人口四〇万都市から百万都市に向かってさらに急速に人口を増加していた。

しかし、江戸での日常生活の空間は国元に比べればはるかに窮屈であった。大名にとってその屋敷は広大であるとはいえ、国元の城と比較すれば狭く感じられた。一国一城の主として、広い領国内を往来できたが、江戸では屋敷の塀から一歩出ればすぐに他の大名屋敷にぶつかり、幕府や他大名の目にさらされた。

もっと窮屈な思いをしたのは参勤交代に伺候した武士と陪臣たちである。江戸に長期間滞在し江戸留守居役などになった上流武士は家族を同伴していた。しかし、藩主とともにまた帰国せねばならなかった多くの下級武士、陪臣は、単身で赴任し武家長屋で過ごさなければならなかった。ヴァポリス（「日本人と参勤交代」）は、その生活状況を種々な資料を駆使して克明に伝えている。

それによると、部屋の大きさは家格によって決められていた。家格の高い藩士はゆとりのある部屋を与えられたが、それが低い藩士は二から三間幅の狭い相部屋であり、炊事、洗濯、厠が共用であった。多くの部屋には机、食卓、行灯、蠟燭立て、火鉢など最低限の家具が常備されていた。藩士たちは江戸で買った掛け軸をかけ、花瓶に花を生けて潤いを添えようとした。食事の内容も家格によって異なり、男子奉公人が炊事をしたが、下級藩士の場合には自炊が必要なこともあった。上流武士は内風呂を利用したが、下流武士は街の銭湯に行った。

江戸での藩士の勤務日程は楽であった。一ヵ月のうちで三分の一程度勤務し、勤務日でもわずかな時間を拘束されるに過ぎず、自由裁量時間をふんだんに使うことができた。「久留米藩士江戸勤番長屋絵巻」は、藩士たちの無聊の日々を描いている。仲間と談笑し、囲碁を楽しみ、酒を飲み交わし、のんびりと夕涼みする風景などである。この絵巻は一八三九年から四〇年の出来事を描いたものであるが、近世前期でもとくに元禄期に近づくにつれて、このような風景が武家長屋では展開

江戸勤番長屋

©島 一恵

していたのではないだろうか。

　衣食に不自由はないが職務が単調であり、自由時間が有り余っている。しかし国元に比べればはるかに狭い住空間での男だけの生活は殺風景である。それは「男やもめに蛆《うじ》がわく」世界に近いものであった。衣服や帯刀に物質的な華麗さを求めても、いずれ飽きが来る。贅沢指向だけでは単調で無聊な生活に潤いを与えることができない。

　しかし街に出れば急成長を続ける江戸の街は活気に満ちていた。財力をつけ始めていた町人たちも、芝居、歌舞伎の観劇など生活を楽しみ出していた。もともと拘束の少ない町人が財力をつけるにつれて、新しい消費文化が芽生えつつあった。それは仕事だけでなく、生活を楽しもうとするものである。このような時代的風潮のなかで江戸にきた田舎武士たちにも逸楽の風が吹き始めた。

元禄にかけてこの逸楽の風は二つの方向を目指した。一つは高級文化を目指す方向であり、他は遊里での快楽的欲求を満たす方向である。

高級文化の場を目指して、大名たちの上屋敷は次第に文化センターへと様変わりしていった（ヴァポリス、「日本人と参勤交代」）。大名たちは高名な茶人を招き茶会を開いた。また屋敷内に芝居用の舞台を設けて京都から能役者、狂言師を招いて演じさせたり、歌舞伎、浄瑠璃、舞踊、雑芸などを演じさせた。このような機会を設けて、大名たちはお互いに屋敷へ招待し合い交流を強めたのである。文化センターとしての格を高めるために、優れた絵師を雇って襖絵などを描かせたり、著名な作庭師、歌人、役者を召し抱えようと競い合った。

太平の時代には武士たちも武芸だけでなく、学芸にも通じることがますます求められるようになる。文武両道は武士道の根幹になりつつあった。心ある武士たちは江戸参府をこの両道を磨く機会ととらえていた。いつの時代でも中心都市には各分野の偉才が集まるものである。他の偉才と出会って切磋琢磨する機会が多いし、自己の才能を広く全国に示す絶好の舞台を提供しているからだ。武道、絵画、儒学、三味線など、それぞれ得意の学芸分野で武士たちは、師を求め、同学の志と交流しその才能を磨こうとした。江戸での滞在生活での自由時間は、国元では得られないこのような機会をつくるために利用された。

これら以外にも、非番の日にはくつろげる日々があった。同僚たちと連れだって、有名寺社など名所旧跡を巡り、春の花見、夏の花火を楽しみ、人形浄瑠璃など観劇を行った。両国・浅草の賑わいを楽しみ、買物などをした。これらの遊楽の機会でのもう一つの楽しみは飲食であった。近世前期の江戸でどのような飲食店に人気があったかを示す資料はない。一八二四年に出た「江戸買物獨案内・飲食部」が、江戸時代の飲食店の様子をほぼ全体的に把握できる最初の資料である。

これには百数十の有力飲食店が八業種別に名を連ねている。近世後期になると江戸の人口は停滞し、また有力店は数世代にわたってつくられるから、これらの業種は元禄頃には現れ始めていたのではないだろうか。店舗数の多い順にあげると、圧倒的に多く半数近く占めるのは御料理（会席など）であり、次いで鰻蒲焼き、御前蕎麦、寿し、七色茶漬である。これら以外にあわ雪、餅しるこ、女川なめし（＝菜飯と田楽）が少数店あげられている。武士たちはとくに御料理店で仲間との会食を楽しんだのであろう。

◆享楽の都

しかし、無聊な生活のなかでの逸楽はもう一方の方向にも向かった。遊里での官能的快楽の追求である。もともと男が何人もの妻妾を持つことなどは、たんに性的快楽を求めるためだけではなかった。知行俸禄が個人ではなく家門に与えられるという制度の下では、後継男子を得ることが家門の維持のため不可欠であった。しかし、江戸前期が元禄期に向かうにつれ、色道追求はたんに個人的な性的快楽を求めるものにより傾斜し始めた。一六八二年に出た西鶴の「好色一代男」における「一代」は、好色が子をもうけ家門を維持するためではなく、個人的な欲望追求であることを暗示した。

単身男子の多い江戸の街はこのための場を急速に発展させていた。血の気が多く、放縦な行為に走りがちな武士の軍団を慰撫するため、戦国武将の多くは遊女の存在を必要だと考えている。徳川家康も同じである。かれは隠居先の駿府でも公娼を認め、広大な遊廓を造っていた。一六一六年家康が死去すると、その翌年に幕府はこの遊廓の一部を江戸日本橋の葺屋町（現在の日本橋人形町）に移して公認の遊廓とした。吉原遊廓の始まりである。江戸の街は男子比重が高いことから、もともと遊女屋が散在していた。吉原の設営は、この街の治安を守り、風紀をただすため遊女を一箇所にまとめることのほかに、遊廓から上納金を出させるという財政上の狙いもあった。

その後に江戸の市街化が急速に進み、また一七五七年の明暦の大火で吉原遊廓も焼失したのをきっかけに、幕府は郊外の浅草へ移転させた。そこは周囲に幅二間の堀を巡らし、出入り口に門を備えて外界から隔離されていた。敷地は二万坪、最盛期には数千人の遊女がいたといわれる。吉原は元禄期にかけて財をなしつつあった商人や、太平の時代の無聊生活に飽きつつあった武士たちが快楽的欲求を追求できる桃源郷であった。

吉原には色道をきわめるための階段があった（小野武雄「吉原と島原」）。遊女にも等級があり太夫、格子、呼び出し、囲、散茶・昼三、座敷持、部屋持、梅茶・埋茶、新造・新艘、局女郎などと呼ばれた。大夫から呼び出しくらいまでがのちに花魁《おいらん》と呼ばれるようになった上級遊女である。これらの等級によって、揚代も遊興場所の妓楼も大きく異なっていた。

花魁を相手にするには、まず揚屋《あげや》か引手茶屋に行き、そこを通して花魁のいる置屋（妓楼）から呼び出す必要があった。揚屋では宴席を設けその料理を自前でつくったが、引手茶屋は宴席だけを用意し料理は仕出し屋からとった。この御茶屋システムは、現在でも祇園花見小路角の「一力亭」など高級御茶屋で、舞子・芸妓相手にお座敷遊びをするときに引き継がれている。

花魁は頭髪に高価な簪を何本も付け、金糸などをふんだんに使い、豪華華麗な刺繡、絵模様の衣裳を身につけていた。また華麗な衣服に負けない美貌を備えていた。それだけでなく、彼女たちは幼少の頃から将来の花魁候補として、箏、三味線、囲碁などの芸事だけでなく、書道、茶道、和歌、古典などの教養を厳しく仕込まれていた。それは女にかける男美学の極地の産物であった。彼女たちが客を迎える部屋は金屏風や高級調度品で飾られ、香の香りが漂っていた。

花魁は雪月花のうちの花にたとえられた。ギリシャ・ローマの時代から人間の肉体美に美意識を感じた西欧人とは異なり、古代の日本人の美意識は花鳥風月など自然美に向かい、それを和歌などに詠んできた。やがてそれらの自然美は襲《かさね》の色目といった衣裳や豪華な造園に取り入れられた。花魁を花にたとえる発想は、江戸時代になって初めて日本人が、女性をエロスの世界と結びつけ、美学の対象としてとらえるようになったことを示している。また花魁などとの恋の駆け引きは「粋」という江戸の美意識を誕生させることになった。

花魁と遊ぶには莫大な資金がかかった。まして身請けするとなれば、数千両を要したといわれる。したがって花魁を呼べるような一流の茶屋の利用は、大名、旗本、豪商などごく一部の上流階級に限られていた。かれらは揚屋や茶屋での宴席を社交場として使った。高尾太夫《だゆう》は吉野太夫、夕霧太夫とともに、代々襲名される名妓の大名跡である。代々の高尾太夫を巡って、豪商との婚姻、大名による落籍などの伝聞が残されていることは、一流の花魁は快楽的欲求の極致を極める対象でもあったことを示している。

花魁の数はきわめて限られていたが、吉原の遊女屋はそれ以下の等級の多くの遊女をかかえてい

張り見世

©島 一恵

た。一七世紀の中頃から、「吉原細見」と総称される種々な吉原ガイドブックが出てベストセラーになった。それには廓内略図、妓楼と遊女名、遊女の評判記、揚げ代などが記してあった。吉原に行けば、花魁以外の遊女は張り見世に出て客に披露していた。

吉原など幕府公認の遊廓は料金が高く、しきたりもうるさかったので下級武士たちには高嶺の花であった。巨大消費都市の江戸はこれらの客層に対しても、快楽的欲求の場所を生み出している。その一つは岡場所と呼ばれた大衆遊廓である。岡場所の「岡」は局外、傍らの意であり、岡目八目の岡と同じ用法である。私娼からなる遊廓であり、幕府公認を受けていないという意味でこう呼ばれた。江戸の品川、内藤新宿、

湯女風呂

©島 一恵

板橋、千住などをはじめ、多くの岡場所があった。優れた遊女はいなかったが料金が安いため気楽に享楽できた。

さらに気楽な享楽の場もあった。湯女《ゆな》風呂である。内風呂を持たない下級武士や町人たちは町々にある銭湯を利用した。この銭湯にも湯女と呼ばれる遊女が多くいた。彼女たちの表向きの業務は垢をかき、髪をすすぐことなどであった。しかし、西鶴が「今時の女は見よう見まねで色っぽい遊女の風俗をうつしている。…手代上がりで店を持った男の女房は、一人残らず湯女の風俗に生き写しである」（「世間胸算用」）といっているところから見ると、男心をそそる女が多くいたのであろう。彼女たちは湯茶の接待をかいがいしく行い、客と談笑をしながら媚びを振りまき男心を惑わした。

◆帰り旅

参勤交代に随行した藩士の多くは、一年後には帰国の途についた。帰国にさいしての最大の問題は国元の家族、親戚、友人、知人などへの土産物を用意することであった。江戸に出立するとき旅行の安全を祈って、かれらから饗応を受け餞別をもらっていた。お土産はそのお返しである。多くの人の送迎を受けたからお土産の準備も大変であったであろう。また自分自身の買物も多くあったであろう。あまりに多くて、帰路運びきれないと思った者は、江戸滞在中でも買い貯めると、その都度に長持ちなどに入れ郷里に藩船などを利用して搬送していた。

近世前期の百年間に江戸は消費都市として急速に拡大していた。一六〇〇年の六万人から百年後に一〇〇万人に達したとすれば、この間に年率二・九%の人口増があった計算になる。この人口増を背景にして江戸の小売商業は大きく発展した。さらに全国各地から支配階級の武士たちが参勤交代を通じて参集したから、それにともない全国各地の特産品が持ち込まれた。大名屋敷からの需要を目指して、京都、大坂、長崎などからも種々な贅沢品が持ち込まれ、江戸の出店で売られるようになった。

地方武士たちの買物の内容は実に多様である。書籍、絵画、錦絵、唐絵、浮世絵、巻物、書、鍔《つば》、唐傘、扇子、キセル、蠟燭、茶、菓子、とろろ昆布、刀剣、陣羽織、合羽、布地、糸など、江戸とその他全国各地の特産品だけでなく、唐物屋で買った机、毛氈《もうせん》、陶磁器、猪口《ちょこ》、掛け物などの道具類が加わった。唐物屋は一七世紀に登場して、長崎経由で流入した西洋や東洋の珍しい商品を取り扱っていた。

現在でも買物ツアーは都市観光の重要なアメニティである（田村正紀「観光地のアメニティ」）。大都市に行けば、観光客などはショッピングを楽しみ、ブランドものや珍しい商品を買いあさる。現在でも巨大消費都市にはあらゆる商品が集まるが、それと同じことが近世前期の江戸で生じたのである。江戸は何でも揃う一大買物センターであった。

帰国を控えた地方武士にとって江戸滞在は買物ツアーの場となった。自分のための商品だけでなく、多くの土産物を購入したから、かれらは郷里の人々の購買代理人でもあった。それは為替管理がとけ、外貨が自由に持ち出せるようになった一九七〇年代の日本人の海外ツアーに似ている。この意味で田舎武士の土産物買いは、現代の買物ツアーの源流ともいえよう。

参勤交代の帰路は往路に比べるとかなり自由であった。その間に行列をしばらく離れて行動することもいくぶん許されていた。かれらは街道筋の名所旧跡を訪ねたであろう。街道筋の宿場の旅館には遊女たちが控えていた。またとくに西国に帰る武士たちにとって京、大坂は江戸と並ぶ魅力的な都市であった。名所、旧跡が集積しているだけでなく、江戸に引けをとらない種々な商品を買い、観劇などを楽しむことができたからである。

さらに京には島原、大坂には新町という吉原に匹敵する遊廓などが存在した。それぞれの遊廓に個性があったことは、「京の女郎に江戸の女郎の意気地を持たせ、大坂の揚屋で逢えば、結構なことこの上もない」（「好色一代男」）といった西鶴の言に現れている。帰国の旅路は、とくに経済的に余裕のある武士にとっては、江戸生活の余韻を楽しむ旅でもあった。

参勤交代の隊列を離れれば、土下座している民衆ではなく、ケンペルがその江戸参府旅行で眼にしたような行き交う多様な旅人に出会ったであろう。とくに庶民の旅人としては観音参りの巡礼や伊勢参りの人々に出会ったはずである。庶民の旅は一般に禁止されていたが、神社仏閣へのお参りなど巡礼の旅は許されていた。だから旅に出かけたい庶民は、巡礼という形式をとって旅に出始めていたのである。しかし、この種の様式をとって旅の大衆化が始まるのは、後述するように江戸後期になってからである。

◆町人の生活価値

近世前期の末、元禄期（一六八八―一七〇四年）にかけて、商人を中心に町人が台頭した。江戸や大坂での豪商の出現はその象徴である。紀伊國屋文左衛門は紀州から江戸にミカン船を出して財をなした後、材木問屋になった。同じように奈良屋茂左衛門も材木商であった。火事が頻繁に起こる巨大都市江戸の特徴に目を付けたのである。かれらは巨万の富を築き、吉原でその贅を競った。

大坂で五代まで続いた淀屋の初代常安は、各地から大坂に集まりつつあった年貢米に目を付けて米市を設立し、そこでの先物取引によって財の礎《いしずえ》を築いた。また鴻池善右衛門は、大坂と江戸との海運業、参勤交代や各地から大坂に集まる物品の輸送業から、やがて両替商にまで手を伸ばして豪商になっていった。

太平の世の幕藩体制のもとに、多くの新しい事業機会が急に現れようとしていた。たとえば、巨大な消費都市としての江戸の出現、そこでの火事の多発、商品流通の拡大、参勤交代にともなう旅行需要などである。支配階級の武家はこれに気づかなかった。かれらは安定した知行俸禄に安心立命していた。一方、町人たちはこの機会をとらえ事業化に果敢に挑戦していった。豪商は彼らのなかから生まれたのである。かれらは町人のあこがれの的であった。この大衆の気持ちをめざとく見つけた男がいた。井原西鶴である。

かれは地位と名誉を重んじる伝統的な生活価値を転倒させ、町人にとっての新しい生活価値を強調した。その一つは富への欲求である。「人の家にありたきものは、梅・桜・松・楓」（「徒然草」）といった兼好法師を批判して、「それよりもあって欲しいものは、金銀米銭であろう。庭の築山にまさるものは庭蔵の眺め…」（「日本永代蔵」）と主張した。西鶴の著、「日本永代蔵」は商人の成功物語であるが、そこでは富の蓄積という町人の生活価値が強調されている。

古来より雪月花を愛でることは、無常な憂き世での生活を慰める重要な生活価値であった。散りゆく桜花にさえ人々は強く心を引かれた。「散ればこそ　いとど桜は　めでたけれ　憂き世になにか　久しかるべき」、人々に広く愛読されてきた「伊勢物語」のなかの歌は、この気持ちを表している。

しかし、西鶴にとっては逆であった。「桜とか名月とかいっても、花はすぐ散り、月はやがて山のうしろに入佐山《いるさやま》で、あっけない」（「好色一代男」）からである。町人にとっては憂き世よりも浮世に関心があった。雪月花を自然ではなく浮世の遊里に求めようとした。町人たちの重要な生活価値は、蓄積した富を色道追求のために使うことであった。

「好色一代男」は、それまで俳諧師であった西鶴が浮世草紙作家に転じたさいの処女作である。題中の「一代」が示すように、それは家門維持のための子造りではなく、個人的快楽のために色道を追求する男の物語であった。元禄期の前夜、一六八二年に登場し直ちにベストセラーになる。それは、財力を背景に個人的欲望の追求にめざめ始めた町人男性があこがれる理想の生き方を描いていた。

主人公の世之介は、江戸にも絹・綿の出店を持つ兵庫の大資産家の息子に生まれた。少年の頃より色道に目覚め、京、奈良の近辺や江戸で放蕩を始めたため勘当される。物語の後半は勘当が解け莫大な資産を受け継いで京の吉野太夫などを相手に色道を極める話であり、前半は勘当後に諸国を流浪し色道修行をする話である。世之介の足跡はほぼ全国に及ぶ。京、江戸だけではない。西国については備後の鞆、宮島、小倉、下関、中津、博多など、北陸から奥羽にかけては、出雲崎、酒田、郡山、大宮、仙台、そして信濃路の追分などである。これらの都市、宿場での遊里や街道筋で行き会った女たちが世之介の相手であった。

色道の世界では三都だけでなく、各地の遊里でも武士も町人も区別がなかった。粋を解し、また金を持つ男がもてたのであろう。世之介は、たとえ東の間であったとしても、身分に関係なく欲望を追求できる世界で自由奔放に行動する男であった。元禄期にかけて主要街道はすでに色道としても発展し、それを自由奔放に旅する世之介は町人たちの夢になっていた。

◆風狂の旅

しかし近世前期の理想の個人旅のすべてがこのような色道を求める旅であったわけではない。興味深いことに、ほぼ同じときに快楽欲求追求の対極にある、より高雅な自己実現欲求を追求しようとする旅が始まっていた。それは松尾芭蕉の風雅の世界を求める旅である。

西鶴が「好色一代男」を一六八二年に書き、次いで一六八八年に「日本永代蔵」を出版した翌年に、芭蕉は門弟の曾良をともない江戸を出発し、東北から北陸にかけて全行程二、四〇〇㎞の漂泊の旅に出た。それはかれが生涯をかけて辿り着いた究極の生活価値、風雅の世界をその極致まで追求しようとする風狂の旅であった。その成果は一七〇二年刊の紀行文「奥の細道」となって結実している。

士分を捨て、一六七七年三三歳で俳諧師になった芭蕉は、門人も増えて宗匠として世俗的に成功し始めていた。当時の俳壇は談林派が主流であり、題材の新しさを追い、滑稽の機知や華やかさを競っていた。それは急速に台頭する町人の浮世での意欲や感情を歌い上げるものであった。「花は莟《つぼみ》 嫁は子のない 詠《なが》め哉《かな》」(=花はつぼみ、嫁は子供を産む前が眺めがよい)といった、浮世の句を詠んだ西鶴もそのリーダーの一人であった。俳壇の宗匠たちは、金儲けのため名声を追い、弟子の数を競い合っていた。つまり浮世の論理が俳壇を支配していたのである。

しかし、芭蕉はこのような浮世の世俗に反発した。三六歳のとき、俳壇の中心地日本橋を去って、あえて都心から離れた隅田川東岸の深川に草庵を結び隠棲した。

芭蕉が目指したものは何か。「かれ狂句を好むこと久し。終に生涯のはかりごととなす」(「笈の小文」)である。「笈の小文」にはその苦悩の跡が簡潔に記されている。生活上の苦労とも格闘しながら、芭蕉は俳諧を和歌、連歌、絵画、茶道と並ぶ一流の芸術にしようとした。芭蕉によれば、西行の和歌、宗祇の連歌、雪舟の絵、利休の茶などを貫いているものはただ一つ、風雅の世界の探求である。

しかし、時流に抗して、風雅の世界をどう俳句に織り込めばよいのか。このような「狂句」を詠むことを目指して、芭蕉は造化に従い、季節を友とすればよいと考えた。造化とは人間の生活も含め万物を創り出す自然である。風雅の世界はこの自然をそのものとして受け入れ、その情趣を感じるところにある。このために芭蕉は旅することを生活の不可欠な一部として取り込んだのである。

浮世（俗世間）では、人はその境遇が作り出す血縁、地縁など諸々のしがらみに縛られている。一定場所に長く定住していればいるほど、血縁、地縁、あるいは仕事にともなう人間関係上の柵《しがらみ》は多くなりその束縛は強くなる。日本人は現在にいたるまでそれを世間と呼んできた（阿部謹也『「世間」とは何か』）。そのなかで作り上げるアイデンティティ（＝自分は何者かの自己確認）がさらに人を縛る。定住によって人は境遇だけでなく、そのなかで確認した自己によっても縛られるのである。

長期の旅に出るということは、この定住場所からの離脱である。これによって周囲の人間関係によって作り上げたアイデンティティから解放され、「旅の恥はかき捨て」の世界が現れる。また、当時のような徒歩による旅では、旅程につれて取り巻く自然も日々変わっていく。定住場所の境遇に束縛されず、またそこでの人間関係で作り上げられた自己のアイデンティティにも拘束されない。時間だけでなく場所移動によっても、日々移り変わっていく造化そのものの情趣を味わうことができよう。

すべての日常的生活関係から解き放たれて自由を楽しむ境地、この種の境地が風狂である。芭蕉の風狂の旅は風雅の世界を求める旅であった。日常生活に疲れた現代人でも、しばらくの間、流浪の旅に出たい気分に襲われることがある。ストレスの多い日常生活からしばらく脱出して、今まで見たことのない人々の生活、文化、自然を楽しみ、真の自己を見つめ直す。周囲の人間関係によって作り上げられたアイデンティティではなく、自分の心に問いかけて見いだす自己である。これは現代人にとっても、時間と金、そして仕事上の事情が許せば、やってみたい旅の一つであろう。この種の旅欲望の源流は芭蕉の風狂の旅にある。現代人がこの種の旅をしたいと思うとき、それは芭蕉の血が騒いでいるのである。

◆風雅の世界

芭蕉が旅で目指したのは風雅の世界を味わうことである。何よりもまず浮世の柵《しがらみ》がはびこる江戸を離れることが必要であった。このための旅にあこがれたのである。江戸を離れた地方にあこがれ、たとえば金沢に住む友人にあてて、「うらやまし　浮世の北の　山桜」と詠む。奥の細道の旅（一六八九年三月―九月）に出かける数年前から、芭蕉はかなり頻繁に旅に出かける。「野ざらし紀行」（一六八四年八月―八五年四月）、「鹿島詣」（一六八七年八月）、「笈の小文」（一六八七年一〇月―八八年四月）、「更科紀行」（一六八八年八月）などである。旅を住処とする生活が始まりかけていた。

しかし、風雅を求めて旅に出ることは、いくつかの覚悟を必要とした。まず清貧に甘んじる覚悟がいる。「花に浮世　我が酒白く　飯黒し」といい、世間の人が花に浮かれていても、自分は濁り酒を飲み玄米・麦飯を食べる清貧に甘んじねばならない。また、門人と二人連れの風狂の個人旅は危険をともなった。「旅人と　わが名呼ばれん　初しぐれ」。時雨はその名の示すように一時的な通り雨であり、いつ降るかわからない。旅には出たいが、旅は不確実性に満ちており不安であるという気持ちが表れている。

「野ざらし紀行」は、伊勢神宮、郷里の伊賀、奈良、京都、名古屋を巡り木曽、甲斐を経て江戸に戻る旅であった。その旅程の多くは当時の主要街道を辿る旅である。それにしても、行き倒れになるかもしれないという不安が心をよぎったのであろう。旅立ちにさいして詠んだ句、「野ざらしを　心に風の　しむ身哉」がそれを示している。野ざらしとは、野に捨てられて白骨化した髑髏《されこうべ》である。無事に旅から帰ると、「死にもせぬ　旅寝の果てよ　秋の暮れ」という句になる。旅の経験を積むにつれて旅慣れしていったのだろうか。「奥の細道」に出かける前には、「おもしろや　今年の春も　旅の空」という句を残すようになる。

風雅を求める旅は浮世とどう関わったのだろうか。「野ざらし紀行」で芭蕉は吉野の奥深く入り、か細い山道をたどって西行のかつての草庵の跡を訪ねる。西行は浮世を離脱してこの草庵にこもった。そこは西行が「とくとくと　落ちる岩間の　苔清水　くみほすほども　なきすまひかな」と詠んだと伝えられる場所である。芭蕉が訪ねたときにも、とくとくと雫《しずく》が落ちていた。この地で芭蕉は、「露とくとく　心みに浮世　すすがばや」と詠む。浮世の汚れを洗い清めたいと思ったのである。

西行は世俗を捨て自然に没入し、歌の世界に地位や名誉に代わる生活価値を発見した。芭蕉が求めた風雅の世界も、富や地位という世俗的価値を超えて、自己実現の価値を最高位に置くものであった。この意味では芭蕉は西行が辿った道を歩んでいったといえる。芭蕉が西行を敬愛してやまなかったのはこのためである。しかし浮世との関係についていえば、西行と芭蕉は違う。

鈴鹿山　うき世をよそに　振りすてて　いかになりゆく　わが身なるらむ

という歌が示すように、西行は出家して世俗を捨てた。自分には栄華の道が閉ざされているという厭世感にとらわれ、花鳥風月の世界で自己実現をしようとしたからである。芭蕉は出家していないし、多くの門人をかかえ蕉風を確立しようとした。かれは浮世から離脱しようとしたのでなく、浮世の汚れを洗い清め、浮世を超越して風雅の世界を味わうとしたのである。

芭蕉は浮世の情を深く理解している。しかし、風雅の世界を求めることを優先し、浮世の情に棹さそうとしない。情に棹させば流されるからである。「野ざらし紀行」の旅中、富士川のほとりで三歳ぐらいの捨て子に出逢ったとき、子を残した両親の思いに憐憫を感じながらも、「ちちは汝を悪《にくむ》にあらじ、母は汝をうとむにあらじ。唯これ天にして、汝の性《さが》のつたなきをなけ」といい、食い物を投げて通り過ぎていく。

また、「奥の細道」の道中、越後路を越えた一振の宿の隣部屋は伊勢参りの遊女二人組みであった。この先の道中に不安があるので芭蕉に同行を願う。しかし、目的地だけを目指す旅ではなく、漂泊の旅であるという理由で同行を断る。遊女の身の上に同情しながら、芭蕉は「一家《ひとつや》に　遊女もねたり　萩と月」の名句を残す。萩が遊女でそれを天空から静かに照らす月は芭蕉の風雅の世界を象徴しているのだろうか。

漂泊の旅であるといっても、芭蕉は当てもなく旅をしたわけではない。漂泊先は各地の残る歌枕の地、歴史の舞台などであった。現代風にいえば、名所旧跡を次々に訪れる歴史の旅である。奥の細道の旅に同行した曽良は、旅立ちに先立ち名所旧跡、歌枕の地などを克明に調べている（「曽良旅日記」）。このような場所を訪れたとき、芭蕉の風雅の世界では歴史と自然、季節が融合することになる。日光で「あらたうと　青葉若葉の　日の光」、平泉で「夏草や　兵《つわもの》どもが　夢の跡」、「五月雨の　降り残してや　光堂」、立石寺で「閑《しずけ》さや　岩にしみ入《いる》　蟬の声」、などの句が有名である。

芭蕉の風雅の世界では、自然も従来とは異なった視角からとらえられる。たとえば月などは古来から歌に多く詠まれてきた。しかし芭蕉にとってはどこから月を眺めるかが問題であった。まさに「名月の　見所問わん　旅寝せん」である。同じ月でもそれを眺める立ち位置によって情趣が異なるというのである。

「更科紀行」では姨捨山（＝現在の冠着山《かむりき》）にかかる月を見るために、わざわざ山深い木曾路の旅をしている。「俤《おもかげ》や　姨《をば》ひとりなく　月の友」といった句を詠んでいる。現代観光では、姨捨駅を過ぎ長野駅に向かって右回する辺りは、善光寺平とそのなかを流れる千曲川が遠望され、日本の三大車窓といわれる。善光寺平への斜面には棚田が拡がっている。そこに映る田毎《たごと》の月が有名である。芭蕉も姨捨に向かう旅の途中で、「この螢　田毎の月に　くらべみん」という句を詠んでいる。

古代から日本人の自然観は次第に矮小化していた。万葉時代の野の自然から、居所から眺める清少納言の自然、そして庭園などへの自然の人工的取り込みや襲の色目など、いわば人工的自然の創造へといった流れである。しかし、芭蕉の風雅の世界ではありのままの自然に情趣を感じたいという意向が強く出てくる。これによって芭蕉は大自然のパノラマ的な景観をとらえることができた。「五月雨を　あつめて早し　最上川」、「荒海や　佐渡によこたふ　天河《あまのかわ》」、「わせの香や　分入《わけいる》右は有磯海」（「奥の細道」）などの句がそれを示している。

大自然だけではない。道中で出くわす人々の生活や宿の様子も情趣を感じる風雅の世界に入りこんでいた。「旅寝して　見しや浮世の　すす払い」といい、置炬燵を見ては「住みつかぬ　旅の心や　置炬燵」と詠む。固定的な掘り炬燵と異なり、置き炬燵は一時的なものである。それを見て旅の漂泊生活に思いがいたったのであろう。さらに、田畑を行きつ戻りつして土を掘り起こしている作業（＝代掻《しろか》き）を見て、「世を旅に　代掻く小田の　行きもどり」と詠み、日々旅をするようになった自分の人生を振り返るのである。いずれにしても、風雅の世界を求める風狂の旅は、芭蕉にとって俳諧を一流芸術に仕上げ、自己実現を達成する手段であるとともに、彼の日常生活にもなっていた。

Ⅳ 日常世間からの解放――近世後期の旅――

禍福は糾《あざな》える縄の如しということわざがある。幸福と不幸とは縄のように表裏一体で代わる代わるくるものだという。このことわざ通りに、元禄期（一六八八―一七〇四年）から十数年後に享保期（一七一六―三五年）がくると、社会全体としては幸福な時代から、いわば不幸な時代へと移り変わっていった。

一九六〇年から一九八〇年代にかけての経済成長期と同じように、近世前期もいわば幸福な時代であった。長い戦乱時代が過ぎ去り平和が到来した。そのなかで権力を握った武家は奢侈享楽を楽しんだ。新田開発が進み、商品経済が発展するにつれて、三都を中心に商人階級が台頭して、その経済力は武家に比肩しやがて凌駕するまでになった。これらを背景に、元禄文化など新しい文化が花開いた。人口の急増もあって、社会には活力がみなぎっていた。

近世後期の享保期になると、時代はそのターニングポイントを迎えた。この時期に潮の流れは次第に逆流し始める。時代の風潮は贅沢から倹約へ、自由から抑圧へと変わっていった。何よりもまず、支配階級である武家の経済的困窮はますます深刻になっていった。武士の都市生活化とそれにともなう消費水準の上昇にもかかわらず、その収入基盤である米価が下落し始めたからである。「武士は食わねど高楊枝」といったことわざが生まれる。貧しさゆえに十分に食えなくても、満腹を装って楊枝を使う。このことわざは武士の気位の高さを賞賛するとともに、やせ我慢を揶揄する意味もこめられていた。武家には家門による気位と政治権力ぐらいしかなくなっていった。

町人は経済力を高めたが、その使い道は政治権力によって抑圧されるようになる。近世前期に花開いた町人文化も同じように抑圧されるようになった。税負担の増加と天災のあいつぐ到来によって、農民生活も窮乏し始めた。人口も一八世紀以降から幕末にかけて停滞し始める。社会全体で見ると、近世後期は平成の時代と同じように停滞の時代である。

一九世紀の初めになると、幕藩体制の基本であった鎖国にも各所で穴が開き始める。ロシア、イギリス、フランス、アメリカなどの外国船が日本国境に次々に到来し、国境紛争や開国要求を始めたからである。国際的に見ると、一九世紀の世界はまさに列強による世界分割の時代であった。この国際的潮流のなかで日本も翻弄され、幕末にかけて騒乱の時代へと移り変わっていくことになる。

興味深いことに、このような近世後期の世相のなかで、旅の様式は飛躍的に発展した。だれが旅をするのか。この旅の主体について、町人、農民への旅の大衆化が現れる。その目的の多くは今までのように業務ではなく観光であった。大衆以外の旅では、旅先や交通も三都、名所旧跡、それらを結ぶ主要街道だけではなくなる。今まで旅行先に選ばれることがなかった僻地を訪れる旅人、さらに蝦夷など日本の辺境を開拓的に発見しようとする旅人も出現する。そのまなざしも各地の民俗、資源、風土に向けられるようになる。旅人の数が増えただけでなく、その旅の様式もきわめて多様化し始めるのである。

停滞の時代になって、なぜ旅の様式は大衆化を中心に多様な方向へ飛躍的に発展したのだろうか。

◆太平の世の憂鬱《ゆううつ》と閉塞感

人々がどのように旅をするのか。多くの場合、それは日常生活の裏返しである。どのような人が、いつ、どこへ、どのような動機で旅をするのか。旅の様式は日常生活を支配するその時代の社会の諸特徴を映し出している。近世後期社会のどのような特徴が旅の大衆化を生み出していったのだろうか。一口でいえば、太平の世の閉塞感、それによって生み出される憂鬱と倦怠である。心情的にいえば、一時的にもせよ、旅によって日常生活を取り巻く憂鬱と倦怠からの解放を目指したのである。

憂鬱や倦怠を感じさせた近世後期の閉塞感は、どのようにして生まれたのだろうか。人の心の動きは贅沢だ。動乱の時代が続けば安定と平安を願い、太平の時代が続けば変化や新気運を求める。近世前期の平和と経済的繁栄によって、人心は大きく変化した。武家では平和の到来によって尚武の気風が衰え、逸楽と贅沢の消費指向が高まった。収入が固定的身分による石高によって規定されるため、その生活の経済基盤は次第に腐食した。固定的な身分と世襲から抜け出る道は、時代が求める知識や技能を付けるという細い途以外になかった。

近世前期では町民、とくに商人は時代の変化を読みとった。新しく生まれた市場機会を、輸送、金融、流通、鉱山開発などの分野で事業化した。それによって得た財力によって、かれらは封建身分制のなかで自由への道を切り開こうとした。かれらの気概を代弁して、西鶴は、「何国《いずく》に居ても、金銀さえもちければ、自由のならぬといふ事なし」（「世間胸算用」）と述べた。

財力を得た町人は自由を求めて三つの方向に向かった。豪壮な邸宅など贅を極めた個人生活、吉原など遊里での豪遊と色道追求、そして大名、幕府役人への金貸し、賄賂による利権獲得や政治の遠隔操作などである。豪商など時代の先導者の跡を追って、普通の町民たちも贅沢を求め、享楽指向を強めていった。

借金しながら商売をしている中小商人の女房でも、着物に不自由しない身でありながら、その時々の流行模様の正月着物をあつらえるようになった。西鶴さえも、「昔は大名の奥方でもなさらなかった事をするとは、思えば町人の女房の分際として、天の咎めも恐ろしいことである」（「世間胸算用」）と歎いている。

しかし、封建身分制の地盤腐食の危機を感じた幕府は、江戸前期からも徐々にこの自由の道に壁を作り始めていた。一六八一年には、妻が華美な服装で将軍行列を見ていたという理由で、江戸浅草の豪商石川六大夫が宅地没収、江戸追放処分にあった。一七〇五年には大坂の豪商淀屋が驕奢な生活のゆえに闕所処分《けっしょしょぶん》（＝全財産没収・追放）に遭っている。これらは町人への一罰百戒の見せしめであった。また一六八三年に衣服制限令、一七〇二年に遊興、物見、博打、遊女の取締令が出て自由な消費生活が抑制されつつあった。これらは、真綿で首を絞めるように、町人の自由な活動を締めつけ始めていた。

◆ 揺れ動く幕府の施策

閉塞感のより大きい転機は、八代将軍吉宗（在位は一七一六―四五年）の登場で始まった。かれの施策は享保の改革と呼ばれる。在位期間が長期にわたっているので、この改革は多岐にわたっている。その方向を決めていたのは、社会経済の激しい変化のなかで、戦国的遺風を残した徳川幕藩体制をいかに固持し続けるかということであった。社会経済の変化とは、武家の遊民化、商品経済の普及、そのなかでの町人の経済力の増大などである。改革は足下の揺れがますます強くなるなかで、戦国的遺風を残した徳川幕府という建物を倒壊させずに維持し続ける作業であった。そのためその作業は多くの矛盾を含んでいた。

享保の改革が目指したのは、幕府財政を中心に武家の経済基盤を立て直すことである。近世前期の中頃から武家の生活は次第に困窮度を強めていた。近世前期から贅沢指向が高まり、武家の消費水準は一貫して上昇しているのに、知行俸禄によるその収入基盤が不安定であったからである。

領国の城下町や三都などで都市生活する武家は完全な消費者である。その生活物資のほとんどは商品として貨幣で買わねばならなかった。武家の財政基盤は米である。武家の知行俸禄が米によって支給されたからである。その現金収入は、各人の知行俸禄に米価を乗じたものである。知行俸禄は年貢から支給され、各年の年貢はその年の米の収穫量と年貢率によって決まった。

農産物である米の収穫量はその年度の気象条件で決まり不安定である。また市場で決まる米価も不安定である。それは米の収穫量が増えれば下がり、減れば増加する。また贅沢指向などによって他の商品の価格が上がれば、米価は相対的に安くなる。さらに江戸時代の通貨は東国は金、西国は銀である。その為替相場や両替などは、両替商など商人の思惑、投機などによって変動した。米を本位とする幕藩体制は、商品経済の発展によって揺れ動いたのである。武家は商人からの借金によって収入不足をまかない、借金を累積させていった。

吉宗はまず倹約令を発して幕府の歳費と武士の生活費を削減しようとした。歳費の節約のために大奥の女性数を減らしたり、前将軍家継の葬儀を簡素化した。自ら範を示そうとして、衣服は木綿や麻、食事は朝夕二回、献立も一汁三菜などにした。消費欲求を抑えるために、一七二〇年には食物、衣服、諸道具、菓子、玩具など、多くの商品について新規の商品開発とその販売を禁じた。一七二一年になると、それは贅沢な衣服、調度、食物にまで拡がった。一七二四年には衣服の売価制限までも行っている。

近世前期でも贅沢抑制は武家諸法度でたびたび出されているが、享保の改革の倹約令は消費水準そのものを抑制しようとするものであった。上流武家の倹約の気運は、社会階級を下るほどより厳しい消費抑圧となって拡がった。江戸時代の倹約令では、一貫して身分相応の消費が強調されていたからである。たとえば衣服素材などについても、士農工商、さらに各階級内での身分差によって細かく規定されていた。

一七一九年には、商人からの借金に苦しんでいた旗本層を救済するため相対済令《あいたいすましれい》を発した。この法令で、金銭貸借関係にともなう訴訟を幕府は受理しないこと、当事者間の相対で処理すべしということを定めた。幕府の訴訟事務は大きく削減されたけれども、借金の踏み倒しを誘発した。一七二二年には上米《あげまい》の制を発して、大名から一万石について一〇〇石の米上納を命じた。その見返りに参勤交代に伴う江戸在府期間を半減した。しかし、これは参勤交代にともなう江戸在留武士に大きく依存していた江戸の消費水準を大きく低下させた。

また農業政策については、米の収穫量を増やすために、天領未開墾地に町人の財力を利用して新田開発を奨励し、年貢率を引き上げるとともにその設定様式を倹見制から定免制に変えた。年貢をその年の作柄に基づき毎年決めるやり方から、過去数年の収穫量にもとづき一定額を年貢とする方法である。作柄評価に関して代官の不正を防ぐとともに、安定した年貢の獲得を目指したのである。

一方で、年貢の増加に耐えられるように、農民に米以外の商品作物の生産を奨励し、そのための技術導入として洋書輸入を認め実学を奨励した。さらに幕府にとって必要な技能・知識を持つ人材を下級武士からも登用するため、一七二三年に足高《たしだか》の制を導入した。役職によってその在任期間中の知行高を増やしたのである。世襲的な知行高によって役職が振られる伝統的な方法に加えて、身分の低いものからも有能な人材を登用しようとするものであった。

全体として見ると、享保の改革は武家の経済的困窮を一時的に救済したが、根本的に解決するものではなかった。経済的困窮の基本原因は、商品経済発展のなかでの米本位制経済、武家の遊民化、そして鎖国による閉鎖経済などであったが、これらの基本要因に手を付ける改革ではなかったからである。吉宗の主要な初期政策は時がたつにつれ朝令暮改的にあらためられた。

倹約令など道徳に訴える消費抑制はいつまでも続くものではない。時代の世相についての逸話を書き記した「甲子夜話《かっしやわ》」によれば、吉宗自身の衣服もやがて元の贅沢な衣服に戻っていた。相対済令は借金の踏み倒しを誘発し商人たちの不満が増大したので、一七二九年には廃止された。上米の制は幕府の石高を増やしたが、江戸での米価下落や金銀為替相場の変動によってかならずしも期待通りの現金収入をもたらさなかった。何よりもそれは、参勤交代にともなう大名の江戸在府期間の半減により、大名監視の緩和という代償を払うものであった。そのため上米の制は一七三一年には廃止され、在府期間も元に復した。

定免制、米以外の作物奨励によって、事業意欲を持つ農民とそうでない農民との間で貧富の差が拡大した。足高の制や洋書輸入の解禁は、固定的身分制度にもとづく幕藩体制に揺るぎをもたらし、外国事情や知識の流入によって鎖国体制を精神的に腐食させていくことになった。享保の改革は、商品経済社会の発展のなかで戦国遺風的な幕藩体制を固定的に維持することの矛盾を集約的に示している。江戸後期の社会は、この矛盾のなかで重商主義と重農主義、贅沢と倹約、自由と抑圧の間を右往左往して振幅を繰り返す社会であった。

田沼意次が老中となり政権を握った田沼時代（一七六七―八六年）の施策は享保の改革とは反対方向に振れた。それは重商主義を強調し、都市における商工業の発展を目指した。国内商業や長崎貿易の促進、蘭学の奨励などが採られ自由の気風が吹いた。しかし自然災害による飢饉にともなう百姓一揆や、商品経済の普及とその官僚統制のなかでの賄賂の横行への社会批判のなかで田沼は失脚する。

その後、陸奥白河藩の藩主、松平定信が老中に着任して、寛政の改革（一七八七―九三年）を始める。それによって振り子はまた反対側に大きく振れた。定信は田沼とは逆に重農主義をとり、都市の繁栄と商工業をできるだけ抑制しようとした。緊縮財政、風紀取締を強めて吉宗の初期政策を目指すとともに、蘭学を否定し、蘭学者を公職から追放した。その倹約令には儒教的風味を加えて、道徳的抑圧の度を強めている。

この改革の初期には、「田や沼や　よごれた御世を　改めて　清くぞすめる　白河の水」という、改革賞賛の落首がはやった。落首とは人目につきやすい辻や河原に立て札を立て、世相を評価・批判した匿名の狂歌である。しかし、改革が進むにつれて流行の落首の内容は、「白河の　清きに魚も　住みかねて　もとの濁りの　田沼恋しき」に変わっていた。商品経済を主導した都市町民の声を代弁したものであろう。

寛政の改革にもかかわらず、幕府や諸藩の財政窮乏、武家の生活不安定、尚武の気風の減退と逸楽奢侈の傾向という江戸後期のメガトレンドはますます強くなっていった。こうして一九世紀になると、享保、寛政の改革とともに江戸三大改革といわれる天保の改革（一八四一―四三年）が老中水野忠邦によって主導される。それは寛政の改革における重農主義をさらに徹底しようとするものであった。経済施策は手詰まりになっていたので、姑息なものばかりであった。むしろその改革の力点は欲望を刺激する風俗を厳しく規制し、また倹約をもっぱら道徳的に強圧的に強制することに置かれた。このため町人、とくに商人から大きい反感をかうことになる。

重農主義と重商主義、倹約と贅沢、抑圧と自由の間で振り子がたえず揺れていると、数十年前の死者が生き返って墓穴から出てきても、社会の風潮が往時とまったく変わっていないのに驚くことになる。行きつ戻りつの繰り返しによって、人々の憂鬱が増え、世相は暗くなる。いつの時代でも、その発展方向に関して、ビジョンがなく長期的展望を描けない社会では、大衆の間に閉塞感が漂う。バブル経済崩壊後の平成の時代と同じように、江戸後期の世相は時代が進むにつれ、ますます暗く、閉塞感がより強くなっていった。

◆暗い世相での鬱憤《うっぷん》のはけ口

暗い世相が続くと、人々は何に鬱憤のはけ口を求めるのだろうか。

鎖国、封建身分制、米本位制、洋学導入の禁止、風俗や消費の厳しい抑制など、時代の閉塞感の基本原因に真正面から立ち向かうことは、幕府の厳しい監視のもとで多くの人たちにとっては死を覚悟せねばならなかった。幕末になって勤王志士たちの行動によって初めてこの問題への挑戦が始まる。それまで、多くの人たちの行動は「長い物には巻かれよ」という処世訓の下に生活していくことであった。しかし、これは権力者の目に触れるかぎりの表面的な生活であって、人々はそれぞれ種々な規制の隙間や世間の目に触れない裏面では鬱憤のはけ口を求めていった。

一つは個人的趣味の世界に閉じこもることであった。俳諧、歌舞音曲、絵画、骨董、園芸などの類である。俳諧は芭蕉が風雅の途を切り開いて以来、どこにいても楽しむことができた。それは花鳥風月だけでなく、日常生活のあらゆることを対象に詠まれていたからである。江戸後期になると、与謝蕪村は尚古趣味と支那趣味の強い、状景を彷彿とされる絵画的な句を詠み始めていた。小林一茶はその晩年になると、「これがまあ　終の棲家《すみか》か　雪五尺」という句が示すような、信濃国柏原の雪深い村に住んだ。そこで日常生活のなかに現れる蟻、蛙など小動物の動きなども見ながら、自己の情趣を叙情的に歌いあげていた。

江戸前期の終わり頃から、俳諧はあらゆる社会階級に拡がっている。たとえば、「野ざらし紀行」、「笈の小文」、「嵯峨日記」などの紀行で芭蕉が交流する人たちは、米商、荷問屋などの商人、富豪、神官、寺住職、公家側近、各藩の藩士などである。かれらは芭蕉の門下や同好の士であった。その他の文芸もほぼ同じような事情にあった。江戸後期の下級武士の一人、尾崎石城はその日常生活を絵日記で残している（「幕末下級武士の絵日記」）。また一九世紀の初期には、鉢植えが甚だしく流行した。朝顔などを植えて鑑賞する人が増えた。自然がますます矮小化されて生活に潤いを与えていた。

もう一つは陶酔や白昼夢の機会をつくることである。農村では年貢の厳しい取り立てなど、幕府財政の危機のしわ寄せをもっとも強く受けた。そこでは、人々は神社仏閣での年中行事を待ちわびていた。盆踊りなどがとくに盛んになった。無我夢中になって踊り狂っている間は少なくとも、日常生活の憂さを忘れさせてくれたからである。

劇場や芝居小屋での観劇も白昼夢を見る機会を与えた。劇中人物に感情移入してのめり込んでいる間は、たとえ一時的であっても、現実から離れた夢幻世界で遊ぶことができた。この種の文化に乏しい地方都市や村落では、三都などで食い詰めた芸人が地方巡業に来てもこぞって歓待した（宮本常一、「庶民の旅」）。

これらと並んで、人々は身分階級とは関連なく自由に楽しめる逸楽の天地を求めた。逸楽のもっとも基本的なものはグルメと色道であった。とくに男子独身者の多い江戸では飲食店が発展した。一八二四年に発刊の「江戸買物獨案内」に紹介されているような店で同じ武家長屋の者や友人、同好の士が集まり、世間を風刺し、愚痴を言い合い、あるいは趣味の世界を語り合って憂さを晴らしたのであろう。

食よりも色道の方が多くの人のあこがれの的であった。歌舞伎、浄瑠璃は死さえも厭わない激しい恋情を物語り、音曲は遊里とそこで情念に従い生きる遊女を歌いあげていた。浮世絵師たちは競って、遊里の美しき女たちの面影を写し出した。これらによって色道願望はますます強くなっていく。一六五一年の湯女風呂禁止令以降から元禄期にかけて、湯女風呂は衰退していたが、公認遊里の吉原遊廓、非公認の岡場所（＝非公認の遊里）はますます発展していた。

注目すべきは岡場所の発展である。暗く貧しい世相の時代には色道が流行る。とくに自由な気風が流れ、風俗規制が弱まった田沼時代にはその極に達し、深川、土橋、三十三間道を始め、江戸市

深川の岡場所

©島 一恵

中には百カ所近くに迫る岡場所ができた。岡場所の発展は、官許の吉原遊廓にとっても脅威であった。幕府に貢納金を納めている吉原遊廓はその規制を幕府にしばしば要請した。

そのような規制にもかかわらず急速に発展したのは深川遊里である。それは江戸城の、辰巳《たつみ》（＝東南）方向にある江戸名所の一つ、富岡八幡宮の門前町の川や堀割の河岸沿いに立地した。仲町、新地、石場、櫓下、裾継、土橋、佃など、深川七場所である。客は舟宿が手配した舟に乗り、迎えにきた遊女、芸者などとともにこれらの場所に向かった。

江戸の風俗を記した「守貞謾稿《もりさだまんこう》」に

江戸の水路と遊里・寺社等

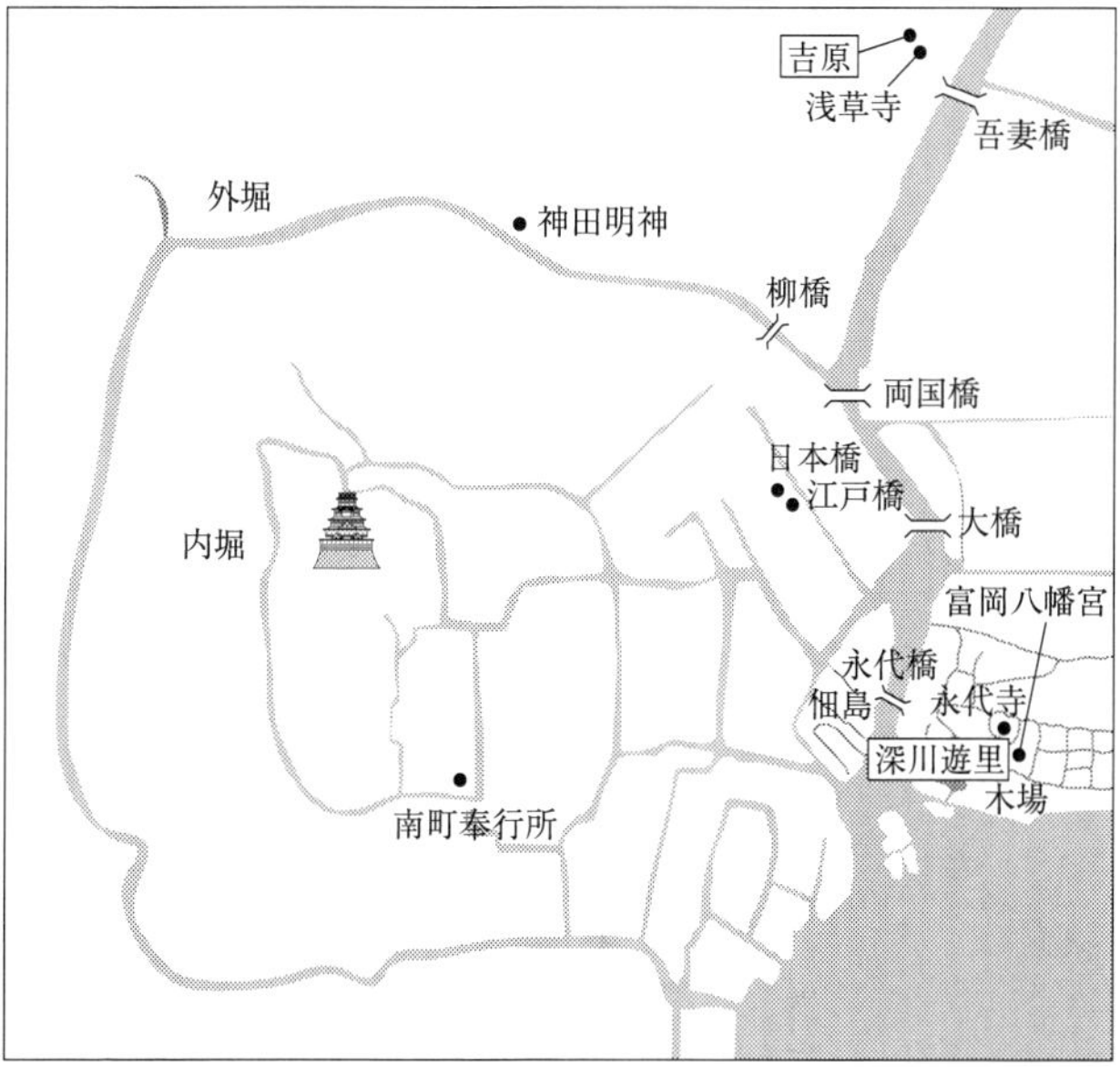

©島一恵

よると、舟宿は堀江町、柳橋付近、日本橋、江戸橋、山谷川岸にとくに集積していた。文化期（一八〇四―一七年）には六〇〇戸を超えている。荷船宿もあったがその九割は、屋形《やかた》船、釣り船など舟の貸し借りを主業としていた。小規模であるが屋造りを綺麗《きれい》にし、その二階を男女の密会、宴会などに使ったり、客に遊女を引手茶屋として案内した。深川遊里が盛時のときにはその船の主な乗客は遊客、遊女であった。

一七七〇年、初めての深川案内書として世に出た「辰巳の園」は、吉原への対抗心で充ち満ちている。富岡八幡宮、永代寺を近隣に有し、浅草観音を持つ吉原に街のインフラが匹敵すること、吉原遊女階級に対応するものが深川にもあることを強調する。そして、吉原での気位の高い遊女との静かな遊びに対して、深川は素人ぽい、娘風の女がいるため気楽に楽しめるとその特徴を差別化している。揚げ代から見ると、深川は岡場所としては最高位にあったが、吉原に比べるとはるかに安かった。深川は昼夜仕舞など時間制も導入し、京女や吉原出の年配遊女なども受け入れたので、地元木場の材木商だけでなく、多様な客層に訴求した。「辰巳の園」が描く客筋には田舎侍なども登場する。

しかし、一七八七年からの寛政の改革は、江戸市中の大規模な私娼摘発を行い、岡場所のほぼ三分の二を廃絶した。そのなかで深川は生き残った。幕府の監視の目をごまかす種々な工夫をしていたからであろう。深川芸者は辰巳芸者とも呼ばれたが、その特徴は男芸者を偽装するものであった。芸者名は「音吉」、「豆奴」など男や子供を連想させる名前であった。化粧は薄く、地味な身なりで、羽織を引っかけて座敷に上がり、男っぽいしゃべり方をした。

流行を求めることも、閉塞感が漂い変化の乏しい世相では、日常の憂さを晴らすための重要なはけ口である。流行は些細なことであっても変化にほかならないからである。しかし、幕府の監視の目が光る世相のなかで、その方向はますます陰にこもった。表地は地味な色彩の羽織の裏地に艶やかな浮世絵を描いたり、豪華な刺繡を施した帯をわざと裏地で巻くといった類である。辰巳芸者も含めて、これらの身なりを江戸人は粋と賞賛した。

色道を実際に楽しめなくても、想像の世界で楽しむ方法もあった。これに大きく寄与したのが浮世絵師が描く春画、現代風にいえば、ハードポルノである。美人画や役者画を手がけていた浮世絵師も、一八世紀になると次第に春画などにも手を染め出した。一流の浮世絵師たちさえも、それに手を染めた。鈴木春信（一七二五？―七〇）、鳥井清長（一七五二―一八一五）、葛飾北斎（一七六〇―一八四九）、初代歌川豊国（一七六九―一八二五）などである。とくに鈴木春信によって錦絵（＝多色刷り版画）が始められて以来、その鮮やかな色彩は見る者の官能を刺激した。

幕府の風俗規制が厳しくなった一八世紀の終わり頃から、江戸戯作と総称される読み物が多く出回る。いわゆる黄表紙、滑稽本《こっけいぼん》、洒落本《しゃれぼん》、人情本などである。これらは浮世絵師などによる多くの挿絵を挿入し、会話文を多用し、仮名を多く使ったので、大衆にも読みやすいものであった。

黄表紙は日常の生活風景を語った大人のいわば漫画である。そこに盛られた幕府施策の風刺が弾圧されると、滑稽本が流行った。式亭三馬の「浮世風呂」（一八〇九―一〇年）、十返舎一九の「東海道中膝栗毛」（一八〇二―一四年）などはその代表作である。駄洒落《だじゃれ》など言葉遊び、逸脱行動、下ネタを題材にして読者の笑いを誘った。洒落本は遊里を舞台に、人情本は街中を舞台に色恋沙汰を取り上げた。

江戸戯作は共通して独自のまなざしで世相を眺めている。そのまなざしは「うがち」である（式亭三馬、「浮世風呂」）。それは多くの人が見過ごす事実を掘り出し、その弱点や欠陥を笑いや滑稽のなかに指摘した。富、権力を持つものをこき下ろし、雅の世界を俗の世界に変えた。現代の大衆週刊誌と似たところがある。これらを読み、笑いこけることは鬱憤のはけ口の一つであった。当時はやった川柳や狂歌、また辰巳芸者や陰にこもった流行などとともに、江戸戯作は暗い世相のなか、幕府の抑圧によって自由に行動できない人々のささやかな抵抗であった。

◆旅欲望の高まり

暗い世相が続くなかで人々は、趣味、観劇、グルメ、遊里、春画、江戸戯作など、いわば身近な日常世界での束の間のはけ口だけを求めたのではない。かれらはもっと大きいはけ口を求めた。それは長旅に出かけることであった。

日常世界で、はけ口を求めてもそこには世間の目があった。世間の目は時の権力者である幕府の意向によってその監視のまなざしの方向を変えた。長旅は定住場所から物理的に一定期間離れることである。しかし、それ以上に日常生活で接触する人間関係からの解放、つまり世間の目の視界の外に出ることを意味した。長旅はたとえ一時的にもせよ、息苦しい日常世間からの解放であった。

近世後期にかけて、人々の旅への欲望がどのように高まっていったのだろうか。その様子は、この間に世に出された旅案内書によって、間接的に探ることができよう。旅案内書の出版件数は旅人数の増加を反映し、そのかぎりにおいて旅欲望の大きさを表している。

　旅案内書には種々なものがある。一つは道中記と呼ばれ、旅人の携帯用が多く出された。道中往来など往来物は寺子屋の習字の教科書であるとともに、庶民に地理、歴史の知識を与えた。江戸、東海道、京都、伊勢などの名所・旧跡の図を描いた名所図会《ずえ》も多く出版された。また広重の「東海道五十三次」など、道中風俗の浮世絵も現れた（宮本常一「庶民の旅」）。これらの画像情報によって、名所・旧跡と旅の具体的なイメージを描けるようになった。

　さらに、活字になっていないものまで含めると、膨大な数の紀行文が書かれた。その数は二五〇〇点を超えるという（松坂燿子「江戸の紀行文」）。その執筆動機のほとんどは、老後の楽しみ、子孫に読ませるための二つである。

　これらの紀行文は近世以前とは異なる新しい要素を含むものであった。松坂の指摘によると、それらは、㈠旅先の土地、旅行実態、見聞した事実、それらによって変化する自己の内面などを情報として伝えようとする姿勢、㈡旅の困難に積極的に対処し、笑い飛ばす姿勢、㈢自己の内面、外部の風景を、それまでの紀行文のように、常套句、共通常識、既成様式にとらわれず、自己のまなざしで具体的に的確に捉えようとする工夫などである。

　しかし、その普及度から見ると、旅行案内書の中心は道中記である。神崎宣武は「江戸の旅文化」のなかで、今居金吾監修「道中記集成」の資料から道中記一覧表を作成している。これをデー

道中記の期間別内容件数

内　容	期間別の内容件数				
	1650–99	1700–49	1750–99	1800–49	1850–65
街道案内					
奥州・羽州道	0	0	0	1	0
日光街道	0	1	0	3	1
東海道	2	7	6	6	2
中山道	1	3	9	6	1
北国街道	1	0	2	0	1
中国街道	0	1	1	1	1
伊勢街道	0	0	5	1	0
地域案内					
全国	2	0	1	6	6
江戸近郷	0	0	1	2	0
京・大坂近郷	0	0	3	1	1
九州	0	0	0	1	0
蝦夷	0	0	0	0	2
伊勢参宮	0	0	8	8	2
西国巡礼	0	0	0	2	0
道中記数	7	13	25	29	17

注：街道と地域の両案内を含むものやいずれも含まない道中記あり。

タベース化して、内容別、発刊期間別に整理してみると上の表のようになる。

一六五〇年から一八四九年の二〇〇年間について見ると、出版年次の明らかな七四冊の道中記が出されている。期間別にその比率を見ると、一七世紀後半(九%)、一八世紀前半(一八%)、一八世紀後半(三四%)、一九世紀前半(三九%)である。一八世紀の後半から幕末にかけて、つまり寛政、天保の改革によりますます暗くなる世相を背景にして、社会全体としての旅欲求は一段と強まり、旅の大衆化が本格化したのである。

　旅人が訪れる地域はどのように変化していったのであろうか。一八世紀の前半までは、表の地域案内から見ると、特定地域の道中記はなく、少数の全国案内が刊行されているに過ぎない。どのような地域を旅人が移動していたのか。これを端的に示すのは、表の街道案内の数値である。旅人のほとんどは東海道を移動していた。中山道はその半分弱程度であろう。この時期の旅といえば、ほとんどは江戸と京・大坂を移動するものであった。政治中心地の江戸と、経済・文化中心地の大坂・京の間を旅人の多くが移動したのである。

　旅人の移動地域が大きく変化するのは一八世紀の後半からである。いくつかの新しい傾向が現れる。表の街道案内から見ると、江戸と京・大坂の間を移動するにしても、中山道が東海道に匹敵するようになる。中山道は中仙道または木曾路とも呼ばれた内陸の道である。現代風にいえば、東京から埼玉、群馬、長野、岐阜を経て、滋賀に入り、草津で東海道と合流した。

　往路は東海道、復路は中山道を選べば、旅人はより多くの地域を見ることができる。また、東海道における、大井川での増水による河止め、天候不順による浜名・桑名の渡しの困難など、旅の進行を阻み旅程を狂わせるところは少なかった。中山道を辿る旅人が増えたのはこのような事情によるものであろう。

　これら二つの主要街道以外の街道を利用する旅人も増えた。奥州・羽州道、日光街道、北国街道、中国街道などである。旅人の訪問先は、江戸と京・大坂を結ぶ地域から、奥州、北国、中国の地域にも拡大していった。そのなかでとくに注目すべきは一八世紀の後半に伊勢街道を行く旅人が増えていることである。伊勢街道とは、東海道の四日市近くの日永の追分あるいは関から分岐して、伊勢神宮へ通じる街道である。伊勢神宮から伊勢路を少し足を伸ばせば熊野に通じる。この時期から伊勢参宮の旅人が飛躍的に増えていったことを物語る。

この点は表の地域案内の数値を見ればより明らかになる。参宮案内に触れた道中記が一七五〇年から一八五〇年にかけて大きく増加しているからである。さらに巡礼の旅は西国にまで伸び出した。また、江戸近郊、京・大坂近郊の案内をする道中記も増えている。これは大都市周辺部にも旅人のまなざしが向き出したことを示している。とくに京・大坂は伊勢参宮のついでの旅先でもあった。一九世紀になると、全国に触れた道中記が多くなり、また幕末には日本の北の最果て蝦夷《えぞ》（＝北海道）に触れたものまで現れる。旅人の行き先はほぼ全国を覆い始めたのである。

江戸後期にはまた旅目的の内容にも、大きい変化が現れる。人は種々な目的をもって旅をする。参勤交代のような業務遂行、友人知人を訪ね旧交を温める旅、巡礼のような信仰の旅、風雅を求める旅、自己実現を求める旅、あるいは先人の歩かない開拓の旅、さらには世間を知り自己を知るための学習の旅など、旅の目的は実に多様である。

このような多様な目的のなかでも、観光的要素が、時を経るにつれて、ますます強くなっていっ

名所・名物を案内する道中記

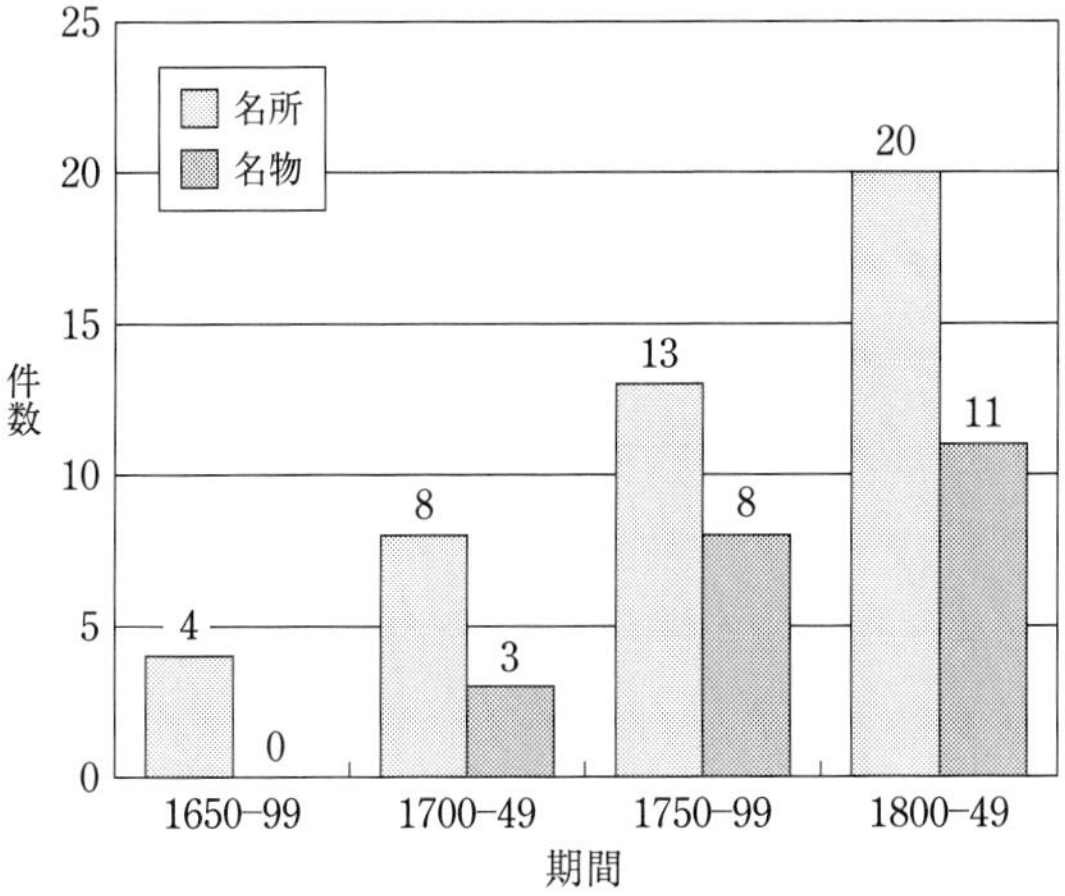

データ源：表Ⅳ－1と同じデータベースによる。

たのである。それは名所・名物情報への欲求の高まりに見られる。観光要素の強い旅ほど名所・名物の情報を求める。これらに触れた道中記は江戸前期にはまだ少ないが、江戸後期になると上のグラフに示すように急速に増えていった。

道中記から見られる江戸後期での傾向を要約的にいえば、依然として多くの旅人は江戸と京・大坂を往来したこと、これらを結ぶ街道地区以外の他の地域にも足を運ぶ旅人が増えたこと、伊勢街道を通って伊勢参宮を目指す旅人が急速に増えていること、三都近郊への旅が増えていること、そして観光動機の旅が増えていることなどである。これらの傾向はそれぞれ、旅の様式についてどのような具体的内容を持っていたのだろうか。

◆巡礼旅行先としての伊勢

旅行の大衆化は、近世後期の旅の様式のなかでもっとも注目すべき変化である。武士や僧侶あるいは旅芸人や一部の商人だけでなく、農工商階級の一般庶民にも旅が拡がった。江戸時代の階級別の人口比率を直接に示すデータはないけれども、一八七二年の壬申戸籍などから逆推定すれば、足軽も含む武家は六％前後、都市在住の工商からなる町人層は五―一〇％、そして漁業も含む農は七〇―八五％であったと考えられる（田村正紀「消費者の歴史」）。江戸時代の人口の大部分は農階級の百姓によって占められていた。この百姓も旅に出ることによって、初めて旅の大衆化が実現した。

百姓は武家の経済基盤である米作に主として従事する。そのため百姓は定住制であり、移動や移住は原則として禁止されていた。旅は居住地からの移動である。百姓が旅に出るには領主の許可を示す通行手形の携帯が必要であった。通行手形には、持参人の身元、旅行目的、関所通過の要請、発行者の身分所在地などが記されていた。通行手形の申請先は、在住地の町役人、村役人、菩提寺などである。通行手形を得るにはとくに旅行目的が重要であった。それが寺社参りなどの巡礼かあるいは病気療養のための湯治《とうじ》の場合には、比較的自由に許可が得られた。

こうして百姓の旅のほとんどは、巡礼の旅という様式を取った。巡礼は宗教上の聖地を巡り礼拝することである。巡礼の旅は、近世以前から個人的に旅する主要な様式であった。山伏のような修験道者や僧侶などは、自己の信仰、布教、勧進集めなどのために全国の聖地を巡り歩いた。しかし、近世後期に百姓の間にも広く普及した巡礼の旅は、かならずしも信仰目的だけでなく、現代風にいえば観光目的も多く含むものであった。多くの百姓にとって、巡礼という旅行目的は通行手形の獲得を容易にする便宜上の手段であった。この点は巡礼の旅先に明確に示されている。

江戸後期において百姓など庶民が向かう宗教的聖地には、伊勢神宮、四国遍路（四国八十八ヵ所）、秩父（秩父三十四観音霊場）、出羽湯殿山（出羽三山）などがあった。一八世紀の中頃の参詣者数の年間推定値を見ると、伊勢（二〇万から四〇万くらい）、四国遍路（七—一一万くらい）、秩父（五万くらい）、出羽湯殿山（二万弱）である（新城常三「庶民と旅の歴史」）。伊勢参宮が圧倒的に多い。幕末になると、善光寺や成田山も増えてくるが、伊勢参宮が巡礼の旅の主要な行き先であったことは近世後期の間で一貫している。

なぜ伊勢参宮が多くの巡礼旅行の旅先になったのか。それは何よりもまず、百姓たちの巡礼旅行の目的がたんに信仰目的だけではなかったからである。四国遍路は弘法大師（空海）が観音を感じたというゆかりの霊場八十八ヵ所からなり、交通事情の悪い四国各地に散在している。秩父は秩父盆地の山村の三四の観音霊場からなる。四国遍路と秩父はともに、現世ではかならずしも幸せとはいえない人たちの多くが、現世および来世での救済を願って訪れた。

出羽湯殿山は出羽三山とも呼ばれる。羽黒山は四一四メートルと低いが、湯殿山は一五〇四メートル、月山は一九八四メートルである。鬱蒼とした杉の木に囲まれた、修験道（天台宗・真言宗系）の霊場である。それは山伏など修験者の山岳信仰、祖霊信仰の場であった。その信仰対象や霊場の立地場所から見て、四国巡礼、秩父、出羽湯殿山は、信仰を主とする旅人を受け入れる場所であった。

これらと比べると、伊勢神宮は信仰だけでなく、多様な目的を持つ旅人を吸引する魅力を持っていた。まず巡礼については宗派に関わりなく多くの人、とくに百姓を吸引できた。伊勢の内宮は天照大神を祭る。太陽神であり、稲作と深く結びついている。外宮は天照大神の御食を司る神である。伊勢神宮は七世紀後半より皇室と関係を強め、その氏神になった。中世から近世にかけて天皇は政治権力を失っていったが、依然として祭事など宗教上の象徴であり続けた。太陽神でありまた天皇の氏神であったことから、伊勢神宮は長年の民衆信仰の対象であった（宮本常一編著『伊勢参宮』）。

次に、伊勢神宮の立地上の便利さがある。近世の人口の地理的分布から見ると、伊勢はほぼ人口重心に位置し、平均的に見れば各地域からのアクセスがもっとも便利な場所にあった。また旅のインフラがもっとも整備された東海道から伊勢街道を辿れば容易に行くことができる。冬季でもその気候は温暖であった。これは農閑期の正月から早春にかけての期間しか旅に出られなかった百姓にとってとくに好都合であった。

さらに、伊勢から京、大坂、奈良へ周遊することが容易であった。これらの地区には全国的に著名な名所旧跡が多く散在するだけでなく、京は文化の、また大坂は経済の一大中心地であった。百姓など地方人ほど、日常生活では経験し得ない大都市にあこがれる。財力に少しの余裕のある旅行者にとっては、伊勢への巡礼の旅の多くは同時にこれらの地域への周遊を含んでいた。

◆ 伊勢参宮の旅行商品化

しかし、伊勢参宮を名目として大衆旅行が生じたのは、以上のような伊勢神宮の特質だけからではない。もっと重要な要因は、伊勢参宮が旅行商品としてきわめて巧妙に商品化された点にある。その推進者は伊勢神宮の御師《おんし》たちである。江戸後期になって、かれらは伊勢参宮を一つの旅行商品として組織化していった。

この組織化の基盤になったのは、御師が長年にわたって培ってきた檀家との関係性である。御師はもともと神宮に使える下級の祠官である。伊勢神宮は表面上は私幣（＝個人的寄進）を禁じている。御師は寄進者と神宮の間に立って、寄進者の代わりに祈りを捧げる祈禱師《きとうし》である。中世には、神社の雑役奉仕だけでなく、御厨《みくりや》（＝神社の領地）に出向き年貢や供神料の取り立てや運搬指図を行っていた。それと同時に御厨での伊勢信仰を広めていた。

戦国時代の騒乱中で、御厨が次々に奪われていくと、神社の経済基盤を維持するため、御師は布教の対象を御厨以外にも拡大する。そうして、百姓たちにも御師への祈禱依頼者を増やしていったのである。このような依頼者は檀那と呼ばれる。全国各地で各人が個人的に信者として御師と結びつき檀那になった。御師と檀那との間のこの師檀関係の重要な特質は、それが個人的な関係であり、伊勢神宮は組織として関与していないという点にある。

御師の数は近世になって急速に増加している。近世直前に外宮御師数は一五〇人程度であったが、一七七七年には四五三人に増えている。内宮御師数はこの三分の一弱である。御師は毎年、檀那周りをした。そのさい、御師は大麻を配った。御師がお祓いをした札である。御師はまた音物《いんぶつ》と呼ばれた贈り物を持参した。そのもっとも重要なものは伊勢暦であり、それ以外に帯、櫛、反物《たんもの》、茶などであった。

檀那の数が増えてくると、代官、後には手代と呼ばれた御師の使いが檀那周りをした。村へ行くと、手代は後述する伊勢講の世話役の家や、手代のための特別な宿泊施設（田屋、伊勢屋）に泊まった。宿代は無料で、次の村へは村送りで行った。

御師の檀家周りは宗教行事の仮面をかぶった商売である。御師は種々な名目で檀那周りの対価を受け取り自分自身の収入とした。その種の収入について、宮本常一編著「伊勢参宮」は、村数三七、家数二、一六二からなる地域での檀那周りの事例を紹介している。一八一三年のことである。初穂料四七両二歩、土産その他の費用二九両三歩、正味神徳一八両三歩、併せて九四両八歩がこの檀那周りの収入である。現在価値ではいくらになるかの換算は難しい。換算ベースを何に置くかによって現在価値が大きく異なるからである。米価換算で一両＝四万円とすれば、約三七六万円、大工の手間賃換算で一両＝三五万円とすれば、三、二九〇万円になる。

さらに上記文献は、一七七七年には、御師数四五三人で檀那が四九六万一、三七〇軒に及ぶという史料「外宮師職諸国且方家数」を紹介している。この史料にもとづけば、御師一人当たりの檀那数は一〇、九五二軒である。檀那周りだけでも御師の収入が、現在での高額所得者並みであったことがわかる。御師は伊勢神宮の周辺に御師の館と呼ばれる豪壮な居宅を構えた。御師商売が高収益ビジネスであっただけに檀那の獲得を巡って御師は激しく競争した。そのさい、御師株の売買さえ行われた。御師にとって檀那場は多くの収益を生む資産だったのである。

歴史人口学の推計によると、一七五〇年における人口は約三、一〇〇万人である（鬼頭宏「人口から読む日本の歴史」）。上記の檀那数から見ると、全国の家のほとんどが檀那になっていた。檀那になり伊勢信仰をするには金がかかる。当初、檀那になったのは経済余力のある人たちであった。都市では裕福な商人、農村部では経済力のある百姓である。

近世では地域差があるものの、農村部でも経済力のある百姓が生まれていた。大きい耕作地を持つだけでなく、酒造、鉱山開発、輸送、その他のビジネスによって財をなす百姓がいた。その頂点に立った豪商・豪農の館の壮大さは、たとえば現在も残る信州須坂の田中本家邸、岡山県のベンガラの町、吹屋の広兼邸などに示されている。

しかし、豪商・豪農を頂点とする経済力のある者だけを対象にするだけでは檀那数は拡がらない。檀那を全国のほとんどの家に普及させるには経済力の弱い者にも関係性を拡大しなければならない。このための組織が伊勢講であった。講はもともと同一の信仰を持つ人々による結社であり、僧侶の間に生まれた。講の考え方はやがて遊行僧などによって農村にも伝えられ、家格にこだわらない民主的な自治組織として百姓の間にも広まった。

当初の伊勢講は伊勢を信仰する者の間の結社である。経済力の弱い者たちは講を結集して御師と結びつくようになった。一人一人の経済力は弱いがそれらをまとめれば強い経済力になったからである。伊勢講に結集した者は御師を迎えて大麻を受け、その代償として講から米や銭を納入した。経済弱者の財力が強者の二〇分の一であっても、講が二〇人を結集すれば講の財力は強者と同じになる。御師にとって檀那まわりの効率は富者と講の間では変わらなくなる。

激しい競争を通じて、御師たちは企業家精神にあふれていた。彼らは檀那との関係性をたんに檀那周り以上のビジネスに育て上げた。それが伊勢参宮である。自分たちが各地の檀那を訪問するだけでなく、全国各地の檀那を伊勢に呼び寄せようとしたのである。この企画の最大の障壁は旅行費用の捻出であった。もっとも豪商・豪農を始め財力のある者にとってこれはそれほど問題ではない。

問題は財力のない一般の百姓たちの旅行費用をいかにして捻出するのかにあった。

徒歩による旅であるから、伊勢参宮の旅は日数がかかった。ついでに京・大坂見物などをすればなおさらである。たとえば江戸からの伊勢参宮は二ヵ月程度の旅であったといわれる。旅行日数が増えると宿泊費と飲食費がかさむ。これらが旅行費用の大部分を占めた。これ以外にも、駕籠《かご》、川渡り、荷駄などの交通費や社寺参詣関連費用がかかった。

財力のある商人の場合には、伊勢旅行費用として一日平均七一四文を支出しているが、庶民の場合は一日当たり平均四一一文である。これは中下層の庶民の日収と同額であり、農民の日雇い賃金の三倍であったという（谷釜尋徳「近世後期における江戸庶民の旅の費用」）。江戸近郷からの旅行費用は約六両近くかかった。一般の百姓など、中下層の庶民が個人負担で捻出することは不可能な額である。

しかし、伊勢参宮の旅行商品化はこの費用を捻出する巧妙な方法の考案によって行われた。伊勢講を代参講に変質させたのである。代参講では講仲間が米銭を積み立てたり、あるいは田畑などを講田として拠出してその収穫分を積み立てる。それを伊勢参宮の費用に充てて、講仲間のうちから代表をくじ引きなどで選び参拝してもらう。当たった者は次からはくじを引く権利を失うので、講に長く加入していれば、一生に一度は伊勢参宮に行ける仕組みである。

個人で貯蓄する場合には一〇年かかる費用でも、二〇人の代参講を作れば最初から二名の代参者を選ぶことができる。代参講に入れば、個人で貯蓄に励むよりも、より早期に伊勢に行ける機会が増える。伊勢参宮ができるという魅力に惹かれて、代参講が近世後期には次々に形成されていった。こうして代参講は伊勢参宮への旅人を送り出す母体になった。江戸後期の旅の大衆化を先導した伊勢参宮はこのような仕組みに支えられていた。

このような講の仕組みは伊勢参宮だけにとどまらない。信仰の中心地ごとに種々な講が形成されている。若干の例を挙げれば、富士山に登拝する富士講、金比羅山へ参拝する金比羅講、大和大峰山へ詣る行者講、出雲大社に参拝する出雲講などである。近隣の信仰中心地の場合には代参者だけでなく、全員で出かける場合もあった。近世後期の旅の大衆化は、多様な講組織によって支えられていた。

◆伊勢参宮道中の魅力

村で二―三人の者が代参人に選ばれると、旅の安全性のため共に旅立った。大きい講の場合にはより多くの人からなる団体旅行になった。旅立つとなると、家族、親族、近隣の縁者などがはなむけとして路銀を贈り、出発日にはデダチの儀式を行った。村境まで送って行き、道中の安全と無事帰還を祈願して酒を酌み交わしたのである。

多くの庶民の旅装は紺無地か縞模様の着物に羽織を羽織って股引をはき、着物は尻からげにしていた。足には足袋に草履を履き脚絆を巻いていた。日照りあるいは雨・雪に備え菅笠を持ち、荷物はできるだけ少なく軽くして風呂敷や柳行李に収め振り分けにして肩に担いだ。そのなかには着替えの衣類のほか、矢立、扇子《せんす》、懐中鏡、櫛、鬢《びん》付け油、日記手帳、提灯《ちょうちん》、蠟燭《ろうそく》、火打ち道具、懐中付け木、麻綱などが入っていた。もっとも財力のある者は荷物が多くなったときには、荷担ぎの従者を連れたり、宿場で荷駄や人足を雇った。

徒歩による長い道中には体力が要る。このため跡取りなど、できるだけ若い者を代参者に選ぶ傾向があった。すでに旅の経験のある年配者は、かれらに旅中の用心・心得を諭した。水が変わることへの用心、山中での獣や毒虫への注意、船に乗るときの用心や船酔い防止法、宿泊したさいの注意事項、駕籠や馬に乗るときの注意、足の疲れを直す方法などである。一八一〇年になると、これらの注意をまとめた本（八隅蘆菴「旅行用心集」）まで出版されるようになっていた。

旅では日頃の生活環境とは異なる気候・風土の地を次々に移動して見知らぬ人と出会う。旅に苦労はつきものであった。「可愛い子には旅をさせよ」ということわざは、長旅が人生修行の一つと考えられていたことを示している。このような旅の苦労があったとはいえ、伊勢参宮は日常の褻《け》の世界では想像もできない晴《はれ》の世界を創り出した。百姓など庶民にとって、いわば極楽の旅であった。一生に一度は伊勢参宮に出かけたい。それは庶民の夢であった。高度成長期に海外旅行が始まりかけた頃の多くの日本人の心境に似たところがある。

何が伊勢参宮の魅力になったのだろうか。もっとも由緒のある神社を訪れることができるというだけではない。日常世間を脱出して、まったく違う世界を見られる楽しみがあった。伊勢に向かう途中で、道中記で語られ、浮世絵、図会で描かれている風景に日々出会った。夕暮れ時に宿場に入ると、旅籠《はたご》の留女が競って呼び込みをする声の歓迎を受けた。留女は客引きをする女であり、旅人をしつこく勧誘した。

旅籠に上がると、飯盛女の色目に当惑した。飯盛女とは、宿で飯炊き、客の給仕や世話をするとともに売春もした女たちである。彼女たちがいなければ宿は流行らなかった。幕府は遊女としては公認しなかったが、一七四〇年には旅籠一軒につき二人までの飯盛女を置くことを認めている。

土にまみれ、男と同じように野良作業をする田舎女しか見たことがない百姓には、まぶしく見えたことだろう。飯盛女のなかにはいくつかの旅籠を回って多くの旅人の相手をする者もいた（宮本常一「庶民の旅」）。その値段は四〇〇から六〇〇文である。一泊二食付きの旅籠賃が一五〇～二〇〇文、自炊の木賃宿が五〇から六〇文ぐらいであったことから見ると、飯盛女とはいえ高くついた。

東海道の四日市追分は伊勢街道との分岐点である。伊勢湾岸沿いに南下して、津、松坂をへて小俣に至れば宮川の渡しに出る。それは伊勢参宮の入り口である。東北、甲信越、北国、山陰などでは、まだ残雪があり薄ら寒い早春でも、宮川の川岸には桜が咲き始めていた。

留女と飯盛女

©島 一恵

宮川をわたると、茶店が建ち並び旅人に賑やかな呼び込みの声をかけた。広重の浮世絵にあるように、伊勢で揃いの着物を買い込み、それを来て伊勢踊りを踊りながら浮かれていた女旅行者の団体がいたかもしれない。とくに大きい講の場合には御師の手代がわざわざ出迎えに来ていた。伊勢講の旅人の多くがその案内で御師の館に案内された。

一八七一（明治四）年に御師制度が廃されて、御師の館の多くは歴史の暗闇のなかに沈んでいった。現在では豪壮な門や蔵などの遺構がわずかに残っているに過ぎない。門と本宅の大半が残る伊勢市宮町の丸岡宗太夫屋敷などは希有な例である。いずれにせよ、豪壮な御師の館は

伊勢参宮／宮川の渡し

©島 一恵

伊勢講の檀那たちの宿屋も兼ねていた。御師はその神楽場で檀那たちのために神楽《かぐら》を行い、お祓いして大麻（＝札）を与えた。参拝や見物の案内を務めるとともに帰りには土産を持たせた。

御師は団体巡礼旅行のいわば総合旅行ビジネス業者である。団体旅行の創始者としては、西欧の観光学関連の文献では一九世紀英国でのトマスクック社の登場をあげるものが多い（L. Turner & J. Ash, "The Golden Hordes"; アーリ、「観光のまなざし」など）。しかし、西欧ではすでに一五世紀の後半、ヴェニスの商人たちはエルサレムへの聖地巡礼旅行を西洋人のために旅行商品化していた（塩野七生「海の都の物語：ヴェネツィア共和国の一千年」)。それからほぼ二〇〇年後に伊勢の御師たちは神職の仮面をかぶっていたが、実質的には、巡礼旅行の総合旅行業者として登場していたのである。

その顧客対応の特徴は、とくに農村部から来た檀那たちには日常経験したこともない贅沢な時間・空間を提供することであった。出迎え、見物・参拝案内の丁重さや御師の館で行われた神楽の豪華絢爛《けんらん》さだけではない。とくに朝昼晩に出される食事の多くは贅を極めた。「伊勢参宮献立道中記」などは、その多様な献立を詳細に紹介している。

伊勢近海でとれるエビ、鮑、鯛など多様な海産物を中心に茶懐石、本膳形式をとった料理は贅を尽くしている。現代風にいえば、嵐山の吉兆や東近江・八日市の紹福楼で、おまかせ会席を食べるようなものである。とくに新鮮な魚貝を口にできなかった内陸部の百姓たちにとって、その献立の豪華さと美味は想像を絶していたに違いない。

美食のあと、檀那たちは絹など豪華な夜具にくるまって眠りに就いた。御師の家で宿泊すれば、檀那は御供料（初穂料）、神楽料、神馬料などを支払った。実質的には、これらは御師の館での宿泊サービス料であり、御師の収入になったのである。

◆古市での精進落とし

御師の館での豪勢な供応を受けながら、檀那たちはその間に杉林に囲まれ、楠の大木が生い茂る森厳な外宮、内宮を身を引き締めて参拝した。この精進の時間を過ごした後に、檀那たちにはまた楽しい時間が待ち構えていた。古市での精進落としである。外宮から内宮に向かう約五―六㎞の参宮街道は丘陵地帯を横切っていた。この街道筋には宿屋、茶屋、女郎屋が並んでいた。江戸の吉原、京都の島原とともに三代遊廓といわれた古市である。妓楼七〇軒、遊女は千人にも及び、浄瑠璃小屋、歌舞伎小屋だけでなく備前屋、杉本屋、油屋などの大遊廓があった。

伊勢への代参講《だいさんこう》のような旅では、古市での遊びは参宮を済ませた後の精進落としであった。「精進落とし」という言葉の現代用法は、忌明け、葬儀、法要後に精進料理ではなく魚肉を含む通常料理を食する意味である。近世では精進落としは色道の実践も含んでいた。神社参拝の精進の世界から、通常生活にもどることが精進落としであった。人間のもっとも基本的な欲望、つまり食欲と性欲を自由に追求することをもって精進落としとした。

神社参拝のあとには遊廓に出向きすぐに精進落としをする。この習俗は近世では広く普及していた。これは有名な寺社の横には遊廓があったことに示されている。吉原や深川は神社、寺社のそばに形成され、善光寺、厳島神社のそばにも遊廓があったことなどはその若干の例である。古市もこのパターンの一つに過ぎない。伊勢参宮客の多さが古市を三大遊廓の一つに押し上げたのである。遊廓に上がった檀那は、遊女たちの華やかな伊勢音頭の踊りと唄の歓迎を受け、接待する遊女たちの間に自分の相方《あいかた》の獲得を競った。

楽しませ（エンジョイ）、興奮させ（エキサイト）、そして歓待する（エンターテイン）。これらはサービス業成功の鉄則である。これら三つのEが重なりあうと、客は舞い上がり陶酔（エクスタシー）の境地にいたる。出迎え、伊勢神宮の壮大さ、御師の館での豪勢な接待、そして古市での精進落としなど、旅行商品としての伊勢参宮は、まさしく陶酔の境地を演出するアメニティを巧妙に組み合わせていた。伊勢参宮が庶民のあこがれの的になったのはこのためである。

伊勢参宮を終えた代参者たちは、郷里に帰るにさいして門前町などで土産物の買物に奔走した。伊勢土産としては、伊勢暦、和紙、白粉、萬金丹、たばこ入れなど、小物で持ち運びが便利で配りやすいものに人気があった。現在の海外旅行での職場仲間、友人、親類などへの義理土産と同じである。講を代表しての旅であること、また旅立ちにさいして餞別を贈られていること、土産物はこれらへの不可欠の返礼であった。日常世間からの一時的解放としての伊勢参宮も、その帰りはまた日常世間へのもどり旅であった。土産物はその日常世間に戻してもらうための不可欠の切符であった。

◆一般大衆のお陰参り

世相に閉塞感が漂い、倦怠と憂鬱が拡がるほど、たとえ短期間にせよ日常世間から脱出したくなる。この思いは、近世後期の庶民の間でも同じであった。伊勢参宮の体験者たちは、郷里に楽しい思い出を持ち帰り、それを周囲の人たちに伝えた。無形の土産として持ち帰った伊勢音頭は、その一節で、「伊勢に行きたい伊勢路が見たい　せめて一生に一度でも…」と歌っている。それはまさに近世における庶民の熱き欲望を代弁するものであった。

しかし庶民のなかでもその底辺に位置する者は、講に参加する余裕もなく、いかに思いが強くなっても伊勢参宮に出かける機会は得られなかった。家父長制の下で、女、子供には自由になる金も時間もなかった。商家や農家での雇い人、下男、下女なども同様である。伊勢参宮への思いがマグマのように鬱積《うっせき》してくると、これらの恵まれない人たちもその噴火口を求めた。伊勢へのお陰参りがそれである。お陰参りとは、短期間に多くの人が伊勢神宮に押しかける現象である。お陰参りはほぼ六〇年ごとに火山の噴火のように爆発的に現れた。

宮本常一編著、「伊勢参宮」は、種々な資料にもとづき、主要なお陰参りの概要を記している。お陰参りの最初は一六五〇年に生じた。江戸から起こり、正月から五月頃まで一日二千から九千人近くの人が箱根の関所を通行した。次は一七〇五年である。京都から始まり近畿一円に流行した。わずか二ヵ月足らずの間に三六二万人が参宮したという記録がある。

一七七一年のお陰参りへの参加者はもっとも広域化した。丹波から始まり、近畿だけでなく、関東、中部、東海、山陽、山陰、四国、九州にまで拡がったのである。宮川の渡しでの調査では、四月から八月までの四ヵ月間に二〇七万七四五〇人と記録されている。世相の閉塞感が強くなった一八三〇年のお陰参りは参宮者数で最大になった。三月から八月までの間に五百万人近くの参宮者が阿波から始まり、近畿一円、中部、東海、山陰、山陽、四国などに拡がった。

いずれのお陰参りでも、「ぬけ参り」がきっかけになっている。ぬけ参りとは、女、子供、農家や商家の雇い人が何人か連れだって、親、兄弟、雇い主などの許可を得ずに勝手に伊勢参宮に出かけることである。一六五〇年のお陰参りは江戸商人のぬけ参りから始まった。一七〇五年の場合には京都の少年・少女から始まり、妻や従僕などにも拡がっていった。一七七一年の場合にも、丹波の女子供のぬけ参りが始まりである。一八三〇年には徳島の手習い小屋の子供たちから始まった。このぬけ参りが通過する街道筋ではその近隣から参加者が増え、お陰参りの集団がふくれていった。またそのうわさが各地に拡がってぬけ参りやお陰参りの集団が形成されていった。

お陰参りの集団は白衣など同じような衣裳を身につけたり、笠に生国を書き、のぼりを立てて行進した。たいした金も持たずに参加した者は柄杓を持っていた。それを使って道々、旅の路銀の喜捨を人々から集めた。街道筋の街ではお陰参りの集団に大規模な施行を行うところもあった。仮小屋を建てて宿舎としたり、粥や餅などの食物を与え、路銀などを施した。近在の村からは馬や駕籠なども提供された。通常は伊勢参りに行けない人の参宮を、信仰心にもとづいて支援するネットワークが各所に形成されたのである。信仰にもとづく連帯はいつの時代でも強力である。

お陰参りに現れた大衆のエネルギーは、幕末の大衆運動、「ええじゃないか」に連なっていくといわれる。天から御札が降ってくる。これは慶事の前ぶれだとして、仮装した大衆が「ええじゃないか」と叫びながら町中を熱狂して踊り狂ったという社会現象である。それは明治維新の前夜、一八六七年七月から翌年の四月まで、四国から江戸にかけて湧き起こった。阿波では「日本国の世直りはええじゃないか…」と歌い、西宮では「長州がのぼた、物が安うなる、えじゃないか」などと唄っていた。それは時代の大きい変化を望む大衆の叫びであった。陰鬱な世相での伊勢参宮へのあこがれは、その根底においてこのような世相からの個人的解放を願うものであった。

◆気ままな個人旅へのあこがれ

伊勢への代参宮の全国的普及、六〇年周期で起きたお陰参りの大集団は一本の糸で結ばれている。それは閉塞的な日常世間を一時的にせよ、旅によって脱出したいという人々の欲望である。しかし、この種の欲望が生み出した旅の様式は、伊勢への団体旅行だけではない。とくに近世後期になると、勝手気ままな個人旅への欲望も強まった。これらは通行手形獲得のために、伊勢参宮を名目上の目的としたが、主な狙いは各地を漫遊する観光であった。伊勢へ行っても神社よりも古市であり、京、大坂見物がお目当てであった。豪商などさらに財力のあるものは、四国の金比羅宮や安芸の宮島など西国の主要地にまで足を伸ばした。

観光目的の気ままな個人旅はとくに江戸など大都市の町人にとってあこがれであった。それは、十返舎一九の「東海道中膝栗毛」がベストセラーになったことに示されている。一八〇二年に江戸から箱根までの初編が現れたが、人気を背景に版を重ねるとともに次々に書き足され、一八〇九年に大坂見物が出て全八編の「東海道中膝栗毛」が一応完成した。さらに一八一〇年には「続膝栗毛」が登場する。それも金比羅参詣から始まり、宮島参詣、木曾街道、木曾路善光寺道、上州草津温泉道中、中山道中が次々に書き足され、一八二二年にようやく完成した。それらは当時の人たちが一度は尋ねてみたいと思う地域をほぼ網羅していた。

すでに東海道を中心にしたこのような道中については、中世よりこの方多くの紀行文が書かれている。中世では「東関紀行」、「海道記」、「十六夜日記」などがあり、近世になるとさらに多くの道中記や名所図会が現れていた。その中で「東海道中膝栗毛」はなぜロング・ベストセラーになったのだろうか。この書が語る物語のなかに、近世後期での庶民の旅欲望の根源が潜んでいる。

この書物の題名の「膝栗毛」とは、栗毛の馬を膝に代えて歩く、つまり徒歩で旅行することである。いわば「東海道膝栗毛」という題名は、馬や駕籠を使わず徒歩で旅行する庶民の旅を含意していた。江戸っ子の弥次郎兵衛と北八の道中話は弥次北《やじきた》道中として今でも多くの人に知られている。その行程は東海道をとりあえず追分まで下り、そこから伊勢に向かって後、京・大坂見物をするというものであった。伊勢参宮に合わせ、少なくとも京、大坂は見て帰りたいという、この時代の庶民旅の理想の行程である。

この行程以上に重要であったのは、弥次北がいうように「心の欲する所にしたがい」、「勝手次第のみちくさ」を楽しむことであった。まさに漫遊の旅である。かれらがこのように行動できたのは、旅によって日常世間から脱出したからであった。それは「たびのはぢはかきすてだ」という箱根の山での北八の叫びに表れている。この叫びは世間の監視網からの脱出の叫びでもあった。

人類学者のルース・ベネディクトが指摘しているように、行動の是非を内面的な道徳律によって判断する西洋人に対し、日本人は世間の目という外的基準で判断する。この恥の文化では、悪い行いでも世人の前に露見しないかぎり恥ではなく問題ではない（『菊と刀：日本文化の型』）。日常世間から旅によって脱出し、世人の視界を超えると行動の自由度が飛躍的に増すのである。

膝栗毛では道中各地の風土の景勝、自然の美しさなどは他の道中記に譲るとして書かれていない。膝栗毛が取り上げるのは、道中各所での往来旅客の光景、雲助や護摩の灰など旅人の安全性に関わる事項、各宿場での本陣宿から木賃宿まで様々な等級の宿舎と遊女の様子、各地での方言、食事、名物、名産品、田舎の情趣、そして京・大坂見物の面白さなどである。これらが弥次北が道中で繰り広げる種々な出来事の小道具となって滑稽談を作り上げている。滑稽談は道中で出会う人々と弥次北の会話から構成されている。

弥次北がどのように旅をしたか。主要な訪問先の伊勢、京都、大坂について見てみよう。

弥次北のように物見遊山が主目的の旅人の伊勢参宮は、川柳で詠む「伊勢参り　大神宮にも　ちょっと寄り」の類であった。かれらは宮参りも済まさないうちに、まず古市遊廓に遊びに出かける。弥次北は、「むくつけき　客もこよひは　もてるなり　名はふる市の　おやまなれども」と詠み、北八は古市での遊びの後に、「ふんどしを　わすれてかえる　浅間嶽　万金たまを　ふる市の町」と詠う（十返舎一九「東海道中膝栗毛」）。これらの歌は、かれらの遊びの内容を示している。

伏見から京に入った弥次北の足跡を辿ると、大仏殿方向寺（焼滅）→三十三間堂→清水坂→清水寺→五条新地（おやま屋が多い）→宮川町（花街）→四条通り（芝居小屋）→八坂神社→三条→北野天満宮→壬生寺→島原（遊廓）といったルートである。京観光を初めて行う現代観光客のルートともおおむね一致している。弥次北のまなざしは、とくに京女のなまめかしさと遊廓、陶器などに向けられる。

しかし、これらとともに関心があるのはグルメの対象である。例を挙げれば、田楽豆腐、南蛮煮うどん、すもじ（＝寿し）、かちんなんば（＝モチ入りそば）、鳥貝の寿し、さば寿し、くずひき、若鮎、鰻、松茸などである。グルメの楽しみは現代観光でも重要なアメニティである（田村正紀「観光地のアメニティ」）。京料理は日本料理の原点であるから、江戸時代からグルメは京見物の楽しみの一つであったのであろう。

京見物を終えた弥次北は、淀川を下り大坂に向かう。大阪の港や河口には諸国の商船が舳先《へさき》を並べ、その積み荷を陸揚げしていた。天下の台所として商都大坂の街は活気に満ちていた。江戸と異なり、その住民の大半は町民であった。道頓堀には町人文化を先導した芝居小屋が並び多くの人を引きつけていた。天満橋と天神橋の間の川岸に上陸した弥次北は天満宮、難波御堂、心斎橋の大丸屋、道頓堀などの中心街を見て、堺筋から新町に至る。新町は吉原、島原、古市、丸山と並ぶ五大遊廓の一つであった。

新町東口に当たる順慶町には多くの茶店が並び、寿しなどを売る行商人の声が飛び交っていた。「食い倒れ」の町にふさわしく、多様な食い物を商う店が並んでいた。田楽豆腐、おでん、サツマイモなどは珍しくはないが、鯛、鱧《はも》、車エビ、コハダ、マグロ、ニシンのたき物など、食材はきわめて豊富であった。寿し売りたちはちらし寿し、さばや鳥貝の寿しを売り歩いていた。

百両の富くじに当たったと勘違いした弥次北は、損料屋（＝生活用品のリース業者）で立派な着物を借り、新町で座敷遊びをする。その後、四天王寺、住吉神社、今宮夷など大坂南部の名所を回るのである。大坂を訪れる観光客にとってのアメニティは、名所や遊廓以外には芝居やとくにグルメであったことがわかる。京・大坂見物の内容をそのアメニティの内容から見ると、遊廓などを除けば今日の都市観光とあまり差異はない。現在の都市観光の根源はすでに江戸後期には形成されていたといえよう。

◆内奥・僻地《へきち》への旅

江戸後期にはそれまでには見られなかった新しい種類の旅人も現れる。かれらは旅の新しい様式の先駆者であった。新しい様式は何よりもまずその旅先に現れた。従来の旅人がほとんど足を向けなかった地域に足を向けた。一つの方向は、主要街道を外れた内奥の農村地区やさらにそれからも遠くへだたった僻地である。その代表事例は泉光院の旅である。かれはその旅行の詳細を「日本九峰修行日記」に書き残した。

泉光院は修験者としての院号であり、名は野田成亮《しげすけ》といった。かれは九州日向の佐土原藩二万七千石の大名島津家の家臣であり、武家として二七石の禄を受けていた。それとともに佐土原にある山伏寺安宮寺の住職を兼ねていた。安宮寺は京都醍醐寺三宝院門跡に直属する真言系当山派の山伏（修験）寺である。泉光院は大先達として山伏の最高位を占め、日向地方一帯の山伏数十人を支配

泉光院の足跡と旧暦元旦滞在場所

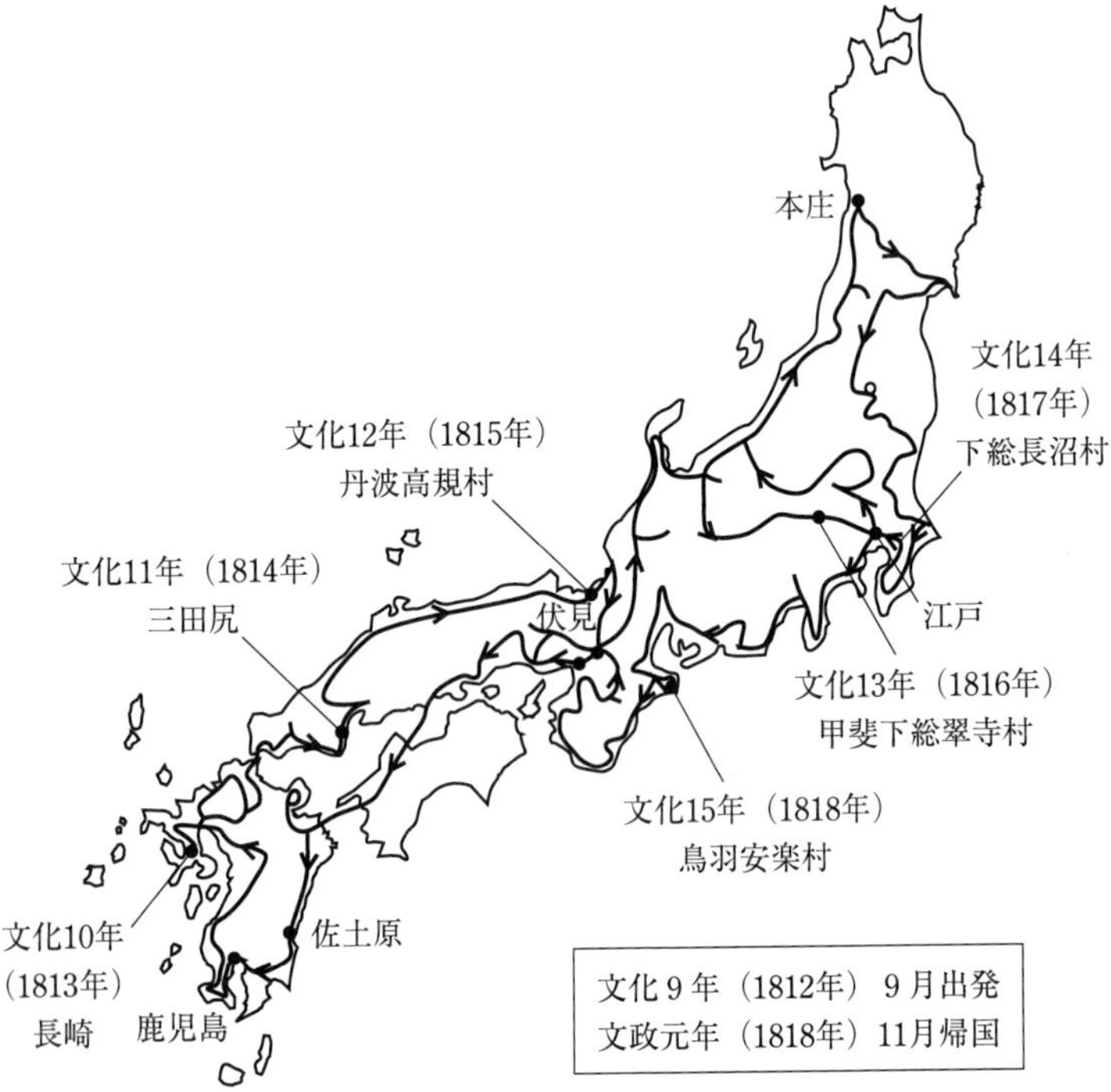

していた。

かれは五六歳のとき、当山派山伏の実情調査を表向きの目的にして、同時に自分の信仰心と知識欲を満たすべく、強力《ごうりき》（＝荷物持ちの下男）の町人平四郎をともない、全国托鉢の旅に出た。佐土原を一八一二年一〇月八日に出立して、九州南端を回り北上して長崎を経由で山陰道を辿った。その後に丹波から京に入り北陸道に向かう。それから飛驒、甲州、江戸を経て青森と岩手を除く東北地域を訪れ房総半島を周遊してのち江戸に立ち帰る。

江戸からの帰途は伊豆半島を回って東海道を上り、途中から伊勢街道に入って伊勢をはじめ紀伊半島を海岸線に沿って回り、熊野、大和を経て京に入る。その後、山陽道を下り、尾道から船で四国に渡り、愛媛を経由して、八幡浜から再び船に乗り九州豊後の佐賀関に渡る。そこから南下して六年二ヵ月ぶりに故郷佐土原に帰還するのである。その歩行距離はほぼ二万キロ前後に及ぶ。

旅の途中で主要都市、名所旧跡にはかならず立ち寄る。たとえば中国地方では、萩、岩国、宮島、広島、津和野、石見銀山、出雲大社、一畑薬師、松江、米子、大山、鳥取などである。京に行けば、主要な寺社はしらみつぶしに訪れる。西国三三ヵ所だけでなく、関東に行けば板東三三ヵ所、秩父三四ヵ所の札所をすべて回る。英彦山《ひこさん》、羽黒山、湯殿山、富士山、金剛山、熊野山、大峰山、箕面《みのお》山《さん》、石鎚山など、かれが当初から目指した九峰だけではない。阿蘇山、大山、赤城山、浅間山、白馬、立山、鳥海山、金華山、高野山など、日本の代表的な名峰登頂を試みる。

これらだけではない。かれの旅の特徴は、主要街道を離れた農村地区に托鉢《たくはつ》に訪れ、農民たちと交流しながら、各地域特有の生活習俗にまなざしを向け、それを日記に書き残している。これは従来の旅人にはない新しいまなざしである。托鉢旅行を通じての旅の日常は、托鉢によって旅を可能にする食料・金銭のお布施を得ること、雨露をしのぐ宿舎を日々探すことなどであり、食事の供応を受けないときには自炊した。そのさいには水くみ、薪取り、野菜の調達、玄米を白米に精米する作業などがあった。また、時には買物や布施でたまった小銭の両替を行い、木綿を求めて染色に出しそれを衣服に仕立てねばならなかった。

泉光院の旅は、その領域と要した時間から見て、おそらく近世後期で最大の旅といえよう。泉光院の旅で重要な点は、この時代に僻地を中心にした旅がなぜできたのかという点である。それは僻地を長期間にわたり旅するさいの条件を明らかにし、通常の旅人ではそのような土地を長期にわたって旅することはきわめて困難であったことを示している。

旅をするさい、毎日必要なのは宿と食べ物である。しかし、僻地には宿も、また茶店など飲食を饗するところもない。一年のうちには寒暖の差があり、天気の日が続くとはかぎらない。雨露や寒さをしのぎ、自炊するにせよ宿は不可欠である。大都市では旅篭、木賃宿に泊まるが、農村地区では主として農家に泊まっている。多くの村で農民から宿泊の誘いを受けた。それがない場合には庄屋に行って泊まれる農家を紹介してもらっている。これらがない場合には、山伏宅に泊まったり、辻堂で泊まった。

いくつかの村では善根宿《ぜんこんやど》もあった。諸国行脚の僧、修行者などの宿を提供する家である。また、年末年始には長期間の滞在が可能な年宿《としやど》があった。年宿とは旅する修行者などに年末年始の一定期間無料で宿を提供することである。宿を提供してくれた家ではしばしば食事の饗応を受けている。それが得られない場合には、自炊して薪代などを払った。食料と金銭は日々の托鉢によって調達し

たものである。旅の過程でこれらを必要に応じて調達できなければ僻地への旅はできなかった
長期間にわたり旅行できたのは、泉光院が何よりも修験者であったからである。泉光院は旅行に必要な金銭と食料を托鉢によって調達できた。神仏への信仰が人々の間に広く行き渡り、宗教者をもてなすことは信仰心にもなったという社会的な精神的インフラが広く普及していた。しかもかれは当時としては高齢で位の高い山伏であったので、人々の信頼を集めやすく、また全国的な山伏の相互扶助ネットワークを宿舎などに関して利用できた。
しかしこれだけではない。長期間にわたる旅は、泉光院の個人的な資質にも支えられていた。泉光院はそれまでの山伏としての荒修行によって強靭《きょうじん》な体を持っていた。唯一人ではなく、強力の平四郎をともなっていたので、途中で病になっても看病人がいた。かれは武道にも優れ、居合い術、弓道の達人であり、棒術もこなした。修験者であることと相まって、武芸は旅の安全性を確保するために役立った。さらにかれは武道だけでなく、儒教の古典に通じ俳句、漢詩、和歌、生け花、茶道の嗜みもあった。泉光院が持つ素養によって、多くの村で歓迎すべき旅人となった。
かれは逗留先でしばしば、法要や病気快癒のための加持祈禱《かじきとう》を依頼される。村の若者たちから弓道、棒術、居合抜きの指南を頼まれることもある。とくに重要なのは俳句を通じての交友である。江戸後期には俳句の愛好者が全国の津々浦々に拡がっていた。泉光院は俳句を通じて旅先で俳句愛好者の歓迎を受けた。また旅程が長期間、広範囲にわたるほど、村人たちは泉光院から他国の様子

を聞くために参集してきた。参勤交代などの街道筋から離れた農村ではとくに新しい情報に飢えていたのである。このように泉光院が備えていた教養や武芸もまたかれの旅を可能にした条件であった。これらは訪問先の人々と容易に交流できるきっかけを作った。

江戸後期には、僻地の農村よりももっと内奥の地を尋ねる先駆的な旅人も出現した。その代表事例は鈴木牧之《ぼくし》（一七七〇―一八四二年）の秋山郷への旅である。かれは越後国塩沢（現在の新潟県南魚沼郡）に住み、質屋と縮仲買を営む商人でありながら同時に文人であり、滝沢馬琴や十返舎一九など当時の一流文士と交遊があった。豪雪が生活習俗にいかに影響するかを詳細に記した「北越雪譜」の著者でもある。かれは秋山郷のことを書いて欲しいという十返舎一九の依頼によって、秋山郷へ商売に行くという商人の案内で秋山郷に出かける。「秋山記行」はその旅の記録である。

秋山郷は新潟県津南町から長野県栄村にかけての中津川沿いの渓谷地帯である。南側からいく場合には、奥志賀高原から栄村へぬける渓谷沿いの曲がりくねった細い途で通じている。現在では車で簡単に行けるが、依然として深山幽境の趣があり、日本に残された秘境の一つである。自然の好きな人は、とくに秋などに一度は訪ねてみても良いところだ。

「北越雪譜」によれば、牧之が尋ねた頃の秋山郷は、それに通じる道らしい道はなく、栃やブナの大木が生い茂り、山間に一五ヵ村が散在した。その大半は一〇軒にも満たない小さい集落であった。冬になると、雪が五―六メートルも積もり外界から隔絶される豪雪地帯である。

これらの集落は、平家の落人の隠れ場ともうわさされ、疱瘡《ほうそう》の伝染をとくに恐れたため人里との交流がほとんどない閉ざされた山里であった。住民はいらと呼ばれる草で作った麻のような布や木綿の貧しい衣服を身につけ、掘っ立て小屋に莚《むしろ》を敷いて住んでいた。戸棚と大きい囲炉裏、そして大きい木鉢があるだけで、やかん、土瓶、すり鉢などはなかった。夜具もなく冬でも衣服のまま囲炉裏のそばに寝た。米作がないので草鞋《わらじ》が作れず、裸足であった。

山間のわずかな畑を耕し稗《ひえ》、粟、野菜などを栽培していた。それらとともに、山でとれる栃、楢、栗の実などがかれらの主食であった。木材、狩猟動物の毛皮、キノコなど山の幸をたまに訪れる商人に売り、必要な物品を得ていた。住人は篤実温厚で人と争わず、色欲に薄く、酒を飲まなかった。その生活習俗は人里とはまったく異なり、きわめて素朴なものであった。

一八二八年九月八日、秋山への旅立ちにさいして、牧之は米、梅干し、ごま、味噌、醤油、塩、鰹節《かつおぶし》、蠟燭《ろうそく》を用意し、竹筒には酒を入れた。秋期の山では初雪や冷風があるかもしれないので、綿入れ羽織、合羽、絹の衣類、道中布団まで用意した。小笹に覆われた道なき道を辿り、両岸の絶壁を渡す危なかしい丸太橋をわたって、藤綱にすがって岩を這い上り、寒村を次々に尋ねる。

絵画の心得もあった牧之は、途中の景観を絶賛している。標高が高くなると、秋が早く訪れる。初秋の高山・渓谷では、栃はオレンジ色に、ブナは茶色に、モミジは多様な紅を見せ、クロモジやダンコウバイはぬけるような黄色に染まり出し、杉、松などの常緑もまじえて錦絵の世界を現し始めていたのかもしれない。商人と知り合いの農家に泊まり、山の生活の話を聞いた。多くの家で出される食事は口に合わず、持参食料をしばしば食べる。宿泊の御礼には短冊や画賛を残した。

旅人としての牧之のまなざしは、景観の美しさや素朴な生活習俗にそそがれただけではない。かれは自分の日常生活と比較して、この山人の素朴な生活の意味を考えるのである。人里と比較した、秋山郷の生活についての牧之の評はきわめて印象的である。それは豊穣な生活を経験した人間が感じる、シンプルライフへの回帰願望の源流をなしていた。

「よくよく考えてみると、里人は家にあっては心配事が多く、外では色欲をほしいままにし、山海の魚肉を喰らい、さまざまな病気や悲しみに心を迷わせる。…胸中には煩悩の波が高い。少しでも暇があると…名利名聞のために物事をやろうとする。…みんな寿命を縮めるかもしれないのだ。それを悟るつもりでもなかなか悟れないでいる。」

「秋山こそ、神代の時代そのままの長寿のようである。それは、天の恵みを自然に守り継ぎ、この土地相応の栃の実、楢の実、粟、稗などを都会や田舎の食べ物と同じように食べていることによるのだろう。…色欲も飲酒も自由勝手にはしない。秋山の人は真っ正直で、夜は戸に錠もなく、聖人たちの世の中のような印象もある。…手足の動くうちは山の畑に出て雨露風霜を苦にしないで働き、あたかも鳥や獣のように自然の中を駆け回っている。」　そして、「一度はこの秋山の猿飛橋の景勝地に庵を結んで住み、中津川の清流で命の洗濯をしたいものだと思った。」（「秋山記行」）と結ぶのである。

経済成長下の豊穣の生活を経験した現代人にも、今日、シンプルライフへのあこがれが芽生えつつある。牧之が生きた近世後期もすでに元禄の豊穣を経験していた。秘境秋山郷への旅によって、牧之は彼が住む日常世間から全く隔絶した世界を知った。その旅の過程で自分たちの日常生活が豊かさ追求のなかで失ったものを悟り、秘境の山人たちのシンプルライフへの憧憬を強めたのである。

◆ 辺境への旅人

近世後期の新しい旅人は、また当時の日本国辺境の地、蝦夷（北海道とその北方諸島）に向かった。江戸後期に蝦夷は松前藩の領国とされていた。松前藩では米作はなかったが、その家格は一万石相当の外様大名である。松前藩が行政的に直接統治していたのは北海道全土ではなく、一八八〇年頃について見れば、渡島半島の南部、現在の熊石町以南の狭い地域だけであり、和人地と呼ばれた。居城は渡島半島からさらに南に突き出た松前半島の南端の町、松前である。和人地には松前以外に、箱館と江差の港町が開けていた。和人地以外の地域は蝦夷地と呼ばれていた。

一八世紀の終わり頃には、和人地の街の住民は江戸、京など本州の都市とそれほど変わらない生活をしていた。米、塩、砂糖、酒をはじめ、呉服、木綿、塗り物、瀬戸物、草履、草鞋、蠟燭など、本州並の生活をするのに必要な物品は北陸商人によって、越前、敦賀、さらには長崎、京、大坂などから日本海沿岸沿いの海路で運ばれてきた。これらの廻船は戻り荷として、蝦夷の物産を積んで帰って行った。鮭、ニシン、数の子、昆布、雲丹《うに》、貝、鱈、毛皮などである。

松前、江差、箱館は、蝦夷各地からの産品の集積地であり、商取引の中心地であった。大店と呼ばれる松前藩の御用商人たちが問屋を組織して、これらの交易にともなう物流、商流の業務を取り仕切った。かれらはその見返りに運上金を出し、それが松前藩の財政基盤になっていた。しかし大店は北陸沿岸や大坂、京都の商人の出店であった。そこで働く支配人や従業者は国元から派遣された旅人であり、次々に交代した。かれらは豪勢な居宅を建てて上方風の生活を楽しんだが、任が終わると去っていった。

これらの町には、松前藩の武士、地元の漁民、商人だけでなく、他地域からの船員や流浪民が旅人として流れ込んでいた。一七八三年に松前を経て江差に滞在した狂歌師、平秩《へづつ》東作などもその一人である。彼の記録、「東遊記」によれば、三つの街で多いときには年間八千人が流れ込んでいたという。それらのなかには、平秩東作と同じように、北端の地で一攫《いっかく》千金を狙う商人ないしその予備軍がいた。

平秩東作の旅の目的は行楽だけでなく、できれば新しい商材による事業機会を見つけることであった。そのまなざしは風土、民俗だけでない。蝦夷地が生む種々な物産とその品質にそそがれてい

蝦夷と運上屋（場所請負人の交易所）

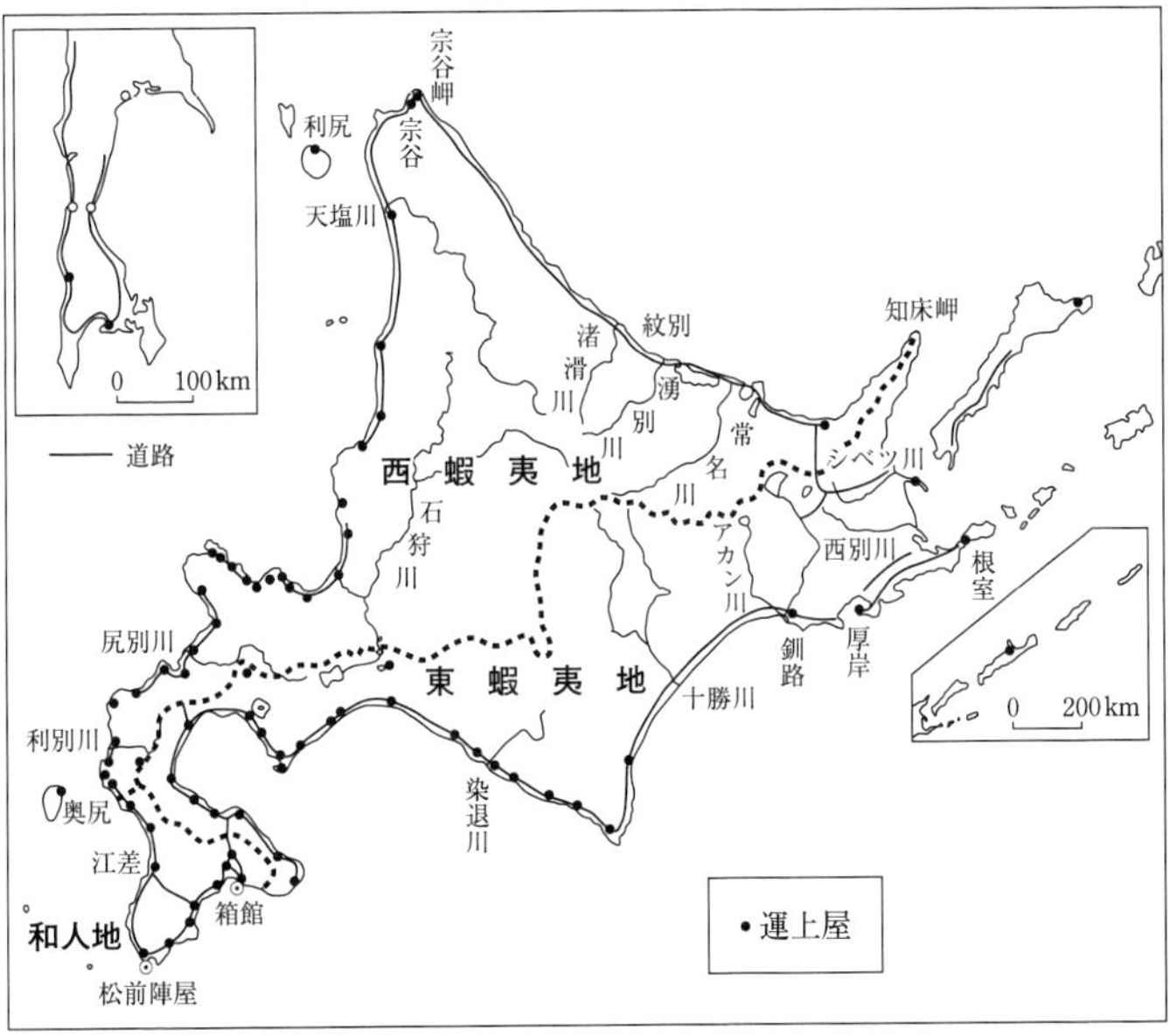

注：東西蝦夷地・和人地の境界は1784（天明４）年ごろ、その他は1806（文化３）年ごろの状況。

る。このまなざしは、マルコポーロ（「東方見聞録」）を始め、大航海時代の西洋人が西洋以外の他国にそそいだまなざしと同じである。それは一攫千金を狙う商人のまなざしであった。

松前藩は和人地以外のすべての地域を蝦夷地と呼んだ。これらの地域では、直接支配は行われず蝦夷に住むアイヌ人の住むに任せられていた。かれらは酋長を頂点とする村落を構成して、各地に散在して居住していた。松前藩は酋長のなかから藩と交易する者を選び、乙名と呼んで藩に従属させようとした。乙名は村役人の類である（武藤勘蔵「蝦夷日記」）。

松前藩の狙いは交易を独占して、その利権利用から上がる運上金を得ることであった。乙名の任命のねらいはこの交易ルートの人的関係性を確立するためであった。

松前藩は北海道の沿岸に沿って運上屋と呼ぶ交易のための出張所を設置して、運上金の納入を条件にその運営を場所請負人と呼ばれた商人に委託した。運上屋には番人、支配人、帳役、通辞などがいた。番人はアイヌ人を指揮して働かせ、帳役は支配人の業務を補佐し、通辞は通訳が仕事であった。運上屋の設置は、東海岸に沿っては宝暦（一七五一―六三年）頃には、根室、国後に達し、また西海岸からオホーツク海岸に沿っては一七九〇年には南樺太や斜里に達していた。交易のさいには各地の乙名が地域産品を持って運上屋に参集した。

和人地以外の蝦夷地との関係は以上のような交易関係であり、行政的に完全な統治にまで及んでいなかった。したがって実質的には領国とはいえないものである。このような状況の下で蝦夷地は異国人の参入にさらされ始めていた。樺太には清国の商人たちが入り込み始め密貿易が始まっていた。一七八四年に密貿易を取り締まるため幕府が動き始めたのはその証拠である。これは蝦夷地開発の第一歩といわれる。一七九九年から一八二二年まで蝦夷地を幕府直轄にして、択捉島の開発（一七九九年）や樺太南部から清国の支配を排除した（一八〇七年）。

同じ頃、ロシアは千島列島に沿って南下しようとしていた。一七一一年に千島の経略に着手し始め、一七二八年には政府が参加し始めた。一七七〇年には択捉島の東隣島ウルップ島に達し、そこを拠点として日本に交易を迫り始めた。厚岸へのロシア船来航（一七七九年）、ロシア使節ラックスマンの根室、松前への来航（一七九三年）、ロシア使節レザノフの長崎来航（一八〇四年）、樺太南海岸や択捉島へのロシア船による襲撃事件（一八〇七年）などがその後の主要事件である。またフランスやイギリスの調査船が出没し始めていた。

これらは幕府だけでなく、日本人の蝦夷地への関心を高めることになった。幕府は巡見使とその随行者からなる調査隊を次々に蝦夷地に送り込んだ。最初は松前や江差ぐらいまでであったが、次第に運上屋が設置されている辺境の地に伸びた。たとえば、一七九七年の幕府調査隊は総勢一八〇余名であり、その別働隊は東は国後《くなしり》、択捉《えとろふ》に、西海岸を辿った者は宗谷にまで至っている（武藤勘蔵、「蝦夷日記」）。その後もいくつかの調査隊が幕府だけでなく松前藩からも差し向けられるが、これらの旅人のまなざしは、役人から見た統治のまなざしであった。

しかし、近世後期の蝦夷地は旅の歴史から見てまったく異種の旅人を生んでいる。その一人は間宮林蔵であり、他の一人は松浦武四郎である。

間宮林蔵の旅はおそらく日本人としては初めての未開の地への旅である（「東韃靼紀行」）。一八〇八年七月三日に、かれは一人で樺太の奥地を調査せよという幕命を受け、アイヌ人数名と宗谷から小舟に乗って樺太に向け旅立った。彼の目的はロシアとの境界を見定めることであり、また樺太が島であるのか大陸とつながっているのかを確認することであった。

樺太南端には幕府の番小屋があったがそれを過ぎて樺太の西岸に沿って北上すれば、種々な土着種族が住む未開地であった。北上するにつれ潮の流れは次第に速くなっていった。さらに北に進めば怒濤が渦巻く荒海になり、濃霧が立ちこめ視界がきかなくなった。宗谷から連れてきたアイヌ人たちは土着種族の迫害を恐れさらに北上することを拒んだ。携行食料はほとんどなくなり、魚肉、木の実、草の根で飢えをしのいだ。持ってきた道具類を沿岸の土着民に与え、食料を得ようとするが、その道具類も次第に少なくなっていく。

停泊地で新しい水先案内人を雇い、樺太北端近くの地ナニオーまで辿り着いた林蔵は背後の丘に登る。北方には怒濤渦巻く荒海が茫洋《ぼうよう》として拡がっていた。ここで林蔵は樺太が大陸とつながっていない島であることを確認するのである。林蔵は宗谷から連れてきたアイヌ人を返して、親しくなった土着種族の酋長と話をつけ、かれらの船で海峡を越え東韃靼《だったん》（大陸側）に渡る話をつける。船は長さ九メートル、幅一・五メートルのそれまで乗ってきた小舟よりも大きいものであった。随行したのは土着民七名である。そして、激しい波風のなかを苦労して一四キロメートルほどの海峡を渡ることに成功する。

その後、沿岸航行から黒竜江に入り、途中で土着民の家に泊めてもらったり、それがかなえられないときには仮小屋を造って宿とし、マスを捕獲して飢えをしのぎながら、満州仮府までたどり着く。そこは清国が土着民と交易するため夏だけ臨時に設ける場所であった。林蔵はここで清朝の役人と情報交換し、また満州仮府の様子を詳細に観察して記している。それ以外に旅行記で記されているのは、各地の地誌、土着民の習俗などである。そのまなざしはあくまでも幕命を受けた役人のまなざしである。未開の地を流浪した林蔵の胸中に去来した思いはどのようなものであったのか。彼の旅行記にはこの種の主観は一切記されていない。

辺境の代表的な旅人としてはもう一人、松浦武四郎がいる。松浦武四郎は北海道の内陸部にまで立ち入りほぼ全域を踏破した旅人である。それまで蝦夷地と呼ばれていた地区を北海道と命名した人としても知られる。かれは伊勢国に生まれたが、諸国を遍歴した後一八四五年に松前に渡った。その後、南樺太、オホーツク海岸を知床岬まで、また東方向では国後、択捉まで旅をした。さらに各川をその上流まで辿り、内陸部を旅行した。彼の内陸部旅行は少数のアイヌ人をともない、野宿しかれらと同じような生活をしながらの旅であった。

北海道の全域を旅したかれの旅はアイヌ社会そのものを知り、理解する旅であった。かれは蝦夷の風土や生活習俗だけでなく、アイヌ社会の各階層の人々と語り合った。かれの「近世蝦夷人物誌」は、これら各階層の人たちの生活誌の断面を記している。それは多くの酋長・乙名などの指導者だけでなく、勇者、孝子、義徒・義民、貧者、身障者、巫女、高齢者などと性格づけられた庶民の生活誌である。松浦武四郎の旅人としてのまなざしは、蝦夷地を商材獲得や行政統治の地として見るのではなく、アイヌ社会を人間社会として全体的にとらえようとするまなざしであった。

アイヌ社会には、和人社会と同じように、優れた指導者、勇者、義を重んじる者、また親に孝を尽くす者が多くいる。かれらは自然に適合しながら、人間らしい生活をおくることができる。これが生活誌の行間に潜む主張であろう。しかし、かれが収集した生活誌は全体として、松前藩の圧政や商人の支配下に苦しむアイヌ人の実態と、崩壊しつつあるアイヌ社会の姿を浮かび上がらせている。

内奥のアイヌ部落からも、老人子供を除く人たちは運上屋の労働力として、場所請負人の商人によって動員された。その労役は過酷であり、朝早くから夜遅くまで及んだ。そのため夫婦で動員された者でも、「その契《ちぎり》をもなす暇なき」ほどであった。運上屋の番人たちはアイヌ人の妻たちを強奪し、年頃になった娘がいると妾として奪い取った。運上屋に連れてこられたアイヌ人たちはその部落へほとんど返してもらえなかった。

働き手を失った部落では、老人と子供たちだけが取り残され、飢えに苦しみ寒さに打ち震えるようになっていた。家屋は次第に朽ち果て、病人が出ても看病する者もいなくなった。ある部落では齢八〇を超えた老人が浜辺で唯一人、先祖から伝えられたトンクル（五弦箏）を奉でていた。その調べには、伝える者がいなくなった寂しさがあらわれていた。こうしてアイヌの部落では、人口が急速に減少し、その社会も文化も崩壊しようとしていた。

「近世蝦夷人物誌」の最後に、かれは脱稿直後に見た夢を語る。かれはいつの間にか箱館の丘の上に立つ館にいた。そこでは栄達した官吏たちが御用達商人、問屋、大工棟梁などの阿諛追従《あゆついしょう》の声、三味線が奏でる音曲、豪勢な料理の饗応のなかで歌え舞えと享楽していた。そのとき一陣の風が吹き振り返ると、刺身はみな紅血が滴るばかりの人肉、浸し物と思ったのは原住民の臓腑、美肉は骨節アバラの数々、盃中の物はみな生血、二度と見られないと思って日の当たる障子を見ると、聖賢の像と思ったのは皆原住民の亡霊で、「アアウラメシヤ、ウラメシヤ」と叫んでいた。その声に夢から覚めるのである。

明示的は語っていないけれども、松浦武四郎の旅人としての心やまなざしには、フランスの文化人類学者クロード・レビ＝ストロースが、百年後になって未開社会に向けたまなざし（「悲しき熱帯」、「人種と歴史」）と相通じるところがある。それは未開社会に対する先進社会の傲慢さを批判し、未開社会をその周囲の自然の理にかなった人間社会として理解しようとするまなざしであった。しかし、彼の叫びを聞く耳を箱館奉行は持たなかった。かれは一介の市井人として生涯を終えたが、その叫びは心ある人々のなかに種子として生き続けた。松浦武四郎における旅人の心はあまりにも時代を先駆けていたのである。

V　憂国と文明輸入——近代の外国旅——

一八六七年一一月九日、一五代将軍徳川慶喜は明治天皇に政権返上を上奏した。この大政奉還を受けて、同年一二月九日に王制復古がなされ、江戸幕府の廃止と明治新政府の樹立が宣言された。政治史に重点を置く歴史学は、この明治維新後から第二次世界大戦終了期までを近代と呼ぶ。近代は近世と現代をつなぐ期間である。しかし、旅の歴史という観点から見ると、近世と近代が重なっている時期がある。それは鎖国を廃止して開国するきっかけになった、一八五三年のペリーの黒船来航から明治維新にいたるまでのいわゆる幕末期である。以下で近代と呼ぶ時期はこの重複期を含んでいる。

近代は日本人の旅の歴史から見て、もっとも大きい変革が生じた時期である。近世において、日本人の旅先は鎖国令によって国内に限られていた。しかし、黒船来航以降に鎖国体制が緩み出すと、日本人の海外渡航が始まる。学業修得や商用目的の海外渡航を幕府が許可するのは一八六六年のことであるが、その数年前から国外への密航を試みる者が出始める。

鎖国のゆるみは外国人の流入だけでない。日本人の海外渡航も促進した。とくに主要な旅先は欧米の先進諸国であった。かれらの胸中には、早く近代化しなければ、日本は植民地化されかねないという憂国の念があった。この旅によって、先進文化、技術を習得し、先進文明をいち早く輸入しようとしたのである。それだけでなく、この海外渡航の旅は明治維新をその後に推進した多くの逸材を育てることになった。

鎖国令を犯した密航など、リスクを負った先駆的旅人は、憂国の思いで旅立ったが、その代償として多くの先駆者は帰国後に地位、名誉、富を手に入れた。それとともに、異文化社会への旅は、日本とは、日本人とは、そして私とは何者なのか、といったアイデンティティを考えさせるきっかけになった。旅が社会に与えた影響から見ると、幕末から明治維新直後に行われた海外渡航は際立っている。

◆近代の夜明け

一八五三年七月八日、現在の神奈川県横須賀市の東部、浦賀沖に四隻の黒船が来航した。それらはマシュー・ペリーに率いられたアメリカ東インド艦隊である。旗艦サスケハナは全長七八・三メートル、幅一三・七メートル、二、四五〇トンの蒸汽外輪型のフリゲートである。当時としては最大級の軍艦であった。一行は同型のサラトガと帆船二隻を随行していた。

幕府はアメリカ艦隊の来航を事前にまったく知らなかったわけではない。その来航予定の情報は一八五二年六月五日にオランダ商館長より長崎奉行に伝えられていた。またそれに先だって、アヘン戦争（一八四〇—四二年）の情報も清国商人などから得ていた。アヘン戦争は外国排斥政策をとる清国に対して、イギリスが仕掛けた侵略戦争である。この戦争に敗れた清は多額の賠償金、広東、厦門、福州、寧波、上海の開港、治外法権や関税自主権放棄など種々な不平等条約だけでなく、香港まで割譲するにいたっていた。それを見て他の列強も中国侵略を始めた。しかし幕府はこれらの状況の推移を甘く見ていた。

幕府は一九世紀の初頭から次々に来航する外航船に対して、当初は一八二五年の異国船打払令によって対応していた。それは日本沿岸に接近する外国船は見つけ次第に砲撃して追い払うというものである。しかし、一八四二年になると、遭難した船にかぎり薪水給与令によって対応するとして、外国船の来航に対する態度を緩和した。外国船排斥を続ければ、アヘン戦争後の清国のように侵略されるかもしれない危惧があったからである。しかし、ペリー来航は薪水給与令などによって対応できるものではなかった。開国・通商を求めるフィルモア大統領の親書をペリーが携え、その回答を要求してきたからである。

黒煙をたなびかせて走る巨大な蒸汽外輪型軍艦をそのとき日本人は初めてみた。アメリカ独立記念日（七月四日）直後であったので、艦隊は祝砲や号令・合図のため空砲を打ち鳴らした。旗艦サ

黒船来航

©島 一恵

スケハナには、日本の台場などに装備されていた丸い砲弾の滑腔砲《かっこうほう》だけでなく、二〇・三cm口径のライフル砲も装備していた。それは長身の砲弾を砲内線条によって回転させ、六―七千メートルも飛ばすことができる最新鋭の兵器である。

轟音に人々は驚き、海岸は見物人で一杯になった。「泰平の　眠りを覚ます　上喜撰　たつた四杯で　夜も眠れず」という狂歌は当時の状況を映し出している。上喜撰は茶の銘柄名で蒸気船と掛詞になり、四杯の杯はお茶の数量であるとともに船隻数の数量単位でもある。

親書を受け取った老中首座の阿部正弘はその対応に苦慮した。将軍家慶の病気を理由に回答について一年の猶予を求める。ペリーは一年後の再訪を告げて浦賀を去った。開国要求を受諾すべきか否か。家慶の死後、その後を継いだ一三代将軍家定は病弱であり、将軍の任を果たすことができなかった。阿部正弘始め、ときの老中たちも調整型リーダーであり、外交問題などに関しては無能であった。開国か否かの重要決定をするための識見・実行力を持たず、結果責任を負う度量もなかったからである。

難問に直面した調整型リーダーがしばしばとる手立ては、誰彼なしに意見を求めることである。阿部正弘は各大名、旗本、庶民など幕政に参加していない者にまで、外交の意見を求めた。衆知を集めるといえば聞こえがよいが、このような手立ては決定権限の所在を拡散し、決定の結果責任を不明確にする。

皆の意見であるというのは調整型リーダーの隠れ蓑でもある。しかし、難問の特徴は人によって意見が異なり一本化できない点にある。意見を広く求めれば求めるほど、その調整はますます困難になる。国難を解決する妙案は出てこなかった。強力なリーダーシップがなければ難問は解決できない。かえって、阿部を始め老中たちの対応は、幕府の政権当事者能力について疑義を生じさせるもとになった。かれらはとりあえず、江戸湾警備の台場造営、諸藩への大船建造の禁の解除と軍艦建造の奨励などを行った。

一年後に再訪したペリーに対して、穏便にことを運ぶため、幕府は日米和親条約を結んだ。下田と箱館（現在の函館）の開港とともに、下田に居留地を造ることを約束した。これで二百数十年続いた厳格な鎖国は、とくに外国人の入国に関しては終わった。条約の締結にさいして、阿部正弘は調整型リーダーらしく、天皇の勅許を求めた。そうすれば開国反対派も押さえ込め、まただれが決定したかの責任の所在を曖昧にできると考えたのであろう。しかしこの行動は政治に関する天皇・朝廷の権限を復興させるきっかけになった。

この幕府の措置に対して国論が割れた。時とともに、その亀裂はますます厳しくなった。一つの対立軸は開国か攘夷かである。もう一つの軸は旧来の幕藩体制を守る佐幕か、それとも天皇を中心にした政治体制の尊皇かであった。幕府がとった路線は佐幕・開国である。一八五五年になると、アメリカの初代駐日公使のハリスが下田に赴任してきた。かれはしたたかな交渉相手であった。清の半植民地化を決定的なものにしたアロー戦争（第二次アヘン戦争、一八五六―六〇年）の例を引きながら、英仏の脅威を指摘し、幕府に通商の拡大を迫った。

この要請を受けて、阿部正弘の跡を継いだ大老の井伊直弼は、一八五八年に天皇の勅許もなしに日米修好通商条約を結び開国をさらに促進した。当初は勅許を仰ごうとしたが、攘夷派の画策により阻止されたからである。朝廷は井伊の独断専行であるとして厳しく非難した。これをきっかけに、尊皇、攘夷を主張する勢力が反発した。

この結果、尊皇と攘夷が結びつき、尊皇攘夷派が形成される。天皇を尊び外敵を撃退しようという思想を持つ人たちである。それは幕府の佐幕・開国という立場の対極に位置する政治勢力になった。尊皇攘夷派は、攘夷派の公家だけでなく、水戸藩や長州藩、そして各藩の脱藩志士から構成されていた。その中心は、周布政之助、桂小五郎、高杉晋作、久坂玄瑞など長州藩の改革派である。かれらは長州をリーダーとする尊皇攘夷の推進のため、藩の近代化と富強化を主張していた。

その間、アメリカだけではなく、イギリス、フランス、ロシア、オランダも同じような条約締結を要求した。こうしていわゆる安政五ヵ国条約が締結される。その主内容は、箱館、下田以外にも、六つの主要港を開港して、港周辺には外国人居留地をつくるというものである。一八五九年には神奈川（この六ヵ月後には下田は閉鎖）と長崎、六〇年に新潟、六二年に江戸、六三年には大坂と兵庫である。これら以外にも東京と大坂の市場開放を盛り込んでいた。

日米修好通商条約の締結後の時流は、近代化への産みの苦しみともいうべき混沌が支配した。そのなかで、佐幕か尊皇かという対立軸は、公武合体という新しい統合的な考えを生んだ。朝廷（公）と幕府・諸藩（武）を結びつけて幕藩体制の再編強化を図るという考え方である。一八五九年ごろから始まった和宮降嫁への動きはその一環である。

開国か攘夷かという対立軸は、大攘夷論という考え方を生んだ。単純な外国排斥を小攘夷として退け、まず開国によって外国の先進知識・技術を導入し、富国強兵を行った後に、外国に対抗しようという考え方である。佐久間象山、勝 海舟、坂本竜馬、島津斉彬などが推進者である。富国強兵をはかるには、当時の弱体化した幕府ではなく、天皇を中心にした新しい国体がいる。こうして大攘夷論は倒幕に結びつくきっかけを与えた。それは佐幕か尊皇か、開国か攘夷かという二つの対立軸そのものが統合されていく過程であった。

このような将来ビジョンを巡る政治闘争のなかで次々に事件が起きた。それらは玉突きをおこしながら明治維新への時流を形成していくことになる。一八五八年から五九年にかけて、大老井伊は日米修好条約に反対する尊皇・攘夷派を弾圧する。安政の大獄である。吉田松陰、橋本左内など論客十数名を死罪としただけでなく、処罰を受けた者は大名、家臣、公家、僧侶など百数十名に及んだ。しかし、翌一八六〇年には多くの処罰者を出した水戸藩の脱藩浪士たちが中心となり、桜田門外において、大老井伊の行列を襲い暗殺して報復を遂げる。

その後、攘夷派による外国人排斥事件が次々に起こる。一八六一年五月には水戸藩脱藩浪士が高輪東禅寺にあるイギリス公使館を襲撃した（第一次東禅寺事件）。同月に東禅寺警備の松本藩士がイギリス兵二名を斬殺した（第二次東禅寺事件）。六二年九月には薩摩藩の行列を乱したとして、横浜郊外の生麦村で薩摩藩士がイギリス人を殺傷した（生麦事件）。六三年一月には、高杉晋作など長州藩士が品川御殿山に建設中のイギリス公使館を焼き討ちした（イギリス公使館焼き討ち事件）。

このような時流のなかで、長州藩を中心に尊皇攘夷派は勢いをつけ、公家たちの間にも賛同者を拡げる。一八六二年から六三年にかけて勤皇志士の多くは全国から京都に参集し攘夷論は高まった。幕府は会津藩主松平容保を京都守護職におき、新撰組、見回組を組織して勤皇志士の動きを押さえようとした。

しかし、一八六三年八月一八日に政変が起きる。長州藩や攘夷派の公家たちは、幕府と朝廷との公武合体を策した薩摩藩と会津藩によって朝廷から追い落とされる。それに対抗して、一八六四年長州藩は松平容保を追い落とすべく京都で軍事行動に出た。禁門の変である。しかしこの戦いに敗れた長州は京から退き、それとともに三条実美《さねとみ》ら攘夷派の公家たちは長州へ都落ちした。七卿落ちとして知られる事件である。

一八六三年から六五年にかけて、近代化の方向を決した二種の事件が起きた。一つは列強との戦争である。六三年には薩英戦争が起こる。生麦事件の解決を迫るイギリスに対して、薩摩はイギリス船砲撃によって応じたのである。六四年と六五年には攘夷を主張する長州藩が下関でイギリス、フランス、アメリカ、オランダの四国艦隊との砲撃戦を行った。下関戦争である。いずれの戦争においても、軍艦、大砲の性能などで圧倒的優位を持つ列強軍によって、日本の沿岸砲台や軍艦は壊滅させられた。この事件を経験することによって、薩摩藩は列強との軍事力格差を再認識し、長州藩はそれまでの攘夷論を捨て大攘夷論に傾いていくことになる。

もう一つの事件は一八六四年と六五年の二回にわたる長州征伐である。幕府は禁門の変によって長州藩を朝敵とする大義名分を得た。その機会を捉え、長州藩を征討すべく諸藩に命じて第一次長州征伐を行った。西郷隆盛の仲介によって長州藩は詫び状を入れ事態は収まった。

しかしこの処置に不満であった幕府は、諸藩の反対を押し切って第二次長州征伐を敢行した。軍制を近代化しつつあった長州軍は、高杉晋作の奇兵隊などの活躍により、各所で幕府軍を打ち破った。これによって幕府の軍事力の弱体ぶりが天下に知れ渡ることになる。倒幕を目指した薩長連合が形成されるのは、その翌年の一八六六年のことである。この連合は六八年には倒幕を達成した官軍の主力を形成することになった。

◆迫る列強侵略の脅威

外国船の到来によって、そして最終的にはペリーの黒船によって、日本人は覚醒した。二百数十年に及ぶ鎖国のなかでの太平の夢から覚めたのである。その後の動乱のなかで、それに関与した日本人たちには、共通の集合的意識が徐々に形成されていくことになる。その内容は日本の国家存亡についての強い危機意識であった。

日本は列強の植民地化の触手がアジアでまだ十分に届いていない唯一の地であった。日本に来航する外国船の数が増え、開港への要求が強まってくるにつれて、国際社会のなかで日本が置かれている立場を意識するようになった。外国船や外国人との接触が増えるにつれて、国家存亡について次のような危機意識がますます強まっていく。

欧米列強との間に、軍事力、またその基盤になる産業力に関して圧倒的な格差がある。鎖国している間に日本は列強に完全に遅れてしまった。早く追いつかなければ、日本は他のアジア諸国のように列強の侵略を受け、植民地や半植民地にされてしまう。日本の独立性を確保するには、何よりもまず、外国の軍事力を知り、その技術基盤になっている産業力を知り、さらにその基盤になっている種々な制度など国情を正確に知らねばならない。

幕府側、討幕派にかかわらず、近代化への想いは激動の幕末のなかで急速に膨らんでいった。この近代化への想いの拡大に決定的な影響を与えたのは、欧米列強への旅人の増加と、その旅体験情報の普及であった。幕末における海外渡航は、旅というものが社会に与えた影響という点で、日本史上で最大のものである。異国への旅人たちは、日本社会にとって衝撃的な情報・知識を次々に持ち帰ってきた。

黒船来航当時、日本が持っている西欧情報は鎖国のためきわめて限られていた。ほとんどの情報は長崎のオランダ商館経由のものだったからである。一九世紀の欧州では、産業革命を達成したイギリスや市民革命を行ったフランスが大陸での覇権だけでなく、世界の海上覇権を争うようになっていた。大航海時代に世界に雄飛したオランダは小国に成り下がっていた。オランダ人による情報は西欧の先端情報を伝えるものではなくなっていたのである。

先進諸国やその技術について、日本人がそれまで得ていた情報は、主として蘭書（オランダ書）

を通じてのものである。吉宗の享保の改革によって洋書の輸入が解禁されて以降、蘭学が発達した。その中心は医学である。一九世紀になって外国船来航に備えて海防の必要が強まると、砲術などが加えられた。その他の技術については、少数の蘭学者によって細々と研究されていたに過ぎない。しかし、書物だけによるかぎり、また蘭書だけによるかぎり、産業革命にともなう先端技術の動向についての情報は遅れざるを得なかった。

黒船来航以来、とくに開港を強く迫ってきたのはアメリカ、イギリス、フランスなどである。しかし英語、仏語を理解できる日本人はほとんどいなかった。一八五八年に福澤諭吉は藩命により江戸に下った。それまでかれは蘭学研究の中心地大坂にいて、緒方洪庵が開いた適塾の塾頭であった。翌年、諭吉は横浜に新しくできた居留地の見物に出かける。居留地ではすでに外国人が小屋などを造り商売を始めていた。しかし、諭吉は商人たちと会話することもできず、また店の印刷物に書かれた文字も理解できずにショックを受ける。外国人の多くは英米人であったからである。諭吉が蘭学の代わりに英語学習を始めるきっかけである（『福翁自伝』）。

激しく変化しているものを知り、理解するには書物だけでは不十分である。この種の対象について、まさに百聞は一見に如かずである。物事が起こっている現場に行き、その全体像を見て、雰囲気を肌で感じなければならない。たった一枚の写真でも一メガバイト以上になり、文字情報から見ると五〇万字に該当する。眼で見る映像情報は文字では伝えられない幾多の貴重な情報を含んでいる。しかし、先進諸国をその現場で見るには、広大な大洋を渡りその国に旅しなければならない。この旅が必要な情報を得る唯一の手段であった。

◆幕末の海外渡航者——幕府による派遣——

こうした事情を背景に、開港が進むにつれて、幕府も海外に使節を送るようになる。海外渡航を先駆的に行った者はこの機会を捉えた。福澤諭吉の海外渡航などはその代表事例である。

日米修好通商条約の批准書を交換するため、一八六〇年幕府は遣米使節団をサンフランシスコをへてニューヨークに送った。新見豊前守を正使とする使節団は、アメリカが迎え船としてよこした外輪蒸汽船のポーハタン号（全長七七・三メートル、幅一四メートル、二、四一五トンの外輪蒸汽型フリゲート）に乗船した。一八五四年ペリー再来航時に随行した軍艦の一隻である。

この使節団を護衛するという名目で、勝海舟を艦長とする幕府軍艦咸臨丸《かんりんまる》が同行した。太平洋を初めて往復した日本の軍艦である。一八五七年に幕府がオランダから購入し、長崎海軍伝習所の練習艦として使われていた。ポーハタン号よりはるかに小舟であり、全長四八・八メートル、幅八・七メートル、六二〇トンで、三本マストの蒸汽船であった。蒸汽動力は出入港時のみ使用され、外洋は帆によって航行した。

諭吉はツテを頼ってこの咸臨丸の乗組員の一人となり渡航したのである。咸臨丸は一月一九日に浦賀を出て二月二六日にサンフランシスコに入港した。途中、太平洋の荒波に船が翻弄され多くの乗組員が船酔いに苦しんだ。サンフランシスコでは大歓迎を受けるが、習俗の違いにカルチャー・ショックを受ける。諭吉がその自伝で伝えるところによれば、驚いたのは、馬車、ホテルで広い絨毯の上を土足で歩くこと、飲み物のなかの氷、女尊男卑の風俗、物価の高さ、初代大統領ワシントンの子孫の様子に市民が無関心であること、などである。諭吉は英辞書などを購入し、咸臨丸はハワイ経由で五月五日に浦賀に帰った。

帰朝後、諭吉は幕府外国奉行の翻訳方に雇われた。翌年の一八六一年になると、また海外渡航の機会が巡ってきた。幕府遣欧使節団の一員に加わったのである。この使節団の目的は、攘夷論の高揚を配慮して、安政五ヵ国条約で約した江戸・大坂の市場開放、兵庫・新潟の開港期限の五年間延期を交渉することであった。一行は四〇人弱で、イギリスから迎船のようにきた軍艦オージン号に乗り、六二年一月一日に出発した。インド洋からスエズを経由して、フランス、イギリス、オランダ、プロシア、ロシア、ポルトガルなどを歴訪し一二月一一日に帰朝した。

使節団一行には、各人の外国人接触行動などを監視する目付役も同行していた。鎖国令は日本人の出国に関してはまだ生きており、海外に出てもついてきた。諭吉はその自伝のなかで「日本の鎖国をそのままかついできて、ヨーロッパ各国を巡回するようなものだ」と述べている。この監視に煩わせられながらも、諭吉は海外渡航でなければできないことをする。多くの英書を買い込んだだけではない。とくに重要な点は、「原書を調べてソレでわからないということだけを、この逗留中に調べておきたい」と思ったのである。

彼の関心は、本を読めばわかる理科系技術ではなかった。西欧社会を動かしている種々な制度が実務的にどのように運営されているのかということであった。具体的には、病院、銀行、郵便法、選挙法、政党、議院などである。これらの経営方法について人に会い、取材ノートをとっていった。これらをもとにして、一八六六年「西洋事情」初編三冊を出版する。その序文で、諭吉は、ただ西洋の学問技術を研究するだけで、各国の政治風俗などその国の統治の根本がどうなっているのか明らかにしなければ、学問技術を習得できても、実用の役に立たないし、かえって害をもたらす、と警告する。

諭吉の主張によれば、欧米社会の文明果実だけでなく、それを生み出した根の部分を見なければならない。なぜ先進文明が生み出されたのか。その仕組みを知ることが果実を知ること以上に重要であるというのである。現代の留学生などにも通用する貴重な心構えである。

「西洋事情」の巻一で、文学・技術、学校、新聞、病院、貧救院のような社会福祉施設、博物館、蒸気機関、蒸汽船、蒸汽車、電信機、ガス灯などの文明果実だけでなく、政治、収税法、国債、紙幣、商事会社、外交、兵制など国家の仕組みを概観している。巻二と三は歴史、政治、軍事力、経済力の観点からアメリカ、オランダ、イギリスを考察している。

「西洋事情」は、書物だけでなく、現地視察にも基づいた、列強について最新の情報を提供していた。それは西洋列強の各国を一つの社会として捉えるまなざしを持っていた。それを読んだ者は、そのまなざしによって日本の現状を振り返ったことであろう。この意味で「西洋事情」は最新の紹介書であるのみならず、当時の幕藩体制を批判するまなざしをもひそかに提供していた。このまなざしによって、諭吉はその後に文明開化の言論リーダーになった。幕末社会はこの種の情報に飢えていた。「西洋事情」はすぐに大ベストセラーになる。西洋社会への旅とその体験公表によって、諭吉は名声と富も得ることになった。

幕末の海外渡航者は使節団に随行した者だけではない。一八六二年に幕府は、軍艦操練所（海軍士官養成機関）、蕃所調所（洋学研究教育機関）、長崎養成所（病院・医療施設）といった下位機関などから一六名の逸材を選び、第一回幕府留学生としてオランダに派遣した。南北戦争のため、当初予定していたアメリカに断られたからである。派遣の狙いは造船、航海術など海軍学、政治・経済、そして医学について最新知識を持つ専門家を育成することにあった。

そのなかには、榎本武揚、西　周、津田真道などが含まれていた。榎本武揚はのちに箱館（現在の函館）の五稜郭に立てこもり官軍と最後まで戦った幕軍の将として著名である。後に許されて明治政府に入り、通信、文部、外務、農商務の大臣を歴任した。西　周は留学中に法学、哲学、経済学を学び、明治初期の官僚、教育家、啓蒙家として活躍して、東京学士会院（現在の日本学士院）の会長を務めた。津田真道は法学を学び、明治維新後に衆議院副議長を務めた。榎本は子爵、西周と津田は男爵として明治政府の貴族院議員である。

黒船来航以来、海外渡航を志したのは幕府関係者だけではない。鎖国の禁を犯してでも海外渡航を試みる者もいた。もっとも早く行動したのは吉田松陰である。一八五三年の黒船来航を師の佐久間象山とともに見た松陰は、先進文明に驚嘆した。長崎に寄港していたロシア船で渡航しようとするが失敗し、五四年にペリーが再来すると、小舟を操ってその軍艦に乗り込み密航を願ったが拒否される。この事件は松陰が安政の大獄で処刑される一因になった。

松陰はなぜ密航しようとしたのか。その動機を述べたかれの「幽囚録」は列強による日本侵略の危機感で満ちあふれている。それを防ぐには、象山の大攘夷論に従い、海外に数十名の逸材を派遣して軍艦を買わせ、その渡航の間に船の操縦術に熟達し、外洋の様子を知り、また列強の国家事情を知らねばならない。

松陰はこの件について建白したが入れられず、まず自分から行動しようとした。いかにも行動の人らしく、この国家存亡の切迫した情況では、机上の空論に走り口先だけで議論する者たちに与することはできず、下田米艦密航はやむをえないことと考えたのである。松陰も現地に行かなければ先進技術を習得し、それを生み出した仕組みを理解できないと考えていたのであろう。

安政の大獄で刑死した松陰の志を継ごうとしたのだろうか。長州藩から海外渡航者が出る。一八六二年、幕府が清国の上海に第一回遣清使節団を出した。清国との貿易とともに、列強の侵略を受けた様子を探るためである。松下村塾で松陰の薫陶を受けた高杉晋作や久坂玄瑞が、藩命により幕臣の従者というかたちで一行に加わっていた。その船にはいくつかの藩の者もそのようなかたちで参加している。薩摩藩の五代友厚などは幕臣の従者になれなかったので、水夫に身をやつして潜り込んでいた。

晋作が上海で眼にしたのは、海外列強によって半植民地化した清国の姿である。アヘン戦争後の上海は、すでに西洋列強によるアジア進出の一大拠点と化していた。その湾岸にイギリス、アメリカ、フランスなどの租界ができていた。現在の上海観光の名所、夜のライトアップが美しい上海バンドから湾岸に沿った辺りである。

晋作の渡航日記「遊清五録」によれば、商社、金融、新聞などの外国会社が進出して、それらの白壁が城壁のように連なっていた。港には欧州諸国の数千の商船や軍艦が停泊し、その帆柱が森林のように湾を埋めていた。これらが大挙して日本に押し寄せてくればどうなるのか。このような想いが胸に去来したことであろう。上海到着後十数日たった、五月二一日の日記に晋作は次のように記す。

「この日終日閉座してよくよく上海の形勢を考える。支那人はことごとく外国人にこき使われ、イギリス人、フランス人が市街を歩けば、清人はみな傍らに避けて道をゆずる。実に上海の地は支那に属すといえども、イギリスやフランスの属地といってもよい。…わが国といえども油断してはならない。支那だけのことではないのだ。」（「遊清五録」）

この渡航体験によって、攘夷に関する晋作の考え方が変わり始める。単純な外国人排斥から、富国強兵策を整えた上で外国へ対抗するという大攘夷論の考え方への転換である。晋作はこの渡航経験をいかして、下関戦争とその後の外交交渉、長州征伐への対応といった長州藩の難局に対処していくことになる。晋作の活躍からだれでも思うように、もしかれが二九歳の若さで、明治維新の前夜の一八六七年に亡くならなければ、明治政府でも重要な役割を果たしたことであろう。

◆ 諸藩からの密航留学生

佐幕開国と尊皇攘夷の対立が頂点に達した一八六三年になると、長州藩自体も密航留学生を派遣するようになる（犬塚孝明「密航留学生たちの明治維新」）。井上馨（通称は聞多）、伊藤博文（通称は俊輔）、遠藤謹助、山尾庸三、野村弥吉の五名である。最年長は井上馨の二八歳、最年少は野村弥吉の二〇歳、いずれも二〇代の若者である。

井上馨は小姓役であり、信州松代で大攘夷論者の佐久間象山に面談したさい、その海軍増強論や人材海外派遣論を聞いて、海外渡航の志を持つようになった。伊藤博文は足軽身分であったが、吉田松陰の松下村塾生であり、同じく海外渡航の願いを持っていた。遠藤、山尾、野村の三名はいずれも、長州藩がイギリスの貿易商社マゼソン商会から購入した帆船癸亥丸《きがいまる》に乗り組み、海軍学の実際を学んでいた。海外渡航によってその海軍学を完成させることは彼らの願いであった。箱館で英学なども学び、渡航に備えていた。

五人の留学生たちはイギリスの軍事力に着目し、同国に留学することを目指した。あえて夷敵の国に渡航してその先端技術を学ぶことが、長州藩の将来に不可欠であると思っていたのである。井上は後に明治政府の大臣を務めるだけあって、若い頃から物事の進め方を心得ていた。かれは、周布政之助、桂小五郎（のちの木戸孝允《たかよし》）、高杉晋作など、長州藩改革派リーダーにイギリス留学の夢を語り協力を得た。

修羅場を生き残るには、複眼的なまなざしが必要だ。事態がある一方向だけに流れると見るのではなく、それとは逆方向に推移した場合の備えもわすれてはならない。この点で改革派リーダー、とくに周布政之助は英明であった。かれは長州藩が推進している攘夷論の先には、列強との外交交渉の時代が来ると読んでいた。そのときには外国事情を熟知した人材が不可欠と考えたのである。井上は相談する相手を間違ってはいなかった。

リーダーたちは留学生派遣について藩主の黙認を得ることに成功した。問題は渡航費用五千両の金策であった。横浜の貿易商伊豆倉の番頭、佐藤貞次郎に周旋を頼んだり、マゼソン商会横浜支店と相談したり、藩がアメリカ商人から購入予定の鉄砲代から借用したりして、渡航費用を捻出する。

五月一一日マゼソン商会の手引きで横浜から同商会所有の小型蒸気船に密かに乗り込み、一二日の未明上海に向けて出港した。出発にさいして、かれらは断髪し洋装に着替えていた。かれらは英和辞書とわずかばかりの身の回り品を持っていたに過ぎない。激動を続ける祖国を後にして、それは自己のロマンを実現すべく、死をも覚悟した旅であった。

上海に着いた留学生たちは、一年前に高杉晋作が眼にしたのと同じ光景を見た。晋作と同じように、外国人排斥による素朴な攘夷論への信念が揺らぐことになる。マゼソン商会上海支店の世話によって留学生は上海から二つの帆船に分乗した。中国との茶の交易に従事していた三〇〇トンと五〇〇トンの小さい帆船である。これによってインド洋からアフリカ南端の喜望峰を回り、ロンドンへ向かったのである。

途中、船酔いや慣れない食事に苦しんだ。日々口にしたのは、ビスケット、塩漬けの牛肉、お茶ぐらいである。小さい帆船であるから、用を足すにも危険を冒して海上に突き出た板の上からする必要があった。水夫同様の扱いを受け、雑役に酷使されながら船乗りとしての基本をたたき込まれた。横浜出港から四ヵ月以上かけて、一行は一八六三年一一月四日ロンドンに到着した。

当時のイギリスは、一八世紀後半からの産業革命を終え、経済が発展成熟してその繁栄の絶頂期にあった。日の沈まぬ帝国といわれるほど世界の各地に植民地を設け、その都ロンドンは世界貿易の中心であった。港には巨船がひしめき合い、岸壁近くには巨大な倉庫が建ち並んでいた。汽車が各方向に走り、市街では四―五層の建物が建ち並ぶ間を多くの人が往来していた。近代文明を凝縮した空間に降り立って、留学生一行はその偉容に圧倒された。攘夷の念はたちまちどこかに吹っ飛んでしまっていた。旅が人を変え始めていたのである。

かれらはマゼソン商会の世話で下宿を定め、ロンドン大学で分析化学の聴講を始める。授業の合間を縫って、各種製造工場、造幣局、博物館、美術館などへ通い、西洋文明を理解しようとした。これは福澤諭吉の渡欧における行動と同じである。しかしロンドンについて数ヵ月もたたないうちに薩英戦争、下関戦争とその後の経緯がロンドンにも伝わる。井上と伊藤は攘夷論の愚かさを説得すべく、一八六四年四月に帰国のため旅立った。残りの三人も同行を希望したが、先進文明習得の重要性を説得され現地に留まり、学資不足にも苦しみながら勉学を続けた。

長州留学生五人は明治維新後に長州の五傑と呼ばれるようになる。伊藤博文は公爵になり、明治政府で四度にわたり総理大臣を務めた。井上馨も農商務、内務などの大臣を務め侯爵になった。野村弥吉は官僚として鉄道発展に努め、子爵になり鉄道の父と呼ばれる。山尾庸三は工部省に入り工学関連の要職をこなして子爵になり、のちに法制長官を努めた。かれは日本の工業の父と呼ばれる。遠藤謹助は大蔵省に入り造幣局長を務めた。大阪の桜の名所として名高い造幣局の桜の通り抜けは彼の発案である。若い頃のハイリスクの旅の体験は、のちに地位、名誉、富の点でハイリターンをもたらした。

長州の密航留学生たちは、すべて憂藩《ゆうはん》の念で日本を抜け出し、やがて彼らの思いは憂国へとさらに拡大していった。憂藩や憂国は、藩や国の現状を憂えその将来を案じることである。しかし、これらの思いは彼らの人間欲望とどのように関連していたのだろうか。

家族を持ち、地位、名誉、富を願う世俗的欲望は社会の安定的な仕組みを前提にしている。それらが不安定で将来の見通しがなければ、欲望追求への道程が描けない。藩や国の安定は欲望追求の基盤である。しかし、幕末の長州は他の諸藩と同じく財政が逼迫して危機的状況にあった。藩主の毛利敬親は村田清風に命じて経済・軍事面での藩政改革を行っていた。藩政改革の有用な意見を吸い上げるため、村田清風は実力主義の人事改革を行い、有能な人材を身分によらず重用しようとした。

これらの風潮のなかで、密航留学生たちにも大きい出世の機会が訪れていた。藩政改革に積極的に参加すれば、出世の途が開ける。かれらのほとんどは下流武士の出であったからである。かれらの上昇志向は上流武士よりもはるかに強かったに違いない。しかし、かれらのこの見通しは、列強侵略の脅威の前に不確実になった。藩がなくなれば、さらに国がなくなれば、出世の途も土台から崩壊するからである。長州藩密航留学生が帰国後に辿った途から見ると、かれらの密航にかけた憂国の念は、その出世街道の土台そのものを強固にしようとする想いであった。

幕末に戻って、一八六四年になると、上州安中藩士の新島 襄がアメリカに密航する。二一歳のときである。かれはそれまで幕府の軍艦操練所で航海術を学んでいた。渡航を思い立つきっかけはいろいろある。一八歳のときオランダの軍艦を見て外国人の知性に驚いたこと、その後に友人が貸してくれた、ロビンソン・クルーソーや中国語のキリスト教の本を読んで興味を持ったこと、これらのことが積み重なって、海外渡航へのあこがれが次第に強くなっていった（ドナルド・キーン、「百代の過客〈続〉」）。

航海兵学研究という名目で藩公認のもとに、四月二一日箱館に移ることに成功する。そこでポーター商会店員福士卯乃吉の手引きにより、七月一七日米船で上海に向け脱国することに成功した。上海からは別の米船に乗り換え、東南アジア諸港を出入りした後インド洋、大西洋を経て一八六五年七月二〇日にボストンに着いた。

ボストンから父親の民治宛にアメリカから最初の手紙を出す。そのなかで脱国の動機を次のように述べている。「この挙あえて君父を損《す》つるにあらず。且つ飲食栄華のためにあらず、全く国家のために寸力を竭《つ》くさんと存じ、中心燃ゆるごとく遂にこの挙に及び候」（同志社編「新島襄の手紙」）。新島 襄も長州藩密航留学生と同じく憂国の士であった。しかし、彼の欲望は自己実現の域にあって、しかも利己心を超えていた。

幸いにして、ボストン到着後数ヵ月して、新島 襄はボストンの名士である船主ハーディ夫妻に人物を見込まれ、その援助を受けることになる。ハーディ家のいわば「義理の息子」になり、かれらの全面的な援助によって高等教育を受けることになる。アマースト大学を卒業して日本人最初の学士となった。

新島 襄の幸運はこれだけではない。かれは一八七〇年から少弁務使（代理公使）としてアメリカ赴任していた森 有礼に日本政府の公式留学生として認められる。森 有礼は後に初代文部大臣にもなった明治の代表的な教育者の一人である。さらに一八七二年には明治政府が欧米に派遣した最大の使節団である岩倉使節団と訪米途中に出会う。

使節団には明治政府の要人が多く入っていた。そのうちの一人、木戸孝允（桂 小五郎）は新島 襄の語学力に目を付け、自分付きの通訳として新島 襄を使節団に同行させた。旅中でかれは木戸以外にも多くの要人たちの知遇を得たことであろう。帰国後、かれは種々な人の協力を得て、同志社英学校（後の同志社大学）を創立するのである。

旅立ちを世話した函館の福士卯乃吉やロシア人司祭、ボストンでの船主夫妻、森 有礼や木戸孝允との出会いなど、新島 襄の旅は出会いの幸運に満ちあふれている。しかしそれは新島 襄が敬虔なクリスチャンであったことやかれの人格・資質が呼び寄せたものである。かれを国の公式留学生として認めた森 有礼にしても、若い頃の渡航体験によって、キリスト教や信仰の自由に関して深い理解を持っていた。

◆留学生の公式派遣

一八六五年になると、長州と並ぶ西国雄藩の薩摩も、イギリスへの密航留学生の本格的派遣を始める（犬塚孝明『薩摩藩英国留学生』）。薩摩藩による留学生派遣は、鎖国令を犯す密航という点では長州藩の場合と同じであるが、藩が全面的に関与し留学生を選抜したという点では大きく異なっていた。留学生は藩の公式命令によって渡英したのである。一八六六年になると、学業修得や商用を目的とする海外渡航を、幕府も許可するようになるから、その先駆けといってもよいだろう。

薩摩藩にイギリス留学を上申したのは、藩士の五代才助（のち友厚と改名）である。かれは長崎海軍伝習所に留学して、一八六二年には清国への幕府使節団に水夫として潜り込み、高杉晋作とともに上海に渡航していた。明治維新後、一時官吏をしていたがやがて実業界に転じて、種々な事業を起こし、関西財界の重鎮になった。現在でも大阪商工会議所前にその銅像が建っている。その後の経歴が示すように、かれは若いときから企画力に優れ、組織の動かし方に巧みであった。薩摩藩留学生は、この五代の上申書をたたき台にして修正の上で選抜された。

選抜は富国強兵を担いうる人材を主眼としていたが、同時に薩摩藩内部の権力構造にも配慮したものであった。築城・砲術、医療関係、工作機械設計、農工機械などの技術能力を持つ者一〇名だけでなく、藩の支配階級の子弟五名も含んでいたのである。これらの子弟には英仏の軍務、地理、風俗の見聞が業務として課せられていた。最年長は大目付の新納刑部三三歳、最年少は磯永彦輔の一三歳、ほとんどは二〇歳前後であった。これに五代と洋学者の松木弘安が視察随員として加わった。松木は一八六二年の幕府遣欧使節団にも随員として加わり、渡欧経験を持っていた。

一行は長崎のグラバー商会が手配した船に乗り込み、一八六五年三月二二日に鹿児島西北部の港、羽島を密かに出航し一路香港に向かった。そこでかれらが乗り換えた船は、藩の公式派遣であっただけに、長州藩留学生とはまったく異なっていた。二千トン級の大型蒸汽帆船であり、船室を与えられた。航路はシンガポール、セイロン島のゴール、ボンベイ、アデンを経てスエズまでである。途中で異文化に驚くとともに、経験したことのない暑さに苦しんだ。スエズから汽車でアレキサンドリアに至り、そこからまた船で地中海を経てイギリスにいたったのである。羽島出発以来、二カ月あまりの旅であった。

ロンドンに到着後、同じようにグラバー商会の世話で留学生活が始まる。留学生たちはロンドン大学に通って各自の専攻科目の勉学をする一方、余暇を見つけては造船所、鉄工所、各種の機械工場などを見学し見聞を広めた。大目付の新納などは工場を訪れたさい、大砲、鉄砲といった兵器や農耕機械、紡績機械を購入する密命を帯びていた。

松木はイギリス議員や外務関係者と接触して、イギリスの眼を幕府よりも薩摩藩に向けるべく外交折衝を重ねた。また新納、五代らは大陸にも渡り、ベルギーとの間の貿易商社設立契約を巡って奔走した。留学生のリーダーや随伴者は、留学以外のこの種の藩政業務もこなしていたのである。これらは幕末に薩摩藩がリーダーシップをふるう基盤として貢献した。

旅は人を変える。新しいものに出会い、今まで見えなかったものが見えるようになるからである。参勤交代などで自藩を出るときには、他藩との比較で自藩がどのようなものであるかを知った。外国渡航で日本を出ると、日本がどのようなものであるかが見えるようになる。幕末の他の渡航者と同じように、薩摩藩留学生もイギリス到着後数ヵ月で攘夷論の愚かさを知った。

到着から半年後の一八六五年末には、一行のうちでまず最年長の新納、五代ら三名がその職務を終えたとして帰国の途についた。一年後の六六年の夏になると、留学生のうちで六名が帰国を申し出る。そのうちの四名は支配階級の子弟であった。異文化での生活に耐えられなくなってきたのであろう。またこの頃から、藩からの仕送り金が途絶えがちになり、自己資金で留学費用をまかなわねばならなくなった。兄弟で留学した者もいたから、経済負担があったのかもしれない。この点は被支配階級の子弟の場合により深刻であった。

残留した九名は学資不足にもかかわらず勉学を続けた。しかし、一八六七年の五月には留学生の学頭の任を果たしていた支配階級出の町田民部が帰国した。残りの者についての行動監視はまったくなった。かれらのほとんどは十代から二〇歳前半で留学してきた者ばかりである。まだ自分の価値観を主体的に確立していない若者がまったく異なる文化環境に残された。

留学のような長い旅は、攘夷論者から開国論者へといった変化以上に、かれらを変えた。かれらは価値観、倫理観においても日本人から西洋人に変わってしまったのである。フランスで勉学していた二名を除き、残りの留学生たちはキリスト教の新教義を説くハリスに感化され、学業を中断してかれがアメリカで営む共同体的コロニーに参加するため渡米したのである。かれらのうちで明治維新後に社会的に大きく活躍したのは初代文部大臣の森 有礼だけである。残りの者は教育、外交、軍事の領域でテクノクラートになったり、事業の世界に身を投じたり、あるいは悲惨な生涯を送った。

長州藩留学生の多くは下流武家の出であり、主体的に留学を決意し、藩の公式的援助も受けずに死を賭して密航した。薩摩藩留学生は上流武家の子弟も含み、藩命により、少なくとも当初は藩の公式的援助を受けて留学した。留学先での勉学にかける熱意には大きい差異があったと思われる。帰国後の活躍について両藩の留学生間で大きい差異があるのはこのような事情を反映しているのかもしれない。

しかし、一八六六年に幕府は学業、商用目的の海外渡航を許可する。幕府、薩摩藩などはその後留学生を派遣する。廃藩置県直前の明治三（一八七〇）年になると、政府は一五の大藩に海外視察や留学生派遣を命じている。この時期の留学生には明治期の各面における指導者を輩出した。

たとえば、留学後の社会的地位とともに列挙すれば、政治家の西園寺公望（内閣総理大臣）、星亨（衆院議長）、軍人の桂太郎（陸軍大臣、内閣総理大臣）、東郷平八郎（元帥、海軍大将）、大山巌（元帥、陸軍大将）、教育者の中江兆民（自由民権運動指導者、衆議院議員）、山川健次郎（東大、京大、九大総長）、実業家の岩崎弥太郎（三菱財閥総帥）、団琢磨（三井財閥総帥）などがいる。

幕末から明治初期の海外留学生は、帰国後に高い社会的地位や富を得た。長州藩留学生のように、憂国の念により留学した者も結果として地位や富を得た。

しかし、海外留学すれば結果として地位と富が得られるということが積み重なってくると、公式海外留学が地位と富を得るという目的への手段と見なされるようになった。海外留学がエリートになるための登竜門になったのである。時代が進むにつれて、海外留学にともなう旅は、出世したいという欲望を満たすためのものに変化していった。現在でも官公庁や一流企業では、幹部候補生を海外留学させている。幕末から明治初期の蒙古斑はまだ消えていない。

◆アイデンティティの模索

海外渡航は外国の異文化に触れる機会であるとともに、それに照らして自国をより深く理解するようになる機会でもある。

一八六八年に明治維新を達成した新政府の指導者たちは、日本の近代化をどのような方向へ進めるかについて悩んでいた。明治維新は幕府から天皇へ、幕藩分権体制から中央集権へ、鎖国から開国へという大改革であった。骨格は決まったけれども、それをどのように肉付けして近代化を達成するのか。これについての明確なビジョンは固まっていなかった。この指針を得るため、維新から四年後、新政府は欧米への長期にわたる壮大な使節団を編成した。いわゆる岩倉使節団である。

行程はまずアメリカに渡って大陸横断し、その後欧州各国を歴訪する。イギリス、フランス、プロイセン、ベルギー、オランダ、デンマーク、スウェーデン、イタリア、オーストリア、スイス、ロシアなどである。帰路はアラビア、セイロン、インド、東南アジア、中国を経由して帰国するという地球一周の旅である。一八七一（明治四）年一二月に出発し、一八七三（明治六）年九月に帰国する。六三二日を要した長期間にわたる旅であった。使節団の公式目的は、条約締結国を訪問して元首に国書を渡すこと、改正時期を一八七二（明治五）年に控えた幕末の不平等条約改正の予備折衝である。しかし、真の狙いは西洋文明を徹底的に現地調査して列強台頭の由来を探り、近代化の指針を得ることであった。

この狙いは使節団の構成に明確に現れている。特命全権大使は右大臣岩倉具視、副使は参議木戸孝允（桂 小五郎）である。右大臣、参議は左大臣、大納言とともに、明治政府の中枢を構成した。

中枢人物の半分が使節団に加わったのである。副使には、大蔵卿大久保利通、工部大輔伊藤博文、外務少輔山口尚芳もいた。現代風にいえば、大蔵卿は財務大臣、工部大輔は経済産業省次官、外務少輔は外務次官に次ぐ局長クラスの役職である。

政府中枢と重要閣僚からなる使節団は、明治新政府リーダーの半分近くを占めていた。木戸孝允、大久保利通は西郷隆盛とともに、明治維新を達成した維新の三傑である。さらに大久保、伊藤は、この旅以降に明治政府の中枢を担い、法制整備や富国強兵のための殖産興業を推進して日本近代化の礎を築いた。岩倉使節団は明治近代化の主役を含んでいたのである。

これに書記官、さらに軍事、司法、文教、工業技術など特定テーマを調査研究する理事官を加えて、使節団の総勢は四八名であった。この使節団には身の回りの世話をしたり、通訳などを受け持つ随行者、随員が三〇余名いた。さらにアメリカ、イギリス、フランス、ドイツ、ロシアなどへの留学生を三〇名近く連れて行ったので、横浜出港時の総数は百名を超えていた。大使随行の久米邦武は、帰国後に岩倉使節団の旅の様子を、「特命全権大使米欧回覧実記」と呼ばれる膨大な日記風の旅行記にまとめた。

久米はのちに東京帝国大学、東京専門学校（早稲田大学の前身）で歴史学教授を務め、日本の近代史学の創始者になっただけあって、訪問国、訪問地の歴史、風土、法制、政治、経済、産業、技術、教育、文化などについてのその観察は鋭く、記述は詳細である。それは当時の世界事情を的確に映し出している。現代の多くの視察団が出す軽薄な報告書などはこの足下にも及ばない。この旅行記を読む者は、ペリー来航以来わずか二〇年ほどで日本人が近代文明の意味や世界事情を掌握するにいたったその速度に驚嘆するであろう。また今でもこの旅行記を携えて欧米を旅すれば旅の興趣はさらに増すはずである。

使節団一行はどのように旅をしたのだろうか。異国に出れば珍しい風物、習俗に驚く。それとともに、旅人の心には自国の姿が浮かぶ。この比較によって、異国事情の意味を考え始める。これはだれもが経験することである。しかし、使節団はこれを個人の胸中にとどめず、それぞれの感想を議論し合い、共通の感触にまで高めていった。異種の見方を統合して、当初誰もが気づかなかった共通意見を生み出すディベートを行っていたのである。この種の議論はアメリカ到着後一ヵ月ほどたってからすぐに始まっている。

使節団一行の列車がサンフランシスコから海岸山脈のトンネルをくぐり、広漠としたカルフォルニヤ平原が、天に溶け込むまで真っ平らに続いているのを見てから、誰もがみな、アメリカの開拓実情について深い関心を抱くようになった。川を見ればその水運の状況や灌漑用水の利用状況に注意し、平野を見れば土地や道路の様子を見つめ、山のなかを走れば木材や鉱山の開発状況、村の駅を通過すれば集落の生活状況に目を注ぐというように、目撃したすべてのことは何でも車内における論議の種となったのであった。

「ネヴァダ、ユタでは貴金属の利益について論じた。…ロッキー山脈では広野と鉄道について論じ、ミシシッピー川を渡るさいには水運のことを語った。…いずれも未開拓地の開発について、多くの感触を得たのであった。」（『米欧回覧実記1　アメリカ編』）

旅行中に種々なテーマについてこのディベートをたえず行っていたのであろう。旅行記には日本の近代化への方向示唆が各所にちりばめられている。西洋文明について何を見習うべきか、日本文明について何は保持すべきか。旅行記の方向示唆は、近代化を目指して日本はどのような国か、何をなすべきか、つまり日本のアイデンティティを確立しようとするものであった。

広大な未開の大地が開拓され繁栄しているアメリカを見て、日本との貧富差があるのはなぜかを問うている。使節団の解答は世界の大きな富は資源や資本の多寡に関わるのではなく、それを利用する能力に関わるということであった。たとえばアメリカの農業はなぜ成功したのか。それは自主の精神があり、また運河、機械化など物流技術を発展させたためである。

この根底には、抽象的な理論をもてあそんできた東洋人に対して、西洋人は実際的な科学を尊重してきたことがある。しかも教育によって知識を持つ民衆を育ててきた。両国の貧富の差はこれから生まれた。実学教育の重要性についての考え方は、使節団派遣と相前後して出た、福澤諭吉の『学問のすゝめ』（一八七二―七六年）によって広く日本人の間に共有されることになる。

一八七二（明治五）年八月一六日、使節団はイギリスに到着した。三ヵ月ばかりのイギリス滞在中、使節団は世界貿易で繁栄するイギリスを見た。商業繁栄の背後に、取引所、商工会議所、同業組合といった組織の機能があることを知って驚き、「日本人が商工業の興産や貿易の隆盛のことについてたいへん迂闊である」（『米欧回覧実記2 イギリス編』）と反省する。そして「農業への偏重をあらため、商業を盛んにするとともに農業も振興」することが必要だという認識に達する。しかし、貿易と興業で繁栄するイギリスとの発展格差はあまりにも大きかった。したがって、「英国を観察したけれども、そこから得た感懐は決して自分たちにすぐ参考になるなどとは思わなかった」のである。

一八七二（明治五）年一二月一六日、使節団はロンドンを発ってパリに向かう。出国からすでに一年がたっていた。使節団は米英仏を見て自国との格差を認識した。しかしそれ以上に重要な認識は、同じく欧米といっても各国がそれぞれの国情を活かして独自の発展を遂げている姿であった。ニューヨーク、ロンドン、パリといっても、その市場はまったく異なる様相を呈していた。博物館などを見学した後、西洋がよく日進月歩の実をあげるのは、その根本に昔のものを大切に思う心があることを知る。日本は独自の近代化路線を模索しなければならない。西洋の猿まねは近代化ではないとして次のようにいう。

「西欧の日進月歩の状況が日本に伝わって以来、軽薄で思慮の浅い連中は、旧来のものをそそくさと捨て去って新しいものを追いかけ、そのため新知識からはまだなにほどのものも得ないうちに、保存すべき古いものをたくさん破棄してしまって失われるような状態になっている。これがほんとに日進と言うことであろうか。…我々の身体は赤子が成長したものだ。…成長した自分の中には、かつての子供時代があるのである。これが進歩というもの、日進というものなのである。」（『米欧回覧実記3　ヨーロッパ大陸編上』）

日本はその国情にあわせて、独自の近代化路線を歩む必要がある。これは使節団が近代化について得た重要な結論である。

◆留学の効用

しかし、近代化の方向について、先進知識・技術を知る人材養成の重要性に限っては、幕末より明らかであった。このため、使節団にはイギリス、フランス、ドイツ、アメリカ、ロシアなどへの留学生が三〇名近く加わっていた。この留学の内容は幕末とは変わり始めていた。たんに大学で聴講などしながら海外滞在するというだけでなく、本格的な勉学を目指す者も含まれていたからである。

たとえば、金子堅太郎と平田東助はともにハーバード大学を卒業した。帰国後に金子は司法、農商務の大臣を務め、平田は貴族院議員として活躍した。団琢磨はマサチューセッツ工科大学を卒業した。平田東助はハイデルベルグ大学で法学の博士号を取り、帰国後に農商務、内務の大臣、内大臣などを努めた。

さらに驚くべきことは、留学生のなかには五名の女子留学生が含まれていたことである。しかもそのうちの三名は六歳から一一歳までの少女であった。女に学問は要らぬ。このような時代的風潮のなかでなぜ女子留学生をともなったのか。しかもなぜいとけない少女まで含んでいたのか。この企画は北海道開拓使次官・黒田清隆の発案であった。黒田はアメリカ西部視察によって、男と肩を並べて活躍する婦人に感銘を受けた。この種の女性を日本でも育て、北海道開拓に資するため、女子留学生が必要と考えた。しかも年少の者でなければ、この種の西洋文化は身につかないと考えたのである。

少女たちのうちで思春期を過ぎていた二名はアメリカ生活になじむことができず、病気などを理由にすぐに帰国した。しかし残りの幼い少女たちは森有礼などの世話を受け、アメリカで高等教育を受けた。彼女たちの名は山川捨松（出発時一一歳）、永井繁子（同九歳）、津田梅子（同六歳）である。山川は会津藩国家老の娘、永井と津田は幕臣の娘であり、いずれも明治維新にさいして賊軍とされた者たちの子弟である。明治維新で負け組に入ったその父兄は、この種の抜け道を辿る以外に、娘たちの将来はないと考えたのだろうか。

一〇年後に帰国したとき、彼女たちが大きく活躍できる舞台はまだ整っていなかった。しかし女

鹿鳴館夜会

©島 一恵

の才色を愛して彼女たちが踊れる掌《たなごころ》を差し出す男はいつの時代でもいるものだ。山川捨松はのちに元帥陸軍大将になった大山 巌の妻になった。妻となって一年後の一八八三（明治一六）年から明治政府は鹿鳴館を舞台に欧化政策を推進しようとした。鹿鳴館は外国賓客、外交官を接待するために設けられた社交場である。一八八七（明治二〇）年まで続いた鹿鳴館時代に、捨松はその美貌とアメリカ生活経験を活かして「鹿鳴館の花」となり、またその後婦人会や赤十字の理事として活躍した。

　永井繁子も後に海軍大将になる瓜生外吉の妻になり、女子高等師範学校（お茶の水女子大学前身）や東京音楽学校（東京芸術大学音楽学部前身）の教員として活動した。津田梅子は独身を通して再度留学し、帰国後に捨松や繁子らの協力も得て「女子英学塾」（現在の津田塾大学）を創学して、日本の女子高等教育の先駆者になった。男と同様に女の場合にも、海外留学の先駆者たちに社会はそれにふさわしい地位を与えた。西欧的教養を身につけた女は希有の存在であったからである。

初期の留学生は、欧米の技術や制度を吸収するために渡航した。明治維新から一〇年もたった頃以降になると、次には欧米の芸術を学ぼうとする留学生が登場する。とくに多いのは洋画家である。山本芳翠、松岡　寿、黒田清輝などであり、また川村清雄はもっと早くから渡米し、絵画を勉強していた。また洋風彫刻の長沼守敬、版画家の合田　清などもこのころに留学している。これらの人たちは、政治、経済、技術関連の留学生と同じく、それぞれの領域で帰国後に指導者になっていった。

留学というものが、その人のその後の人生にいかに役立つのか。留学の効用という点から見ると、留学先と日本との技術、技能、知識、情報などの格差に依存する。この格差が大きいほど、留学という旅は、留学生を先進文化や技術の日本への伝達者に変え、帰国後には貴重な人材になる。明治維新後数十年が経過すると、このような格差が縮まり、留学したからといってそれぞれの領域でかならずしも高い地位を保証するものではなくなった。近代で高い地位を占めた人の多くは留学経験者が多く、そのため留学は高い地位を得る必要条件の一つではあったが、留学すればかならず高い地位を得られるという十分条件ではなくなったのである。

しかし、留学の効用がなくなったわけではない。それは日本の近代化が進むにつれて、その社会の成熟のためにますます必要になる人材を創り出すからである。それは日本人、日本文化とは何かをより深く考える人材である。留学生派遣の初期には、ほとんどの留学生のまなざしは留学先に向けられていた。しかし、留学が先端的な行動でなくなってくると、留学生のまなざしは別の方向にも向けられるようになる。

留学のような異国、とくに先進国への旅は、同時に自国との比較を通じて、自国のアイデンティティにも向けれるからである。現在でも見知らぬ異国に旅すれば、異国の珍しい習俗に目を奪われるとともに、日本との差異に驚く。この差異を通じて、日本とは、日本人とは、日本文化とはといったことを考えるきっかけになる。柳田国男が旅は学び問うこと、つまり学問であるといい（柳田国男「青年と学問」）、林 周二が旅における比較思考の重要性を強調する（林 周二「比較旅行学」）のはこのためである。

近代にこのような差異を通じて日本社会のアイデンティティを確認することに、もっとも敏感に反応したのは、森 鷗外、夏目漱石、永井荷風など文豪たちであった。森 鷗外は陸軍軍医として一八八四（明治一七）年に留学し、八七年に帰国した。かれは堪能な語学によって、ドイツ社会に溶け込み楽しい留学生活を送った。文学にも関心のあった鷗外は、帰国後に「即興詩人」の翻訳や小説「舞姫」など、いわばバタ臭い作品の発表によって文壇にデビューする。しかし、年をとるにつれ、鷗外は「興津弥五右衛門の遺書」、「阿部一族」、「渋江抽斎」、「伊沢蘭軒」などの史伝物を中心に、日本人、とくに武士が大切にしてきた価値観や生活倫理を追究していくのである。

夏目漱石は一九〇〇（明治三三）年に文部省より英語研究のためイギリス留学を命じられた。帰国後に「我が輩は猫である」で文壇デビューを果たした後、教師を辞め文人になる。「坊っちゃん」で都会者と田舎世間の対立をユーモラスに描き、「三四郎」で地方出身者と大都会東京の世間との交流を描いて人気作家になった。しかし、「彼岸過迄」、「行人」、「こころ」といった晩年の小説で心血をそそいだのは、個人主義にもとづいて自我追求する生き方が、当時の日本社会ではどのような運命を生み出すのかという物語であった。これによって当時の日本社会を陰に批判したのである。

実業家の裕福な家庭に生まれた永井荷風は、一九〇三（明治三六）年アメリカに渡り、そこで数年暮らしたのち、あこがれのフランスに渡る。帰国したのは一九〇八（明治四一）年である。帰国後に、海外生活経験を活かして、「アメリカ物語」、「フランス物語」、「歓楽」などを発表するが、自由奔放な享楽の世界を描いた後の二著は発禁処分を受ける。その後荷風が辿った途は、明治の近代化によって次第に消えゆく江戸の街の情緒の痕跡を辿り、また隅田川沿いの花柳界を題材にした「墨東奇譚」のような小説を書くことであった。かれは日本文化の原風景を残そうとしたのである。

VI　日本美の再発見——近代の国内旅——

国内的に見ても、明治維新は日本の歴史上まれに見る大変化である。それは国内旅の様式にも大転換をもたらした。近世の旅の中心は、各城下町を通り抜け、江戸、京都、大坂、伊勢など主要な旅先や各地に散在する寺社を結ぶ、街道筋に沿った徒歩による旅であった。明治維新後の近代化や産業革命はこれら旅の様式を根底から覆した。旅から見ても、日本はまったく異なる国に生まれ変わったのである。

明治維新直後の廃仏毀釈運動や廃城令などは、全国の寺社、城下町の姿を変えた。これにより旅先のアメニティが変貌した。参勤交代の廃止、廃藩置県による旧大名の東京移住、武家階級の消滅によって、全国の街道筋に沿った旅人の流れが消えた。産業革命の推進にともない、鉄道建設が進み、汽船が導入された。これらによってできた交通ネットワークは、旧街道とは大きく異なるルートを生み出した。それにつれ、旧街道沿いの宿泊施設や商売は成り立たなくなった。

とくに鉄道は大量の人を高速で運び、地理空間と時間を圧縮する。千数百年にわたり、多くの旅人の移動を長期持続的に支配した徒歩旅がここに断絶することになった。全国各地への高速移動が可能になるにつれて、旅はいくつかの訪問先をゆっくりと結ぶ線から、たんに訪問先へ高速で移動し、跳びはねていくことに変化した。これによって旅とは何であるかのコンセプト自体が大きく変貌し始める。

近代化にともない、それまでの日本人にとってまったく異質な西欧文化が急速に入り込んできた。それにつれて欧米流の旅人のまなざしも入り込んできた。異邦人は日本人がそれまで気づかなかった日本美を自然や文化のなかに次々に発見していった。欧米流の日本美の発見に刺激されて、日本人はその美学の再構成を迫られた。これによって全国各地が訪問先として持つアメニティの再編が始まることになる。

◆旅路の大転換

明治維新は日本社会の大転換であった。激しい時の流れは、鎖国から開国へ、幕府による分権的封建国家から天皇を中心にする中央集権国家へ、士農工商から一応の四民平等へ、農業国家から産業国家へと向かっていた。この流れのなかで、旅の様相も激変した。何よりも旅の伝来のインフラが消滅し、文明開化を謳った新しいインフラが急速に現れたからである。近世の旅様式を支えていた主要基盤が崩壊した。

まず旧来の旅先のアメニティが変化した。江戸時代に多くの旅人は各藩の城下町を行き来した。各藩の風土、生活文化を反映した城下町は、それなりの郷土色のなかにアメニティを持っていた。また旅人はたとえ巡礼でなくとも、由緒ある神社仏閣に参拝した。寺の宿坊は巡礼などの旅人に仮の宿を提供した。これら旅先のアメニティ変化は明治維新直後から始まった。

神仏分離令（一八六八年）、大教宣布（一八七〇年）などによって、政府は神道と仏教を分離して、とくに神祇制度をその管理下に置いた。これに従い一八七一（明治四）年になると、全国からの伊勢参りなどを支えていた御師制度が廃止された。神官と百姓の中間に位置づけられていた御師という身分がなくなったのである。

御師が行ってきた、御祓大麻の作成や神宮暦の頒布は神宮自体が行うようになる。廃止直前、伊勢の山田では四八七家、宇治には一七四家の御師がいた。制度廃止によって、かれらはその地位を失った。御師の館も制度基盤を失い衰微していくことになる。伊勢参りへの旅人を全国から動員してきた仕組みが崩壊したのである。

政府の意図は仏教排斥ではなかったが、神仏分離令は明治の元年ごろから四年にかけて廃仏毀釈の嵐を呼び起こした。廃仏毀釈とは寺院、仏像、文物を破毀し、寺院や僧侶が持っていた特権を廃止することである。神道を重視する国学者や、僧侶の支配を受けていた神官の一部がこの機会を捉えて、仏教排斥を目指して民衆を扇動したのである。恐れをなした僧侶は、還俗して寺を去った。

多くの寺がその管理者を失って荒廃したり消滅した。

寺だけではない。神社もその性格を変えた。平安期以降、多くの神社が神仏習合の思想（本地垂迹説）にもとづき、神が仏の姿をとっているとして仏も祀っていたからである。これらの神社はご神体、仏塔、仏具などを除去した。仏教系の建物・文物はその管理者を失った（坂本是丸「神仏分離・廃仏毀釈の背景について」）。

現代風にいえば仏教系文化財の多くが海外流出したり、売りに出されたり、破壊されただけではない。たとえば、徳川家霊廟として栄華を誇った増上寺なども神社化し、僧侶と巡礼用の建物、寺院、共同宿舎を政府のお雇い外国人の宿舎に割り当てた。現在、国宝指定されている興福寺の五重塔なども売りに出され、薪にされようとしていたといわれる。

政府の介入により排斥運動自体は一八七四（明治七）年にはおさまったが、廃仏毀釈運動は多くの寺を廃寺に追い込み、また荒廃させた。宿坊などが荒廃し、旅人の宿舎機能を支えていた、各地にまたがる知人・友人・同宗派などの人的ネットワークも寸断された。寺社が訪問先として持つアメニティを喪失させたのである。

同じ頃の一八七一（明治四）年には廃藩置県が実施された。江戸時代には全国各地は幕府の直轄地や数百の大名の領国に分かれていた。各大名の統治様式は多様であり、一種の地方分権が日本全土に行き渡っていた。それによって郷土色豊かな地域文化を創り出していた。廃藩置県は直轄地、領国を統合してより少ない府県とし、明治政府による中央集権を確立した。狙いは欧米列強による植民地化を防止する一方で、徴税を一本化し国家財政の安定化を図ることであった。

廃藩置県によって、それまで領国の知藩事となっていた旧藩主は失職し、東京への移住が命じられた。かれらの多くは華族となってその経済基盤を保障されながら、東京に在住することになる。しかし各領国の武家階級の多くは廃藩置県にともなう秩禄処分によって経済基盤を失った。かれらは職を求めて東京、大阪、福岡など主要大都市に移住した。参勤交代は一八六四年の禁門の変以降は実質的にほとんど行われなくなっていた。旧藩主の東京移住や領国での武家階級の消滅は、各領国と江戸（東京）を結んでいた旅人の大きい流れに死を宣告した。旅客を失った街道筋の宿駅が衰微していった。

江戸時代に各領国には城下町があった。その中心にそびえる城の白壁、意匠を凝らした天守閣は地域文化と景観の中核を占めていた。郷里といえば、多くの人はまずその城の姿を思い浮かべるのが常であった。しかし、一八七三（明治六）年廃城令が出ると、ほとんどの城はその伝来の城郭構造物、石垣、樹木を整理された。後にできたのは、陸軍の兵営、地方団体の建物、学校、公園などである。こうしてほとんどの城下町は城を失い、武家屋敷街を荒廃させることによって、その都市景観をまったく変えてしまった。夜の闇とそこに輝く灯火だけが、街の荒廃や衰微を覆い隠すようになる。

新しい時代が旧来のものに死を告知したとき、幸いにして生き残った少数の遺物は詩的な姿を取り始める。姫路城、彦根城、松本城、熊本城などや、松江、角館《かくのだて》などの武家屋敷が今日に多くの観光客を吸引するアメニティになっているのはこのためである。今では小さい城址さえも、訪れる観光客の詩情をそそっている。こうした事態を生じさせたほど、廃藩置県や廃城令は街の景観、文化を変えてしまったのである。

道路事情も大きく変わる。一八六九（明治二）年には各街道の関所が廃止され通行自由になった。一八七二（明治五）年には街道筋の宿駅にあった伝馬所と助郷《すけごう》が廃止された。これらによって旧街道は主要交通路としての歴史的使命を終えた。このころから乗合馬車が登場したので、各地で道の拡幅など道路整備が始まっていた。乗合馬車は鉄道がまだ敷設されてない地域を鉄道と結んだ。しかし、それは東京など大都市の主要道路や、外国人が往来する主要街道などに限られていた。

明治維新から西南戦争の終結までの一〇年間は、江戸風と明治風がとくに激しく交代する時期であった。その直後の一八七八（明治一一）年五月一一日に、イギリスの旅行家・紀行作家のイザベル・バードが日本旅行を試みるため横浜に着いた。六月から九月にかけて、彼女の旅路は、まず横浜、東京、日光へと、それまで多くの外国人が往来した道をたどった。

しかし、日光から新潟、東北の日本海側、そして蝦夷への旅路は、それまで外国人が往来しない道であった。良い道では人力車、そうでないところは荷馬で旅をした。旅人とその荷物を馬に乗せ、

農村風景

©島 一恵

馬子《まご》人足がそれを引いたのである。全国各地に支店を持ち、旅人に荷馬と人足の手配をする東京の陸運会社のサービスを利用したのである。旅の伴は東京で雇った通訳の若者一人である。

彼女の旅行記「日本奥地紀行」によると、東京都内の主要道路や日光にいたる街道筋は良く整備され人力車で快適に旅することができた。日光周辺には外国人の接待にも慣れた快適な宿舎を楽しむことができた。しかし都市内の主要道路以外の道や、外国人往来のない地域では主要都市間でも、幅一・二メートルから二・四メートルの、雨が降ればぬかるむ細い道があるだけであった。

彼女は外国人が往来する地域とそれ以外の地域との貧富の格差に驚く。中小の街での宿屋はひどく、部屋は障子で隔てられているだけなのでプライバシーも確保できなかった。夜遅くまで宴会などの騒音や蚤と蚊の来襲に悩まされた。村では貧相な家が多く、男たちはふんどし一つで野良作業をしていた。また城下町栃木のひどさに落胆し、開港地の新潟でもその欧風建物の美観をけなしている。

現代でも発展途上国を旅すれば、外国人観光客が泊まるホテルは発展国と遜色なく、またかれらがよく往来し、その眼に触れる町並みは整備されているところが多い。外国人向けの顔をした地区を離れれば、目に飛び込んでくるのはあまりにも激しい格差の貧困である。バードが旅行した時代の日本もこれと同じような状況にあった。明治維新になってまず整備されたのは、外国人向けの外面であり、その背後には貧しさが隠されていた。

◆鉄道で変わる空間移動

イザベル・バードが来日したとき、鉄道は横浜・品川間、神戸・大阪・京都間にしかなかった。横浜・品川間（明治五年）、大阪・神戸間（明治七年）、大阪・京都間（明治九年）の開業である。明治政府が鉄道建設を決定したのは一八六九（明治二）年のことである。推進したのは大隈重信と伊藤博文である。かれらはそれぞれ中央集権体制の推進を目指す民部大蔵省の大輔《だいふ》（次官）と少輔《しょうふ》（局長）であった。民部大蔵省は徴税と財政を司っていた。

鉄道の黎明期では、その建設推進は困難を極めた（原田勝正「明治鉄道物語」）。その全国敷設に関しては、政府部内でも賛否の意見対立があった。何よりも問題は、その建設のための資金調達であった。用地買収だけでなく、機関車、架線資材の輸入や多くの外国人技術者の雇用のため膨大な資本を必要とした。しかし、鉄道は産業革命の推進には不可欠であった。それによって全国が一つの市場として統合されていくからである。また軍部も兵員動員のために鉄道の重要性を次第に認識するようになっていった。

政府の財政が逼迫していたので、明治一〇年以降の鉄道建設の多くは、旧大名・貴族の華族資本を背景にした民間建設に頼ることになる。私鉄が東京をその近郊都市と結び、また阪神地区から奈良を通って名古屋まで結んだ。札幌を函館と結び、青森を盛岡、仙台を経て上野に結び、神戸から下関、また北九州の主要都市間を結んだのも私鉄であった。国鉄が担当したのは主として東海道線、北陸線、直江津・上野間、青森・福島間ぐらいである。一八八九（明治二二）年には新橋と神戸間が全通して二〇時間で行けるようになった。一八九六（明治二九）年には急行列車ができ、一七時間二二分に縮まった。

鉄道は旅の安全性を大いに向上させ、移動時間を大幅に短縮した。欧米のように馬車旅行を経由せずに、徒歩から一気に汽車による旅へ移った日本では、その時間短縮は衝撃的であった。日本の地理空間移動は鉄道によって何十分の一に短縮された。かつては一泊を要した品川・横浜間は片道五三分になり、二週間前後を要した東海道も片道十数時間で行けるようになった。現在でも移動速度と宿泊ビジネスは競合関係にある。移動速度の向上によって、宿泊の必要性がなくなるからである。このため、鉄道旅行は多くの人によって支持され客数が伸びていった。

一八九七（明治三〇）年に一等、二等、三等に改められるまで、客車は上等、中等、下等に分かれていた。一八七二（明治五年）末の横浜から品川までの運賃は、上等一円一二銭五厘、中等七五銭、下等三七銭五厘であった。職種的に見れば、その日給平均賃金がもっとも高い陶器職でも一八八七（明治一〇）年に五〇銭であることから、鉄道運賃の高さが判断できよう。

その汽車に乗ったバードの観察によれば、一等車は赤いモロッコ皮を張ったクッションのきいた豪華な造りになっていたが運べる客数はとても少なく、二等車の高級ゴザを敷いた快適な座席も座ってる客はわずかであったが、三等車には日本人乗客で一杯であった（『日本奥地紀行』）。上等車は華族、中等はその他の上流階級、そしてそれ以外は下等車を利用したのであろう。

一九〇六（明治三九）年になると、鉄道国有法成立によって、私鉄一七社が買収され、鉄道の全国網が統合された。当時の路線図を見ると、北海道の僻地、山陰、四国南西部、九州東部を除けば、全国の主要都市へ鉄道旅行ができるようになった。北海道の地域も文明化した。日本海側の雪国で

国有鉄道路線図 1907（明治40）年

は、それまで冬期にはその地域内でも移動が難しく、また他の地域から完全に閉ざされていた。鉄道はこの雪国地帯をその内部で移動可能な地域とするだけでなく、太平洋側の地域とも結びつけた（柳田国男「明治大正史」）。人、モノの移動が年間を通じて可能になった。

　しかし、誰もが鉄道を利用して遠距離旅行をしたわけではない。収入に対して運賃が高すぎたからである。たとえば、一八八九（明治二二）年から一九一九（大正八）年まで、新橋・大阪間の運賃は三円五・六〇銭で一定していた。その間に日本人の大半を占めた農民について、男の農作日雇い賃金の月額は、三円一八銭から三円四〇銭の間を変動した（森永卓郎監修、「物価の文化史事典」）。大阪から東京に鉄道で行くのに、多くの小作農民などはほぼ一ヵ月あまり働かねばならなかった。鉄道による旅を個人負担でできたのは、上流階級や少なくとも中流の人たちだけである。

鉄道国有法ができたのと同じ年に、明治の文豪の幸田露伴は、雑誌に「旅行の今昔《こんじやく》」と題する小文を寄せた。そのなかで旅の性格の大変化を指摘していう。

「鉄道や汽船の勢力が如何なる海陬《かいすう》（＝海辺にある寂しい村）山村にも文明の威光を伝える為に、旅客はなんの苦なしに懐手で家を飛び出して、そして鼻歌で帰って来られるようになりました。其の代りに、つい二三十年前のように詩的の旅は自然と無くなったと申して宜しい、イヤ仕様といってても出来なくなったのであります。」

近世での旅姿は、草鞋《わらじ》、紺の甲掛け、三度笠、桐羽合羽、振り分けにして行李を肩にといった格好であった。露伴によれば、この旅装束は歴史の闇に消えた。金があって地位があって威張ってみると、「お茶壺」旅行ができるようになったという。かつて将軍御用のお茶壺が大名行列と同じ格式で東海道を下ったように、これらの人の旅行では、汽車の上がり下がりには赤帽が世話をし、食堂車があり、寝台車があり、停車場には宿屋の手代が控えていた。

昔の俳人歌人の行脚にあった苦行的・修練的な意味は消えうせ、日本内地の旅は伊勢参りと同じような遊山旅となった。可愛い子に旅をさせても、宿屋で酒を飲むことや女をからかったりすることをおぼえ始めるくらいがおちになった。普通の旅では、真実に自然に接したり野趣の中に身を置いたり、修行的に何かを得ることはできなくなった。芭蕉が行ったような奥の細道の旅は、しようと思ってもできなくなったのである。

鉄道旅行は、露伴のいうように、その便利さによって旅の性格を変えただけではない。旅という地理空間移動そのものの内容も大きく変える。

伝来の街道沿いの徒歩旅では、路は山を越え谷を下り、曲がりくねっていた。それによって旅人の立ち位置は絶えず変化した。谷底から切り立った山を眺め、峠から平野を見下ろした。曲がりくねった路に沿って、山姿が変わっていった。この多様な立ち位置の変化によって、旅人はたえず姿を変える景観を楽しむことができた。街に着けば、街道はその中心部を通り抜けていた。街道を辿る旅はひっきりなしに続く、さまざまな風景、習俗の印象群を旅人に経験させた。江戸の浮世絵師たちは、それらを各街道の名所図会として残した。

しかし、線路を走る汽車ではニュートン力学の作用を受ける。このため鉄軌道はできるだけ直線とし、また平面にする必要があった。直線とする要請によって、線路は旧街道とは異なる路を通らねばならなかった。平面とするために、トンネルが掘られ、鉄橋が架かり、切り通しが造られた。鉄道線路は地形を裁断して造られたのである（ヴォルフガング・シベルブシュ「鉄道旅行の歴史」）。

たとえば、新潟県の上越と中越の境には米山がある。その麓の米山峠にはかつて旅人を取り締まる鉢崎関があり、頂には米山薬師があった。米山を下ると鯨波に出る。それから柏崎・出雲崎を経て寺泊へ出て行く海岸路に出れば、北海の怒濤が荒涼殺伐とした浜辺に打ち寄せる風景に出会う。この路は芭蕉が奥の細道の旅で詩情を心に抱きながら辿った旅路であり、名所図会にも描かれた風景である。しかし鉄道になると、線路は米山山脈をトンネルでくぐり、鯨波を離れると海岸から離れていく。

伝来の街道は各城下町の中心部を貫通していた。しかし、線路は各都市の玄関口をかすめるだけになった。その名残として、現在でも鉄道駅が街の伝統的中心部から離れている都市が結構ある。岡山、熊本、宮崎などはその例である。大阪駅や東京の新橋・品川・上野などの駅も、できた当時は街の中心部から離れ、いわば玄関口のような位置にあった。多くの駅舎はその表口が街の中心部方向に向かい、まだ十分に都市化されない地域を背にしていた。街の中心部は地代が高いだけでなく、街の住民たちが中心部を貫通することを嫌ったからである。したがって鉄道の旅は、街を通過してもその玄関口あるいは外れだけをかすめる旅となった。

汽車は駅間を高速で走り、空間を抹殺する。その間に旅人が眼にする風景もまったく変わってしまった。線路が従来の街道とは異なっただけではない。列車の構造自体によって、旅人が見える風景は車窓を通じてのものだけになった。しかも高速で移動するために、遠くの風景がパノラマ的に見えるだけである。

かつて徒歩による旅人が経験したような、全方位的な景観、移動するにつれて変わっていく音、匂い、路傍の人との語らいは消滅した。旅は目的地に向かって高速移動するだけになり、移動過程そのものの楽しみが消えた。語り合う同行者がいなければ、新聞・本を読むか、食べるか、それとも寝るか。車窓風景に飽きると、車内は目的地到着までの時間を堪え忍ぶ退屈な空間となった。漱石の小説「三四郎」で、主人公が熊本から東京に向かう車内記述はこのような状況を映し出している。

◆ホテルの誕生

鉄道のような交通機関だけではない。まったく新しい宿泊施設も登場する。ホテルである。伝来の旅館と比較すれば、ホテルは広いロビー、プライベート空間の確保、宿泊と飲食の分離といった特徴を持つ。幕末の一八六三年には横浜外国人居留地に横浜クラブやウィンザーハウスといったホテルが現れていた。

明治になると居留地のホテルはさらに増える。一八六八（明治元）年には東京築地の居留地に築地ホテル館、オランダホテルが建てられ、一八七〇（明治三）年には長崎の居留地にバンクエクス

横浜グランドホテル

©島 一恵

チェンジホテル、コマーシャルホテル、ベルビューホテル、大阪の外国人居留地にも欧風亭ホテルが開業した。横浜ではイギリス公使館跡地に横浜グランドホテルが開業した。横浜グランドホテルは一八七三（明治六）年に改装され、さらに一八八九（明治二二）年には隣接地に新館を増設して横浜を代表するホテルになった。まだ発展途上国の面影を残す横浜海岸通りに、西洋の近代ホテルにも匹敵するホテルが誕生したのである。

生成期のホテルは外国人居留地に建てられた。多くは外国人によって経営され、なかには客を外国人に限定するものもあった。それ以外は日本文化を代表する都市である京都や訪日外国人の多くが観光や静養に訪れる場所に立地した。この時期のホテルはその標的顧客を外国人に置いていた。まったく文化の異なる国を訪問するとき、旅人が一番心配することは宿舎、食事、安全性である。ホテルはとくに西洋訪客の食事や宿舎の心配を取り除き、立地地域の他の部分から隔絶した異質空間を提供した。少なくともホテル内は、かれらの母国での居住空間と変わるところはなかったのである。

一八八〇年代の終わりごろから、ホテルの立地にも新しい動きが見られる。そのきっかけになったのは帝国ホテルの建設である。当時、大日本帝国憲法の発布が間近に迫っていた。外務省は第一次伊藤博文内閣の初代外務大臣であった井上 馨を動かした。井上は鹿鳴館を建設し、欧化政策の旗振り役でもあった。井上は鹿鳴館に密接に関連したホテルとして、帝国ホテルの建設を実業家たちに働きかけたのである。建設の理由は、首都にホテルが一つもないのは国辱であるということであった。

実業家たちは当初渋ったが、政府（宮内省）と共同出資というかたちをとって有限責任東京ホテル会社（後に有限責任帝国ホテル会社）を立ち上げた。出資した事業家たちは、渋沢栄一、岩崎弥之助、大倉喜八郎、益田 孝、安田善治郎などである。いずれも主要財閥のリーダーたちであった。帝国ホテルは一八九〇（明治二三）年から開業した。その後、京都、名古屋、横浜、長崎、神戸などの非居留地にもホテルが建ち始める。

一九〇九（明治二四）年になると、二八のホテルが参加して日本ホテル協会が設立される。このような業界団体の成立は、ホテルという新しい宿泊施設が日本に定着したことを示している。旅の文化研究所による「旅と観光の年表」は、ホテル開業の年次と場所を記している。それをデータベース化して、日本ホテル協会設立までの立地場所を見れば、横浜六、東京四、神戸三、京都・大津三、大阪二、日光、箱根、鎌倉、軽井沢、そして名古屋、仙台が各一となっている。居留地、観光地、大都市がその立地場所であった。

明治の初めから大正期の初めにかけて、日本国内を旅行していたのは、日本人よりもむしろ外国人であった。国別では中国人がもっとも多かったが、アメリカ、イギリス、ドイツ、フランス、ロシアなどの諸国の西洋人も訪日した。西洋人旅行者の合計は中国人をはるかに上回る。一九一七（大正一七）年には、ホテルの収容能力を上回るようになった。

それらに対応するため、ホテルの建設が続いた。東京や阪神地区では、その居留地以外に立地するホテルがさらに増えただけではない。軽井沢、逗子、菅平、六甲山などのリゾート地や松島、鬼怒川、宝塚、雲仙、高松などの観光地にもホテルが拡がっていった（「旅と観光の年表」）。近代初期のホテル整備は、日本人旅行者のためではなく、観光外客を受け入れるための設備であった。

これらのホテルの主要な役割は、観光外客に対して日本の表舞台を華やかに用意することであった。観光は演劇の演技にもたとえられる（J. Urry and J. Larson, The Tourist Gaze 3.0）。観光客は訪問地で文化、歴史遺産、宿泊施設、食事を経験する。これらの経験は空間的に限られた場所で生じ、その意味で演劇の舞台に似ている。しかも、この舞台は観光業者によって管理されている。この舞台で観光客は観光業者と出会うのである。観光はこの種の舞台で観光客と観光業者が出会い、触れ合う演技とも見なすことができる。観光が演劇の演技にたとえられるのはこのためである。

観光外客が日本各地をくまなく旅行すれば、種々な舞台に出会うだろう。しかし、当時の日本は発展途上国であった。列強に伍することを国家目的にしていた日本は、そのすべてを、とくにまだ貧しい国民の多くが生活している場、いわば日本生活の真の姿を示す裏舞台を見せるわけにはいかなかった。欧米との生活実態とはあまりにも格差があったからである。こうして日本政府や観光業者はとりあえず、観光外客に見せる外面としての表舞台を整備する必要があった。洋式ホテルは、鉄道の一─二等車や日光などへの主要街道整備と同じように、この外面を華やかに見せるための設備だったのである。

◆観光コンセプトの芽生え

表舞台を整備しても、観光外客をそこに立たせるよう誘導しなければ、その誘致は成功しない。次に必要であったのはその誘導のための組織であった。

産業界も観光外客誘致の必要性に目覚め始めていた。一八九三（明治二六）年に、産業界の重鎮渋沢栄一と三井の大番頭といわれた益田孝が中心になって貴賓会を設立した。その目的は外客を歓待するため、その行楽の快楽、観光の便利を提供して彼我の交際を密にし貿易の発達を助長することである。事務所は帝国ホテル内に置かれ、事業としては旅館、ガイドの質向上の勧告、観察視察の便宜提供、人の紹介、案内書・地図の刊行を行った。貴賓会のメンバーには、民間人だけでなく、多くの官経験者や官僚が入っていた。（中村宏「戦前における国際観光（外客誘致）政策」）。

貴賓会の設立は、旅行に関する当時の国際的潮流も踏まえたものである。欧米では一九世紀の中頃から、鉄道などを利用した団体旅行が始まっていた（ヴィンフリート・レシュブルグ、「旅行の進化論」）。一八四一年に、トーマス・クックは割引料金の臨時列車を仕立ててイギリス国内旅行を実施した。近代旅行産業とその中心になる旅行者代理店事業の歴史の始まりである。団体旅行は、交通、宿泊、案内など旅行関連サービスをパック化した旅行商品である。これにより旅行それ自体が商品化された。一八五五年のパリ万博はこの団体旅行の領域を外国旅行に拡げるきっかけになった。

団体旅行では、現在のパック旅行に見られるような、ほとんどの旅行サービスが提供されるようになった。宿泊券、食事券、乗車・船券を綴り合わせたクーポン券、出入国、両替、観光地情報の世話をするガイド、現地での通訳などである。トーマス・クック・アンド・サン社は世界中に支店を拡げ始めた。アメリカ、ドイツ、オランダでも同社を手本として代理店が設立され、その後を追随した。

貴賓会はその主要標的をその名の示すごとく上流の観光外客に絞っていた。貴賓会会員の財閥リーダーたちはこれら賓客を自宅の庭園などに招じ、人的交流を強めて商売の種にしようとしていた。しかし、西欧人による海外団体旅行の行き先は、各国への航路が拡がるにつれて世界に拡がりつつあった。日本でも外国人の内地旅行制限が解かれた一八九九（明治三二）年以降、これらの代理店を通じての訪日客が増えてきたのであろう。そのため、上流外客だけでなく、より広い観光外客を誘致する組織が必要になった。

一九〇六（明治三九）年に鉄道国有法が成立した。全国的な鉄道網が官設鉄道に一元化される。一九〇七（明治四〇）年になると、この国有鉄道が外国人観光客用に、トーマス・クック社を介して、特定区間の一―二等往復回遊乗車券やその引換証を販売し始めた。その翌年には鉄道院が設置された。鉄道行政の中央官庁である。一九一二（明治四五）年には、この鉄道院が音頭をとって、ジャパン・ツーリスト・ビューローが創設される。

このビューローは現在の株式会社ジェイ・ティ・ビーの組織的根源である。会長には鉄道院の副総裁が就任して全体を統括するとともに、鉄道院の職員を多く派遣した。南満州鉄道、日本郵船、大阪商船、帝国ホテル、三越、高島屋などが出資した。交通、宿泊、小売における日本近代化のリーダーたちのそろい踏みであった。このビューロー創設にともない、貴賓会は一九一三（明治四六）年に解散した。

ビューローは外客誘致とその便宜を図ることを事業目的として掲げた。その事業は、営業業務の改善、風景事物の紹介、旅行に必要な情報提供、漫遊外客の利便促進などである（中村宏「戦前における国際観光（外客誘致）政策」）。ビューローは、鉄道院総裁応接室に事務所を置き、国内の主要地だけでなく、海外にも支所、代理店を配した。当初、その業務は対外広報・宣伝や外国人旅行者の誘致・斡旋・接待にあった。これによって外国旅行団が来るようになった。ビューローの職員はそれに同行し、東京、名古屋、京都、奈良などの都市や、日光、鎌倉、箱根、軽井沢、雲仙、瀬戸内海などを案内した。

貴賓会からビューロー設立への流れは、それらの活動を貫く旅についての新しいコンセプトを誕生させることになる。観光というコンセプトである。現代的用法では、観光は自由時間を利用して娯楽のために日常的生活圏から離れた場所に旅することである。しかし、近代に誕生した観光の意味はこれとは異なっていた。その意味は観光という漢字熟語の本来の意味に沿うものであった。

漢文の訓読を使えば、漢字熟語はすべて文になる。観光という熟語は「光」を観るという文の簡略形である。古語で「光」には、花形、栄え、威光などの意味もある。観光という熟語は、中国五経の一つ「易経」のなかの「国の光を見る。もって王に賓たるに利ろし」（＝国の威光を見るために訪れ、その国王から賓客のもてなしを受け、その国事に力を致すがよろしい）からとられたこともあって、この光とは国の光を意味した。つまり国の栄華、威光を示すような場所、建築物、文化などである。

だから観光は国のこのような見所の視察・見物を意味した。

国学者の物集高見《もずめたかみ》が編纂した「広文庫」は、主要故事・事項が近世以前に書かれたどのような古文献に現れているかをしめす全二〇巻に及ぶ類書（＝一種の百科事典）である。この「広文庫」を見ても、「観光」という事項は現れない。近世以前では観光という用語は広く使われていなかったと見なしてもよかろう。これに類する用語として「漫遊」があった。しかし漫遊の意味は観光とは違う。観光が国の光を見物視察することであるのに対して、漫遊はあくまでも個人の心のままに所々を遊歴することを意味したからである。

国会図書館の蔵書を検索してみると、明治末期になって「観光」という事項を含む書籍が登場する。丸山正彦の「涙痕録」や山田寅之助の「羅馬観光記」などである。「涙痕録」は西欧諸国の先進産業などなど国の繁栄を視察した記録であるし、「羅馬観光記」はローマ帝国が残したその栄光の跡を見物した記録である。いずれも国の光を見るという点で、観光という言葉の当時の用法に従っている。

近代において登場した観光という新しい用語は、主として観光外客に日本の国の光を見物させるという意味合いで登場した。これを広く一般に普及させるきっかけになったのは、一九三〇（昭和五）年の国際観光局の設置である。この設置は浜口内閣の下に設置された国際貸借審議会の答申にもとづくものであった。その狙いは、観光外客の誘致によって、当時日本経済を苦しめていた外貨不足を補うことであった。

国際観光局の主要な事業は、海外宣伝、海外斡旋機関、観光地・観光経路の選定、ホテル、観光地への交通機関、観光地での設備、外客に接する観光業者の指導、税関・警察・地方観光機関との連絡など、観光外客の旅を国の光へ誘導し、その旅を快適にするインフラ整備であった。国際観光局はその政策遂行のため種々な政策受け入れ組織を整備し、その過程で観光という用語を一般に普及させていった。その過程で観光という用語は、外客にとどまらず広く一般の旅行者が名所・旧跡・景勝地などを見物するという意味へと拡大していったのである。

◆国内旅行業者の誕生

明治後半になると、観光外客の誘致と並行して、国内旅行業者も芽生え始める。その先鞭を切ったのは南 新助である。かれは草津駅構内の立ち売り事業や食堂車の経営などを手がけていたが、一九〇五（明治三八）年に高野山参詣と伊勢神宮参詣への団体旅行を世話することに成功した。また一九〇八（明治四一）年には、貸切臨時列車を使った善光寺参詣団を企画し、江ノ島・東京・日光なども回る旅を募集して四五〇名を集めた。かれの組織は、大正の初めには日本旅行会と称するようになり、日本初の民間旅行代理店となった。現在の株式会社日本旅行の組織としての根源である。

日本旅行会が行った革新は、旅行派遣元を営業的に開拓して種々な団体旅行商品を開発したことである（旅の文化研究所「旅と観光の年表」）。一つは近世（江戸）期に盛んであった社寺参詣を、鉄道を利用した団体旅行という近代的装いのもとに復活させた商品である。創業のもとになった高野山・伊勢神宮への参詣もこれに類するが、昭和初期にはますます大規模になった。

たとえば、一九二七（昭和二）年には、臨済宗妙心寺派の総本山、京都・妙心寺の微妙大師五五〇年大遠忌法会に全国約三万名の参詣団、一九二九（昭和四）年に知恩院の法会に約三万五千人の参詣団を斡旋した。一九三二（昭和七）年以降には、神職会の後援のもとに、出雲大社、厳島神社、太宰府天満宮、香取神宮、鹿島神宮などの主要神社へ、毎年数百名の参詣団を臨時列車を仕立てて実施するようになる。

団体旅行の派遣元開拓はメーカーや流通業にも及んだ。大正から昭和に移るころ、酒造業、醤油醸造業、製薬業、呉服屋、足袋店などの大商店による招待旅行が実施されるようになる。取引先の問屋や末端の小売店主を温泉などに招待して、取引上の人的関係性を強化する狙いがあった。この種の招待旅行は販売店援助の一環として第二次大戦後の高度成長初期ころまで続く。日本旅行会はこれらの斡旋の先鞭をつけた。

日本旅行会による団体旅行の行き先は、朝鮮、満州、台湾などにも向かうが、日本本土内に限れば大正期に入って全国の景勝地も目指すようになる。旅行目的に娯楽が加わったのである。一九二五（大正一四）年になると、京都、松江、出雲大社、下関、九州を一二日間回遊する秋の南国旅行を企画し、三七〇名の応募者を集めた。一九二八（昭和三）年から景勝地を回る旅も企画し、一九三〇（昭和五）年には明石を出発し、名古屋・熱海・箱根・鎌倉・江ノ島・東京・日光・松島・善光寺・芦原温泉を回る九日間の旅に一、二〇〇名以上の参加者を集めた。

このような民間の動きに、ジャパン・ツーリスト・ビューローも反応した。外国人の団体旅行の斡旋だけでなく、日本人に対しても、その営業活動を強化していった。一九一五（大正四）年には、お座敷列車を仕立てて京都、伊勢、奈良、大阪、京都を回る旅行を企画した。翌一九一六年には臨時列車による伊勢、京都、奈良の旅行を斡旋した。また一九一七年には大阪商船と組んで瀬戸内海遊覧切符を発売している。これらは江戸時代からもっとも人気のあるルートであった。

これらの一連の努力が実って、一九二三（大正一二）年になると、ビューローの利用客は外国人と日本人では同じになっていた。一九二五（大正一四）年には三越百貨店内に案内所を置き、また駅などでの名勝地の宣伝を始めた。

団体旅行の導入によって、旅の商品化が完成した。商品の特徴は、使用価値だけでなく、交換価値つまり価格を持っていることである。近世でも旅の要素は部分的に価格を持っていた。駕籠、荷馬、川の渡し、茶店での飲食、宿駅での宿舎、寺社の参詣料、土産物などである。徒歩による移動は無料であり、修行者や巡礼には無料で宿りを提供する農家や民家があった。しかし、鉄道を利用した団体旅などでは、あらゆる旅行サービスがパック化され有料化した。

一九世紀後半のイギリスなどでは、団体旅行によって旅行が大衆化し始めていた。その背後には鉄道の普及だけでなく、労働者階級の所得の上昇、仕事と余暇の分離があり、また公園、公共空間のない工業都市への人口集中があった（ジョン・アーリ「観光のまなざし」）。しかし、近代の日本ではとくに明治末から鉄道が普及し都市化が進んだけれども、団体旅行の普及は一部に限られていた。たとえば、一九二三（大正一二）年にジャパン・ツーリスト・ビューローの利用客は、外国人と日本人では同じになっていたにしても、この年間利用者数はそれぞれ三万人程度にすぎなかった。

近代の日本で労働者階級など大衆層は、まだ貧しく旅費を負担する余裕がなかった。たとえば一九〇八（明治四一）年の善光寺参詣団の会費は一二円八〇銭である。同じころの機械織種の男子平均日給は四〇銭であり、一ヵ月分の給与に相当した。所得の大きい格差による貧富の二重構造は近代消費構造の特質である（田村正紀「消費者の歴史」）。大衆層は長時間・低賃金労働による生活を送っていた。余暇を旅で楽しむことができたのは、華族、地主、実業家などの上流階級、自由時間の多い文人、大学人などに限られていたのである。

◆山旅の始まり

まだ規模は小さいとはいえ、明治末期頃から大正期に移ると観光旅行も増え始めた。伝来の寺社参拝の復活だけでなく、新しい旅先が生まれ始めていたからである。これらの旅先は観光外客の誘致で訪問先となっていた国の光だけではなかった。そのアメニティの多くは、旅人の新しいまなざしを光源としてその姿を現したのである。

その一つは山旅である。日本アルプスなど高山は、古来より霊山信仰の対象であっても、普通の人には未踏の地として残されていた。そこに足を踏み入れていたのは、霊場を探す修験者や山村の猟師など、ごく少数の者に限られていた。

しかし、明治維新後に日本にやってきた西洋人の科学者、技師などは、西洋の近代登山技術などを持ち、これらの地域に科学調査などのために足を踏み入れ始めた。とくに登山家として日本アルプスの多くの山々に登頂を試みたのは、ウォルター・ウェストンである。上高地の清流、梓川の河童橋近くの河畔に立つレリーフによって、現在では多くの人が彼の名を知っている。

宣教師として来日したウェストンは、一八九一（明治二四）年から、数年かけて日本アルプスの主要な山々を踏破した。かれはそこに「典型的な日本の風景とはほとんど趣を異にした、雄大で野性的な景観」(「日本アルプス―登山と探検」) を発見したのである。その著のなかで、山々の美しさ、上高地のような渓谷の静けさ、そこでさえずる小鳥、咲き乱れる山野草など、日本アルプスでの山旅の楽しさを綴ったのである。

同じころの一八九四(明治二七)年、国粋主義者にして、地理学、理学、文学の素養を持つ志賀重昂は、「日本風景論」を著わした。日本の山水が世界に冠たることを、江戸期に流行った自然風景の中国風遊覧記録、山水遊記のような漢文調で絶賛した。「日本人が日本江山(=大河と山)の洵《じゅん》美《び》(=まことに美しいこと)をいふは、…実に絶対上、日本江山の洵美なるものあるを以ってのみ。外邦の客、皆な日本を以て宛然《えんぜん》(=あたかも)現世界における極楽浄土となし…」といった調子である。多くの教養人が漢文を基礎素養とし、また日清戦争の勝利によって近代国家として自信をつけ始めた時代を背景に、志賀の書は全国に多数の読者を獲得した。

この書のなかで、志賀は日本の火山脈やその麓の湖沼の景観、そこに生息する多様な花鳥の四季とともに変わる変化を絶賛した。後に俳人の河東碧梧桐はそれについて、「ただ風景の美を言い、大を言い、壮を言い、偉を言うのみ」と批判した(「日本の山水」)。

後世への影響という点から見ると、重要なのは志賀がその付録で彼自身の登山経験はないにもかかわらず、西洋の近代登山書を種本に登山を奨励したことである。そのような事情を知らない初期登山家たちはそれに刺激を受けた(大室幹雄「志賀重昂『日本風景論』精読」)。小島烏水などもその一人である。

小島烏水はウェストンの書などの存在も知り、一九〇五（明治三八）年に山岳会を設立する。後の日本山岳会である。当初の会員は三九三名であり、ウェストンはその名誉会員になった。小島が後に述懐しているように、明治二〇年前後までは日本人は日本アルプスといっても、立山か駒ヶ岳ぐらいしか知らなかった。初期の山旅では、わずかの人しか立ったことのない山頂を極めて三角測量標を確認し、そこから見える雄大な眺望やまだ名もつけられていない湖沼を発見することに山男たちは喜びを感じた。しかし、山旅にかけるかれらの欲望はそれだけではなかった。

大自然のなか、道なき道を辿る間に、変わっていく自我を発見した。ある夏、友人と二人で金峰山、八ヶ岳、駒ヶ岳を次々に訪れた小島烏水はいう。

「上下跋渉の間、…昨日の我は今日の我にあらず、今日の我はおそらく明日の我にあらざらむ、而してこれ向上の我なり、いよいよ向上して我を忘れ、程を逐《お》ひて自然に帰る…」

（「山を賛する文」）。

後に昭和期の戦前戦後にかけて代表的登山家となった田部重治も、山旅の影響に関して同じように述懐している。

「私は山が好きであるから人生を逃れて、それに没頭しようという考えが起こったのではないが、それから得た体験により、自分の生活及び学問というものを統一していきたい。

それについては私のやっている学問が余りにも自分の内部から出ていないものである。……もっと自分の真の要求というものを奥深いところに見いださなければならないということを考えるようになった。また生活の上では、も少し自分というものを考えてみなければならない。」（「山は如何に私に影響しつつあるか」）。

山旅は多様な生き物が一つの調和、生態的均衡のもとに生息している大自然のなかに人を置く。高山の山頂を極めれば、全方位的な大パノラマが周囲を取り囲む。日常生活を営む町や村はその遠景の彼方にかすみ、俗界の家々は小さい諸点に過ぎない。このような非日常空間に立って至福の時間に浸る間に、人には自分は何者であるのか、何がしたいのかといった自我を考え、それに照らしてそれまでの生活を見直す機会が訪れる。

少なくとも近代に山旅を始め、それを旅の新しい様式として育てた人たちは、山旅を自我の発見と真の欲望を確認する機会として捉えていた。明治以降の近代化によって、奥の細道のような旅路が歴史の闇に消えた後、山旅はこのような機会を得る新しい領域になる。

しかし、日本アルプスなどへの山旅は誰でも行ける旅ではなかった。要する時間は長く、かなりの旅費も要した。登山技術がまだ未熟であり、装備も貧弱であった。丈夫な登山靴は近代登山の必須であるが、田部重治などの登山姿をそのスケッチで見ると、ゲートルを巻き、草鞋を履いて登っている。このような時代の山旅は何よりも強靭な体力と精神力を必要とした。

◆都市近郊・田園美の発見

誰でも楽しめる自然というものがないだろうか。明治の末期から大正にかけて次々に登場した紀行文作家たちがこの欲望を満たした。

徳富蘆花はその著「自然と人生」の中で、日帰りあるいは一―二泊程度で行ける東京近郊の自然美を新しいまなざしのもとに指摘した。かれのまなざしは一日の間でも時々刻々変わる色彩の変化を捉えようとするものである。このまなざしのもとに、富士山、相模湾、伊豆の山々、利根川河畔を絵画的に捉え、湘南の四季の美しさを謳いあげた。そしてこれらの自然美に対峙するとき、人は人生に何の意味を見いだすかを問うたのである。この書は当時のベストセラーになった。

国木田独歩は東京のいわば町外れに拡がる楢林の美しさを描いた（「武蔵野」）。渋谷、世田ヶ谷、小金井辺りから北辺に拡がっていた武蔵野である。そこは北方に秩父、西方に富士を望み、万葉の面影を残す萱原《かや》が所々にあり、それらを楢林が取り囲み、またそれをぬけると農家が点在していた。いわば都会の生活と田舎の生活の境目であった。蘆花は秋から初春にかけて変わっていく楢林の美しさに目を向け、四方八方に拡がっている細い途をあてどもなく散策することの楽しさを指摘した。

島崎藤村は一八九九（明治三二）年から一九〇五（明治三八）年に上京するまで、信州小諸に教師として赴任していた。信州は自然や地域文化の宝石箱のような土地である。北アルプス、南アルプスの高山がある。それらの山裾には標高につれて、クヌギ、栗、楢、コブシ、紅葉《もみじ》から白樺、ダケカンバ、はい松へと林相が変わっていく。

山間には多くの湖沼や種々な山野草が咲き乱れる高原がある。下の盆地に出れば、飯山、小布施、長野、上田、小諸、軽井沢、松本、諏訪といった個性に富む街が散在している。それらを美しい花木が咲く田園が取り囲んでいる。藤村は小諸に滞在中に、信濃を貫流する千曲川流域を中心にしばしば旅をして、そこでの自然と田園生活の関わりを詩情あふれる写生文で描いて見せた（「千曲川のスケッチ」）。

蘆花、独歩、藤村が自然に向けたまなざしには、色眼鏡がかかっていなかった。かれらは生眼《なまめ》で自然を眺め、その情味を味わい、そのなかに自分の人生を見つめようとした。それはかつて芭蕉がその旅で行ったことと同じである。しかし、芭蕉以降の近世後期では、多くの旅人が各地を旅行して自然に相対したが、かれらのまなざしには色眼鏡がかかっていた。

歌人が遊覧の旅に出ても、歌枕など昔ながらのまなざしで花鳥風月を眺め、歌を詠むためであった。本居宣長のような学者が旅に出ても、その主な関心は古蹟や古語の考証であった（「菅笠日記」）。国学者は各地に中国と同じような奇観を探し求めるようになったが、それは中国の書物から得た知識にもとづいて奇景を謳う漢詩を創るためであった（津田左右吉、「文学に現れた我が国民思想の研究」）。「日本人は明治の二〇年代の後半から三〇年代にかけて、ようやく再び生きた現実の自然を回復した。芭蕉去って以来丸二百年間、自然に対して閉ざされていた目を再び開いた」（唐木順三「日本人の心の歴史」）のである。

蘆花、独歩、藤村たちの先導によって、田舎人にとっては日常生活でのありふれた風景が、自然から隔絶されつつあった都会人の目には、新しく新鮮な自然美として現れた。これらは明治維新以降、郷里を去って都会に移住した人々にも、その捨て去ったものの美しさを想起させ、郷愁を誘ったに違いない。それは田舎人が都会に憧れるのと対照的に、都会人に田舎への旅を誘うものであった。

民俗学者の柳田国男は仲間たちとともに、全国の山村に地名の由来、古くから伝承される民話や習俗を収集して、その文化的意味を問い始めていた。かれの狙いは、各地方の事情によってきわめて多様に営まれてきた生活の痕跡を復元して、文字に書かれていない生活誌を創り上げることであった（柳田国男「青年と学問」）。民俗学にかける彼とその仲間たちの努力によって、各地方独自の文化がそれぞれの成り立ちの物語のなかに現れ始めていた。

その過程で、柳田は各地特有の風土がその土地の生活と混じり合って創り出す束の間の美しさを捉えていた。たとえば、江戸時代に東北を旅した菅江真澄の足跡を追って、ある寒村を通りすがったとき、葉がすべて落ちて黄金色に輝いている菜の花畑を背景に、通り抜ける風に揺られ表の緑と裏の白を交互にみせる川柳の美しさ（「豆の葉と太陽」）といった類である。

田山花袋も、小説「蒲団」などで自然主義文学の旗手として著名であるが、同時にきわめて精力的な紀行文作家であった。彼は若いときから旅好きであった。「いろいろな懊悩、いろいろな煩悶、そういうものに苦しめられると、私はいつもそれを振切って旅に出た。それにしても旅はどんなに私に生々としたもの、新しいもの、自由なもの、まことなものを与えたであろうか。旅に出さえすると、私はいつも本当の私になった。」（「東京の三十年」）と語っている。世間のなかでたえず埋没しかける自我を、旅によって再確認していたのである。

大正期は近代でも中産階級も増え始め、種々な文化が花咲き始めた時代である。当時、花袋は全国各地を旅した。鉄道だけでなく、僻地では徒歩による旅も多い。名山や名勝の地を訪れても、彼の旅の特徴はたえずそれらを眺める立ち位置に注意していた点にある。たとえば、津軽富士とも呼ばれる岩木山をどこから見るのが美しいのか。盛岡からか、弘前平野を走る車窓からか、あるいはその正反対側の十三潟を前景にした山姿なのか、といった類である。立ち位置による景観を比較しながらかれは旅を続けた。

このような立ち位置にこだわる視点は、現在でも外国の旅行案内記などには見られる視点である。花袋はこれに有名な史実・故事や古人の足跡なども加味し、全国の山、谷、川、湖沼、港、島、寺社、都市などの魅力を、一九一八（大正七）年に「山水小記」としてまとめた。この読者は新しいまなざしを学び、旅先とすべき所を全国各地に拡げたことだろう。

団体観光ではガイドの引率で忙しく名所・景勝地の上面だけを見て回る。山旅を始めた人々、蘆花、独歩、藤村など都市近郊や田舎の風景の美しさを探した作家、全国各地を旅して郷土の物語や見所を発見しようとした柳田国男や田山花袋など、かれらの旅の様式は団体旅行の対極にあるゆとりの旅であり、まさしく漫遊であった。かれらは自分自身の美学にもとづいて、自分の趣味にあった各地の見所を発見しようとしていた。それは現代のナチュラリストの旅のような、個人旅の源流をなしているように思われる。

◆日本美の公式化

しかし個人旅そのものは近代ではごく少数の恵まれた者を除けば拡がらなかった。多くの人には漫遊するための経済的余裕や自由時間がなかったからである。より多くの人を旅へ誘うには、別の旅様式が必要であった。このために観光業者は新しい日本美を公式化し、それを商品化し定型化していくことになる。そのきっかけは日本新八景の選定であった（旅の文化研究所「旅と観光の年表」）。

一九二七（昭和二）年、大阪毎日・東京日日新聞は葉書による風景の人気投票を企画した。応募総数は約一ヵ月で九、〇〇〇万通を超えた。当時の人口を超える数である。この投票結果をもとに文人、画家、学者による選定委員会が開かれ、その議論をもとに新八景が各地形類型ごとに一つずつ選ばれた。雲仙岳（山岳）、上高地渓谷（渓谷）、華厳滝（瀑布）、木曽川（河川）、十和田湖（湖沼）、狩勝峠（平原）、室戸岬（海岸）、別府温泉（温泉）の八つである。

この種の選定は観光客の誘致など経済利害とも密接に関連する。そのため、いつの時代でも選定地に喜びをもたらす一方で、選に漏れた地域に大きい不満を創り出す。応募総数の大きさに反映される郷土愛の熱気に押されたのか、選に漏れたなかからさらに二五勝、百景が追加された。これらによって日本美の再認識とそれへの旅行熱が盛り上がった。この機を捉えた日本旅行会は早速にこれらへの観光団を企画した。一九二八（昭和三）年三月には約一、二〇〇名の参加者が臨時列車二本による八日間の旅に出た。まったくそこへ行ってきたというだけの足跡づけ型の急ぎの旅である。

それから三年後の一九三一（昭和六）年に国立公園法が制定された。日本美の再編に関して国家も介入し始めたのである。国立公園制定への提唱・運動は明治の末期から始まっていたが実現せず、一九三一（昭和六）年になってようやく制定されたのである。日本新八景など民間の動きに刺激されただけではない。一九二九（昭和四）年にアメリカの株大暴落に端を発した世界大恐慌が昭和恐慌となって日本にも押し寄せていた。国立公園の制定は不況のなかで疲弊した地域経済を振興する目的もあった。

同法にもとづき選定されたところは風景の卓越性を持つものであった。瀬戸内海、雲仙、霧島、大雪山、阿寒、日光、中部山岳、阿蘇の八ヵ所である。自然の景観美を評価基準に置いている点で、それは近代になって再発見された日本美を公式的に認めるものであった。その美学は近代になって生まれた新しいまなざしによって構成されていた。

それとともにその美学は個人のものではなく、観光業者や国家によって与えられた美学になった。旅で見るべき場所が規格化され、あらかじめ選定されている。それは旅を効率的に行い、旅を商品化するために不可欠の要件であった。旅先の規格化は風景の規格化にも及ぶ。展望が良いと思われる場所への道を切り開き、展望を遮る木々を伐採し、展望台を設ける。松島の金華山パノラマ展望台や天橋立の展望台など、景勝地の展望台はこのような経過のなかでその後に作り上げられていったものである。自然美、景観美は自然のあるがままの姿だけでなく、それに人間が干渉することによって形成されるようになった。

◆温　泉　旅

近代の多くの庶民にとって、山旅や日本新八景のような景勝地への行楽旅はあこがれであったとしても、手の届かない旅であった。旅費や必要な時間からいって、庶民にとって何とか実現できそうな旅先は温泉旅であった。

温泉旅の歴史は古い。湯治のために、古代では貴族が、また中世では武将たちが多くの伴をつれて有馬温泉などを訪れている。その間、全国各地にある小さい温泉などはとくに近郷に住む人々によって利用されてきた。江戸時代になると、有馬、伊香保など有名な温泉地には温泉宿ができ賑わった。伊香保などには遊廓もあった（田山花袋「温泉めぐり」）といわれるが、多くの温泉旅は病気療養などの湯治《とうじ》であった。経済的に余裕のないものは米、醤油などを持ち込み自炊した。また裕福な商人の夫婦連れなどは宿屋に泊まり数十日逗留したといわれる（板坂燿子編「江戸温泉旅行」）。

近代になると、全国各地に散らばる温泉は次第に格付けされ、その客層などが整理されていった。風光明媚で景観の優れた温泉はそれぞれの地域で行楽のための宿泊旅行などの中心的な温泉となった。北信の渓谷、渓流に沿って立つ山田温泉などもその一つである。その発見は古く、江戸時代には小林一茶なども訪れている。初夏や秋にはすばらしい渓谷美を誇る静かな高山温泉郷である。

一八九〇（明治二三）年、森鷗外がこの地を訪れ一週間ほど滞在した（「みちの記」）。上野から鉄道で横川まで行き、そこから軽井沢まで鉄道馬車、さらに鉄道で長野にいたり、そこから須坂までは人力車を利用した。そして須坂から山道を牛の背に揺られながら辿り着いたのである。現在では東京から新幹線・バスでも数時間、須坂東長野ＩＣから車で三〇分の距離である。それを数日かかって辿り着いている。

鷗外が訪れたときには、すでに七軒の宿屋があった。彼は滝を見たり、山に登ったり、女郎花、桔梗、石竹が咲き乱れる様を楽しむ。夕食は行商から買った鯉や清流でとれたイワナ、そしてインゲン、なすなどの煮付けに、どぶろくであった。宿の主人の話によれば、東京からの客はほとんどなく、地元の病気療養の客が多かった。しかし、同宿の客には、越後の官僚らしき者の一団も泊まっていた。都会の喧騒を逃れ、大自然のなかで景観を楽しみ、地元の素朴な食材に舌鼓を打つ。温泉旅が憩いの時間であるとすれば、その一つのスタイルである。

同じように深山にある白骨《しらほね》、中房のような温泉は登山客がその帰りに利用し始めていた。しかし多くの人たちが目指した温泉旅の行き先はこの種の温泉ではなかった。農村地帯の人たちはもっと賑やかな温泉街を求めた。たとえば湯田中や玉造などである。農閑期になると、百姓たちが仲間とつれだって、この種の温泉に出かけ、酒盛りをしたり田舎芸者と戯れるようになっていった。味噌、醬油、米までも背負ってくる自炊の湯治客も多いので宿泊代も安かった。たとえば、田山花袋は湯田中の町の光景を次のように描いている。

「温泉御宿と書いた小さな二階屋、百姓らしい若い男が白縮緬のへこ帯に銀くさりの時計を巻き付けて欄干の所に立っている姿、あやしげに白粉を白く塗った女、小さな入り口の小料理屋、それから少し行くと遊廓が五軒も六軒も廂を並べて、浅黄の暖簾が汚く汚れている。ある家では三味線の音がする。鼓を打って騒いでいる気配がする。いかにも賑やかな複雑した空気である」(「温泉めぐり」)。

東京や大阪の都会人はどのような温泉旅をしたのだろうか。東京の周囲には湯量が多くて良い大きな温泉街が数多くある。少し交通の便が悪い草津などは中産階級に利用され、湯治目的で数十日滞在した。万葉の時代から知られていた伊香保には江戸時代に遊廓もあり、遊興の街の面影を残していた。中央政府の官吏などが女を連れてくる場所でもあった。熱海から、伊東、箱根にかけては理想の温泉郷が展開していた。道中の海山の景観に優れ、訪れるべき名所・旧跡も多く、海山の珍味も堪能できたからである。

大阪など関西の都会人は近隣では有馬を利用した。それは六甲の裏山にあるとはいえ温泉情緒は少ないが、湯田中と同じような賑わいを持った街であった。関西人にとって伊豆、熱海、箱根に該当したのは、山中、山代、和倉、芦原など北陸の温泉や城崎である。さらに経済力のあるものは船で別府に向かった。すでに一九一二（大正元）年には、鋼鉄製の純客船が大阪・別府間に就航して、ドル箱航路となっていた（旅の文化研究所「旅と観光の年表」）。これらの温泉は伊東、熱海、箱根と同じような魅力を備えていた。

志賀直哉の「城崎にて」や川端康成の「雪国」などに示されているように、文人たちは少し遠くても静かで落ち着いた環境を求め、そこで執筆や作品構想のため長期滞在した。病気療養の湯治客も同じである。温泉旅に向かった一般の旅人は、たんに温泉に入ることだけを目指したわけではない。

たしかに温泉は日頃の疲れを癒す機会を与えてくれる。しかし、この時間は次のようなアメニティを備えるときさらに魅力が出る。まず、四季を彩る美しい景観に取り囲まれていなければならない。美しい山姿、その周囲の森林の美しさ、麓に咲き乱れる山野草、滝や清流、そこに遊ぶ魚、海辺や海岸線の美しさなどである。温泉街の周囲に散策できる場所、訪問すべき名所・旧跡があればなおさらである。

旅人のグルメ嗜好を満喫させる食材が朝夕の膳を飾らねばならない。春には雪解けとともに芽を出すフキノトウ、蕨などの山菜、秋には種々なキノコ、取れたての野菜がある。湖水地方では鰻、鯉、鮒、ワカサギ、清流のイワナや鮎、海岸に面したところでは、都会では食する機会の少ないキンメダイ、オコゼ、ノドグロなど新鮮でうまい地魚がある。

これらが旅人を喜ばせるとき、その温泉には多くの客が訪れる。近代でも多くの温泉客を集め出した中心的な温泉はこのようなアメニティを備えていた（田山花袋、「温泉めぐり」）。とくに高速物流が未発達な近代では、海岸沿いなどの温泉で食べる新鮮な魚貝類のおいしさに都会人は舌鼓を打ったことであろう。

一九二九（昭和四）年になると、日本温泉協会が発足する。その初期の組織の会長、副会長には、貴族院議員、内務、鉄道両省の次官が座った。事務局は東京鉄道局旅客係内に置き、以後組織が全国各地域へ拡大するにつれて、各支部を置きその支部長には各鉄道局長がついた（http://www.spa.

or.jp/info/index-frame.htm)。それ以外には、箱根、伊香保など全国の主要温泉、大手観光代理店の代表者が理事などを務めたのであろう。この協会は温泉を観光資源として、政府、鉄道、大手旅行業者の主導のもとに全国的組織に編成することになった。

いずれにせよ、この協会の設立は温泉旅が広く普及し始めたことを示している。経済的にゆとりのある家庭では、家族揃って温泉旅に出かけることも始まった。多くの主婦にとって、それは生涯における一つの夢であった。美しい自然景観のなかで湯につかった後、上げ膳据え膳で珍味を楽しむことは、日常の多忙な家事・育児をたとえ束の間でも忘れさせてくれたからである。

しかし、男優位社会のなかで大きな温泉郷の主要顧客は、やがて企業の招待団体客や職場旅行客になっていった。大広間での飲めや歌えの宴会と芸者遊びがその狙いになった。これは高度成長期が始まるころまで続くことになる。

VII　観光権力と個人旅行——現代の旅——

現代は今いる人たちが生きてきた時代であり、その果てはこれから生きようとする未来につながっている。二〇一〇年の日本人人口は約一億二、五八二万人である。そのうちで六五歳以上の第二次大戦後生まれは七七%を占める。さらに戦前生まれでも当時まだ幼かった人たちを加えれば、ほとんどの人の生活は戦後に始まっている。このような意味で、現代の始まる時期を一九四五年以降の時代としよう。

第二次大戦後の種々な社会変動は、進駐軍の統治政策によって始まった。それは明治維新に相当するぐらいに日本社会を変えた。「家」制度と家長（＝家族の戸主）権限のもとに抑圧されていた女性が法的に解放され、男女同権となった。財閥解体、華族制度の廃止、農地改革によって、それまでの特権階級はその地盤を失った。真の意味で階級がなくなり、小作人なども地主の支配から解放された。これらの制度基盤の大変革は、やがて経済成長が始まると大衆消費社会を出現させた。それは社会のほとんどの人が消費に関して自由裁量所得と自由選択権を持ち、それによって快楽的欲求を追求して生活を楽しむような社会である（田村正紀「消費者の歴史」）。

この大衆消費市場を狙って、急速な観光産業化が進められた。その担い手は鉄道、飛行機、バスなどの輸送業、ホテル・旅館など宿泊業、土産物など物品販売業、そしてそれらを観光商品にまとめ上げようとする旅行（斡旋）業などであった。これらの産業は相互提携網を拡大して、ネットワーク型の複合的な観光産業を創り上げた。政府も一九六三（昭和三八）年に観光基本法を制定し、その理念にもとづく政策によって観光産業化を推進した。さらに二〇〇六（平成一八）年には、それを改正して観光立国推進基本法を成立させ、新しい状況の下に観光産業化をさらに進めようとしている。現代人の旅はこの観光産業化が全体として創り出した枠組みのなかで行われるようになる。

観光産業はサービス産業の一つであるから、サービス経済の規律に従い、旅様式の種々な側面を規格化・標準化することを迫られた。観光産業の主力商品がまず団体旅行になったのはこのためである。観光産業の発展は総体として強大な観光権力を生むことになる。観光権力とは旅の様式の多様な側面を規格化して、様式の各領域を区画化し、構造化する力の行使である。観光産業の特定企業が観光権力を持っているというのではない。観光産業における企業の種々な狙いが、総体として社会的に旅様式を規格化し制約する作用を及ぼしている。この作用が観光権力の内容である。

しかし、現代は旅のテクノロジーを次々に進化させる。自動車と高速道路網、大型ジェット機と空港整備、そしてインターネットである。これらによって、個人は自由に迅速に移動し、旅情報を容易に収集できる能力を身につけた。自由に旅をしたいという消費者の欲望は、これらのテクノロジーを駆使して個人旅行の盛行を生んだ。この個人旅行と観光権力のせめぎ合いが現代の旅の動態を特徴づけている。

◆自由平等と大衆消費市場

一九四五（昭和二〇）年に太平洋戦争は終結した。日本に進駐した米軍は総司令部を設置して、一連の政策を一気に断行した。新憲法の発布、華族制の廃止、農地改革、財閥解体、独占禁止法の制定、労働改革などである。その政治的な狙いは、非軍事化と民主化を一気に断行して、日本を再び戦争のできない国にすることであった。これらの政策は、その政治的狙いとは別に、後に日本に大衆消費社会を出現させるための不可欠な制度基盤を準備することになる。

大衆消費社会は、ほとんどの人が仕事よりもむしろ消費に重きを置き、生活を楽しむようになる社会である。大衆消費社会ではほとんどの人が消費者として主体化して消費生活に関して自由に行動する。この主体化の基本条件は三つある（田村正紀『消費者の歴史』）。

衣、食、住など生活していくのに最低限必要な経費をまかなってもなお余剰が残り、それらを自由裁量所得として使えること、何を消費するかに関して選択の自由を持っていること、そして快楽主義的欲望を持っていることである。快楽主義とは、喜びや楽しみが人生でもっとも重要であるとする考え方である。

新憲法の発布とそれにともなう民法の改正によって、個人的自由を持つ人が飛躍的に増えた。それまで家族は長い間にわたり「家」制度の下で家長（＝家族の戸主）の支配下に置かれていた。戦前に個人的自由を持っていたのは家長の男性だけである。新法の下で、「家」制度は廃絶され、国民は個人として尊重され、法の下で平等になった。

結婚は親の指示ではなく、両性の合意によるものとなり、夫婦は同等の権利を持つようになった。長子への相続から均等相続制に変わり、子供たちも同等の権利を持つようになった。個人間での法的な自由平等が実現したのである。これらによって、妻や子供に対して持つ父親の発言力は急速に低下していった。

華族制の廃止、財閥解体、農地改革は、華族、資本家、地主といった特権階級の経済地盤を奪い、階級を消滅させた。それとともに長い間貧困にあえいでいた小作人が解放され、自営農になる。日本は真の意味で階級なき社会になった。生まれ育ちによって超えがたい階級の壁がなくなったのである。

階級社会では、自分は何者であるのか、何がしたいのかといった個人の自我形成はその所属階級によって大きく制約される。百姓の子は百姓らしく、商人の子は商人らしくなど、分を心得た自我形成がしばしば要求された。階級がなくなると、自我は自分で発見し育てていくものに変化したのである。

財閥解体、独占禁止法は、企業活動によって造られる富が一部に偏在する傾向を除去することになった。大企業は永遠に大企業であり、中小企業は永遠に中小企業であるといった企業成長の障壁がなくなった。企業成長はそれぞれの企業の創意に依存するようになる。そして労働改革は、企業成長の成果を労働者にも分配する機構を作り出した。労働組合法によって労働者の団結権、団体交渉権、争議権が確立され、労働基準法によって労働契約、労働時間、災害補償に関して労働者が保護された。低賃金・長時間労働といった長い間の労働慣行が次第に消滅した。

経済分配上の公平が保障されても、分配すべき果実そのものが大きくならなければ、消費者の自由裁量所得は増えない。低い所得を補うため、残業などで労働時間が増えてしまう。しかし、一九五〇年代に入ると、日本経済は戦後の混乱期を脱して立ち直り始めた。それの大きい転機になったのは一九五〇（昭和二五）年に勃発した朝鮮戦争による特需ブームである。

それは自動車、繊維、鉄鋼、石炭、セメント、食料品、電機、家具、兵器など、多くの産業を潤した。これにより日本経済は、一九五一（昭和二六）年になると、工業生産、実質国民総生産、実質設備投資などの経済指標で一気に戦前経済の最高水準を超えた。実質個人消費支出についても同じである。

その後企業は技術革新への投資を旺盛に行った。加工食品、ナイロンなど人工素材を使った繊維、自動車、オートバイ、家電製品などの分野である。これらによって日本経済は急成長を始めた。一九六八年には、国民総生産が世界第二位になった。この間、経済成長にともなう人手不足により、農村地区から都市への人口の社会移動が続いた。

これによってとくに大都市の人口が急速にふくれあがる。人口増に対応するため、都市はその外縁地区を急速に都市化していくことになる。それまで田畑であったところに住宅が次々に建てられた。人手不足はまた若年労働者の給与を年配者以上に速い速度で押し上げていった。これがテコになって、平均的に見ても都市労働者の給与は急速に高まっていった。

自民党政府はその選挙基盤である農民を税制面でも優遇した。また都市近郊農家などは、田畑を住宅用に売買して大きい所得を得た。こうして高度成長が軌道に乗った一九六〇年代には日本人の所得水準は急速に平準化していった。それとともに、人口一人当たりの家計消費支出も驚異的な速度で伸びていく。一九五五（昭和三〇）年と一九七五（昭和五〇）年を比較すれば、人口一人当たり家計消費支出はほぼ四倍近くまで増加した。経済民主化によって経済成長の成果が広く分配され、日本人のほとんどがその所得においても自由裁量所得を得るようになったのである。

一九七〇（昭和四五）年に日本の人口は歴史上初めて一億人を超えた。内閣府は一九五八年以降、国民の生活意識を定期的に調査している（「国民生活に関する世論調査」）。とくに生活の程度についての調査データは、経済成長による生活変化の様子を端的に示している。その調査は生活程度を

「上」、「中の上」、「中の中」、「中の下」、「下」の五段階に分けて問うものであった。「中」の三つのクラスを合計した中流意識は、一九五八年には七割を超え、一九七〇年には約九割となった。

「一億総中流化」という用語が、日本人の生活意識を表す言葉として流行した。いつの時代でも、大衆の欲望は上流階層との差異の解消に向かう。それまで上流階層のみに許されていた製品やサービスを自分たちも消費したいと願うのである。日本人のほとんどが中流意識を持つようになったのは、それまで上流階級しか楽しめなかった製品やサービスも、大衆が手に入れ始めたことを示している。日本人のほとんどが消費者として主体化する大衆消費社会が現れたのである。

戦後の混乱期からやがて大衆消費市場が急速に登場してくる過程で、多くの消費財メーカーが革新的な新製品を次々に市場導入してマーケティングを行い、消費者の快楽主義的欲望を刺激した。快楽主義とは、喜びや楽しみが人生でもっとも重要であるとする考え方である。それにもとづく欲望の基本的性格は、欲望充足がさらに新しい欲望を刺激するという正のフィードバックが働く点にある。あるブランド物を買えばさらに別のブランド物が欲しくなるといったメカニズムである。

それまでほとんどの日本人の消費生活は質素倹約主義を旨としていた。生活の無駄や贅沢を極力排除した。「もったいない」という言葉はほとんどの消費者の頭にこびりついていた。駅弁を買っても、まず蓋《ふた》に付いた飯粒から食べた。生活に必要なものが充足されれば、足るを知った。欲望が充足されれば欲望が小さくなるという、負のフィードバックが強力に働いていたのである。しかし、快楽主義的欲望は糸切れ凧のように舞い上がる。それは限りない欲望の世界を漂流していく。質素倹約主義から快楽主義への転換によって、欲望についてのいわば文化革命が日本人に生じた。旅行（斡旋）業、交通、宿泊、飲食、物販など、旅行関連事業に関わる企業も、大衆消費社会の出現による機会を見過ごしていたわけではない。かれらも快楽主義的欲望を刺激する旅行商品を次々に開発した。そのために、企業間連携を拡大して、ネットワーク型の複合的な観光産業を作り上げ、多くの旅需要をその対象とした。

◆組織型旅行需要の取り込み

第二次世界大戦前でも旅行業は出現していた。既述のように、一九一二年には官が介入して外客誘致を目的とするジャパン・ツーリスト・ビューローが設立されている。これは一九四一（昭和一六）年に東亜旅行社、一九四三年には東亜交通公社と改称する。国内の参詣旅行などでは日本旅行会が活躍し始めていた。私鉄にも関急旅行社（一九四四年に近畿日本交通社と改称）がある。これらの主要旅行業者以外にも、関西には一〇〇社、関東には五〇～六〇社の中小旅行業者がいた。しかし、戦時体制に入った一九四一年には、東亜交通公社や関急旅行社などの大手を除き、残りの旅行業者は政府勧告により解散、廃業させられていた（旅の文化研究所「旅と観光の年表」）。

終戦後すぐに東亜交通公社は日本交通公社と改称し、兵士の復員や海外からの引き揚げの輸送に当たった。混乱のなかで一九四八（昭和二三）年から翌年にかけて旅行業が次々に発足した。日本ツーリスト（近畿日本ツーリストの前身の一つ）、日本旅行会（日本旅行の前身）、全日本観光（東部トラベルの前身の一つ）などを中心に旅行業が営業を始めた。多くの中小旅行業者も次々にできた。

一九五二（昭和二七）年には旅行斡旋業法が成立して、外国人も扱える一般旅行斡旋業者と、日本人しか扱えない邦人旅行斡旋業者が区分された。これは現在の旅行業法の前法である。一九六三（昭和三八）年時点で見ると、一般旅行斡旋業者は大手であったが、邦人旅行斡旋業者は零細業者であった。その数は二一一〇で、個人営業がその三分の二、従業員が三人以下の業者がほとんどを占めていた（昭和三八年、運輸白書）。

大衆消費市場が出現してくる以前に、大手旅行業者が目をつけたのは個々の消費者ではなく、その塊であった。撒き餌をして魚を一気に捕まえるように、一塊《ひとかたまり》になっている旅需要を狙えば、個々の消費者を捕捉しようとする場合に比べて営業費用ははるかに安くつく。この種の組織型旅行需要では、旅行客を一気に団体客に編成できるからである。旅行業がこのためにまず狙ったのは、参詣旅行の団体化、そして農業協同組合、信用金庫、さらにはメーカー招待などによる団体旅行である（旅の文化研究所「旅と観光の年表」）。

戦後の混乱が鎮まり始めた一九四九（昭和二四）年には、京都、奈良、日光などへの参詣の団体旅行が増加し始めた。日本ツーリストは日光への団体旅行で一万人を送客した。一九五一（昭和二六）年には日本旅行会が伊勢参宮団を組織し計四万八、〇〇〇人を送り込んだ。空爆により日本の主要都市はほとんど焼け野原になっていた。しかし、多くの文化財が集積する京都、奈良、日光、伊勢は爆撃を逃れた。そこには戦前の風景がそのまま残っていた。それらの寺社に参拝し、一時《ひととき》でも心の安らぎを取り戻そうとする人たちがいた。

日本経済が成長し始めた一九五二（昭和二七）年ごろから、旅行業の営業先は一般団体にまで拡がり始めた。たとえば、日本ツーリストはまず埼玉・神奈川方面の農業協同組合を対象に団体旅行を企画・実施した。これらの地区のいわゆる都市近郊農家は都市化にともなって住宅会社への土地売却などにより財をなし始めていた。また信用金庫の預金者向けの積み立て旅行に着手した。信用金庫の主要な預金者は中小企業主である。信用金庫の職員が旅行業者と一緒になって、旅行中の種々な面倒を見た。

また顧客や取引先の組織化を目指すメーカーと組んで団体旅行商品を開発した。一九五三（昭和二八）年になると、農機具メーカーが農協を通して農家に一―二泊程度の招待周遊旅行を提供し始めた。表向きは工場見学であったが、温泉地での宿泊を盛り込んでいた。農閑期に臨時列車を仕立てて出かけるようになる。

家電メーカーも同じである。高度成長前期では、系列小売店をいかに増やすかが家電メーカーの盛衰を握った。このためメーカーは研修などを名目に系列店の招待旅行を盛んに実施した。向かうところはたいてい温泉地であり、そこで宴会・風俗などを楽しむことが目的であった。

農業協同組合、信用金庫、メーカーによる得意先の招待旅行の主要な行き先は温泉地であった。ホテルと比較すれば、温泉旅館は独特の宿泊構造を持っている。一人用の部屋はなく、最低二人以上で、多くは四―五人用の部屋である。宿泊者は浴衣とスリッパといった部屋着で旅館内を歩き回れる。宿泊者共同利用の大浴場があり、夕食時には宴会を兼ねる大広間がある。これらにより旅の参加者間の人的接触、コミュニケーションをいやでも密にできる、特異な場所空間を提供していた。

しかしながら、この場所空間は参加者がまったく自由に振る舞える空間とはかならずしもいえなかった。とくに招待旅行は、業務と遊び（観光）の狭間にあったからである。それはいわば観光地にまで拡張された得意先系列組織であった。酒を飲む宴会などでは普段は見ないような人となりがしばしば表に現れる。得意先の経営者が信頼できる人物であるかどうか。招待旅行では、それを判断しようとする招待側のまなざしが参加者を捉えていた。このまなざしから見れば、大宴会場は得意先を一望監視できる空間でもあった。

旅館が提供する特異な場所空間の構造は、招待旅行や後述の社員旅行の目的にも合致した。これらの旅様式によって各地の温泉地は時代の要請に対応し大いに賑わった。環境省自然環境局の「温泉利用状況」のデータによれば、年度延宿泊利用人員は一九五七（昭和三二）年の四〇、七〇一、八一二人から、一応のピークに達した一九七三（昭和四八）年には一二一、四六三、二七二人と、ほぼ三倍にふくれあがっていた。主として企業組織を通じての団体温泉旅行は、高度成長期におけるもっとも支配的な旅の様式である。

主要な温泉地の老舗旅館などでも、由緒ある見事な日本庭園の一部を壊してまで、大宴会場や宿泊のためのビルを増設した。温泉旅館の内部はますます大規模にそして立派になっていった。それによって旅客の行動を特定旅館内に留めようとした。温泉街は、宿泊、食事、入浴、娯楽などのワンストップ機能を持つ大旅館の単なる寄せ集めに変わっていく。これによって温泉街全体として見ると、街の景観が崩れ、温泉街の情緒は劣化していくことになる。それは成長そのものが将来における衰退への転機を生み出す種子をばらまく過程でもあった。

◆修学旅行と社員旅行の観光化

団体旅行という旅様式によって組織型旅行需要を取り込む試みは、観光旅行の典型的な領域を超えて拡大した。その代表例は修学旅行と社員旅行の観光旅行化である。修学旅行や社員旅行は、どのように観光領域に取り込まれていったのだろうか。

高度成長のまっただなかの一九六〇年代に行楽あるいは娯楽を目的にした旅需要も急速に伸び、

大衆化する傾向を見せていた。このような旅の大衆化は、外客や賓客が国の光を視察・見物するといった従来の観光コンセプトでは捉えることが難しくなっていた。

一九六三（昭和三八）年に制定された観光基本法は、新しい事態に対応するため、観光という領域に関してその理念を述べた最初の法律である。基本法であるから、この法律は旅行に関連する諸法、すなわち日本観光協会法、旅行斡旋業法、国際観光ホテル整備法などを運用するにさいし、その規範として役立つことを期待されていた。

観光基本法は外客誘致など外貨獲得といった戦前からの蒙古斑をつけていたが、とくに重要な点はそれと合わせて、国民の健康や勤労意欲の増進、教養の向上といった国民生活との関連で観光を捉え始めた点にある。そして一九六八（昭和四三）年になると、観光基本法の下に設置された観光政策審議会は、観光とは何かについて新しい定義を答申するに至った（国民生活における観光の本質とその将来像、観光政策審議会答申第8号、一九六九年四月一七日）。

その定義によると、観光という行動は三種の観点から定義されている。まず、観光は仕事、家事、学習といった業務時間ではなく、自由時間、つまり余暇を利用して行われる。次に、観光はレクリレーションのために行われる。それは鑑賞、知識、体験、活動、休養、参加、精神の鼓舞など生活変化を求める人間の基本的欲求に根ざすものである。より簡潔にいえば、観光は仕事ではなく遊びである。最後に、観光が行われる場は、日常生活圏から離れた異なった環境である。つまり非日常

典型的観光とその周辺領域

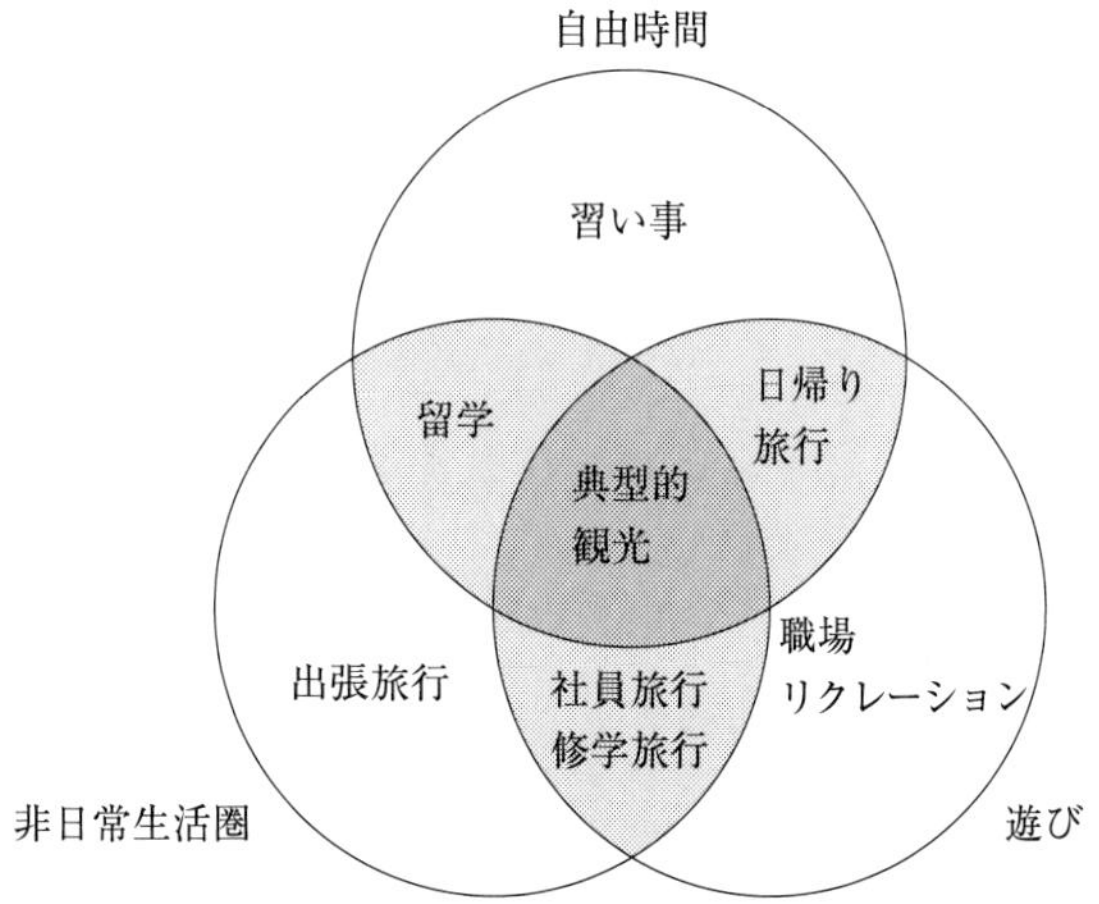

生活圏へ移動しそこで行われる。

自由時間、遊び、非日常生活圏の三つが重なった行動領域が観光である。審議会答申のこの観光定義は、観光と呼ばれる領域の典型を示すものである。現実世界では、これら三つの特性のすべてではないが、その一部を含む多くの行動がある。上図は三つの特性の重複構造のなかに、これらの行動例を示したものである。自由時間、非日常生活圏、遊びのそれぞれによって特徴づけられる行動は各円の内部にある。これらの円外にある行動はそれぞれ業務時間、日常生活圏、業務で特徴づけられる行動である。

典型的観光は三つの円が重なる領域に位置している。しかし、その隣接領域には典型的観光を定義する三つの特性のうち、二つを含んでいる領域がある。日帰り旅行の範囲は日常生活圏と考えれば、典型的観光と異なる点はその行き先が宿泊を要する距離かどうかという点だけである。留学が典型的観光と異なるのは遊びでないという点だけである。社員旅行、修学旅行が典型的観光と異なるのは、広い意味での業務に属しているという点だけである。

団体旅行という旅様式による観光旅行の外縁的拡張は、とくに修学旅行や社員旅行について行われた。

修学旅行の復活や拡がりは戦後まもなく始まっている。一九四六（昭和二一）年に、いくつかの高校、中学で修学旅行を始めた。たとえば山口県立原狭高等女学校は三泊四日で松江、大社へ、大阪船場高等女学校は阿蘇へ出かけた。岡山県矢掛中学は関西方面へ、近畿大学附属中学は四国方面に出かけた。食糧事情が悪かったので、米など食糧持参であった。これらの先例を追って修学旅行をする学校が増え、一九五〇（昭和二五）年には修学旅行の需要が増え始めた。それに対応するため、日本国有鉄道（JR各社前身）が集約輸送臨時列車を用意し、東京と京都・大阪間などに修学旅行列車を用意した。

いつの時代でもどこの国でも、戦争体験世代はその子供をかわいがる傾向がある。戦後の厳しい生活事情のなかでも、子供に一生の思い出を創ってやりたいという親の思いがあったのであろう。これを底流として、旅行業は修学旅行市場の拡大を狙った。しかし旅行商品は輸送、宿泊、観光地などのネットワークによって成り立つ商品である。さらに修学旅行の場合には学習指針など教育行政とも関連する。修学旅行市場の拡大には、教育行政からの規制、交通機関の確保、観光地の受け入れ体制などが必要であった。

この問題を解決するため、日本交通公社がリーダーシップをふるった。文部省（文部科学省前身）、運輸省（国土交通省前身）、国鉄、東京都の合意を取りつけ、一九五二（昭和二七）年に公益法人の日本修学旅行協会を設立した。その公式目的は学校教育の一環としての有益・低廉な修学旅行の実施を目指すことであった。その後、賛助会員には各地の自治体、観光連盟など、受け入れ地区の任意団体だけでなく、輸送、宿泊、観光施設、旅行業の企業が名を連ねた（http://www.jstb.or.jp/about/index.html）。こうして観光関連産業の要望も反映される機構ができあがった。

日本修学旅行協会は、その事業として、各種調査や修学旅行の体験などの情報発信、輸送機関への団体割引や専用列車などの要望、修学旅行費用等の国庫補助金申請などの公式的な事業だけでなく、新旅行コース開拓や各地自治体の修学旅行誘致運動の助言などを行った。この意味でこの協会は修学旅行商品を開発し、また修学旅行市場を拡大する上でも大きい役割を果たした。本来の修学旅行だけでなく、遠足、移動教室、合宿、野外活動など広く教育旅行と呼ばれる分野にまでその射程は拡がっていく。

もともとわが国における修学旅行の歴史は古い。一八八六（明治一九）年の東京師範学校の「長途遠足」がその始まりであるといわれている。修学旅行は文字通りに解すれば、学を修めるための旅行である。東京師範学校の修学旅行はまさしくこの種の旅行であった。時代を反映して、それは行軍旅行であった。生徒は鉄砲を携帯し徒歩で旅行し、途中に発火や散兵の演習を行った。また学術演習として、気象調査、採集、作図、写景、学校参観などを行った。

その後修学旅行は他の師範学校、実業中学校や一部の高等小学校などに拡がった。山口県赤間関商業高校（現下関商業高校）の一八九六（明治二九）年の旅では、一一泊一二日で阪神方面に出かけた。そこでは各種取引所、会社・工場、商品陳列所など日常学習と密接に関連したところを訪れた。長野県上伊那高等小学校伊那富分校は二日間の日程で諏訪湖一周を行った。集団で一日に約五里を徒歩行進し、製茶業地、諏訪の温泉地、天然ガスの噴出地などの見学を行った。他の学校についても、そのほとんどは広い意味での実地修学を目指すものであった（修学旅行ドットコム「修学旅行の歴史」）。

しかし、第二次世界大戦後になると、修学旅行の内容は変化し始める。修学旅行も旅行商品化の対象になった。徒歩移動などではなく、輸送機関を使った旅になり、宿泊に旅館やホテルを利用するようになった。とくに変わったのは高度成長期以降の行き先である。戦前のような修学内容が消え、次第に行楽的・遊び的要素が強くなる。

小学校では比較的近隣の観光地や温泉に向かう。東京方面では日光、箱根、信州、新潟など、関西方面では京都、奈良、大阪である。中学校になると、東京方面が行先になると東京ドームシティ、東京ディズニー・リゾート、東京タワー、関西方面が行先になると、京都、奈良の寺院、ユニバーサル・スタジオ・ジャパンなどが加わった。また私立中学では北海道や沖縄へ出かける。一九九〇年以降では、高校生になるとハワイ、アメリカ西海岸、イギリス、中国、韓国など海外へ出かける学校も増え始めた。修学旅行に占める観光要素の拡大は一貫した傾向である。

多くの旅行者を一気に捕まえるために、旅行業の矛先は一般企業にも向かった。高度成長が進むにつれて、人手不足が深刻になっていった。また急成長企業では、毎年新入社員が急速に増えていった。また日常業務も需要増に応えるため過酷であった。このような事情のもとで、人材を確保・維持し、組織風土をどう作り上げていくかは経営者の共通の悩みであった。旅行業はこの悩みを捉えて、社員の福祉向上やかれらの相互コミュニケーションの向上を目指した社員旅行を提案した。

社員旅行の主要な行き先も温泉地であった。東京の企業などでは、熱海・箱根・伊香保などの温泉に出向き、社員一同で大宴会を催すのがその主内容であった。この大宴会の文化は忘年会の文化と似かよったところがある。忘年会の慣行の歴史については諸説があり明確ではない。しかし、年を忘れるというが、そのさいの「年」とは何か。苦労をしたその年度であるのか、自分の年齢か、それともその会に集う人々の年齢差か。少なくとも明治時代から忘年会は無礼講ともいわれるようになった。これから見ると、忘年会は年齢差を忘れて飲み騒ぐことであった。

年功序列社会では年齢差はタテ社会を形成する。年齢差を忘れるとはこのタテ社会、上下関係を忘れるということである。社員旅行での大宴会は上下関係を忘れ、本音をぶつけたり、隠し芸によって自分のパーソナリティを披露することなどによって、社員の人的ネットワークをより強固にするという狙いがあった。社員旅行の場合にも招待旅行と同じように、社員は上役の一望監視のまなざしのもとに置かれていた。とくに大宴会場などでは遊びの席でありながら社内序列が支配し、部下のひととなりを見極めようとする管理者の目が密かに光っていた。

◆一般旅行者の団体化

企業、学校、各種団体、系列店、得意先会など、制度的に潜在旅行客がまとまっている市場が飽和してくると、旅行業者は一般の旅行客をも団体旅行の枠組みに編成し始めるようになる。そのほとんどは企業や各種組織の団体旅行とは異なり、まったく観光だけを目指した旅行であった。本来的には個人的な性格を持つ私的な個人旅を、団体旅行として編成しようとしたのである。

まずその標的になったのは新婚旅行である。戦前にはごく少数の人たちを除いて、新婚旅行といった慣習はなかった。現在では新婚旅行は結婚にともなう最大のイベントの一つになっている。多くの人たちが新婚旅行をいわば当たり前のことと考えている。新婚旅行の慣行化への転機は、一九五〇年代の中頃から一九六〇年代の初め、つまり高度成長前期に到来した。その到来には複数の要因が作用している。

一九五四（昭和二九）年、大リーグのスーパースター、ジョー・ディマジオは、これもハリウッドの大女優マリリン・モンローと新婚旅行に日本を訪れた。マスコミは大騒ぎしてかれらの行程を日々取材した。西洋の新婚旅行の実態を日本人は身近に知ることになる。一九五七（昭和三二）年から女性週刊誌が登場した。「週刊女性」（一九五七年）、「女性セブン」（一九五八年）などである。これらは戦後の民主化によってますます強くなっていく女性の生活欲望の声を代弁しようとした。

女性週刊誌は当初ファッションなどを取り上げていたが、とくに集中取材の対象になったのは今上天皇が皇太子であったころのご成婚ニュースであった。軽井沢のテニスコートでの出会いから結婚にいたる経過をつぶさに記事にして女性の結婚ロマンをかき立て、「ミッチーブーム」に火をつけた。この時代に皇族女性の行動は、多くの女性のあこがれの対象であり、想念上のオピニオンリーダーとして作用していた。

輸送会社や旅行業も新婚旅行の慣行化に大きい影響を与えた。すでに一九五五（昭和三〇）年に国鉄は周遊券を発売し始めていた。これにもとづき、旅行業者が東京からは伊豆・箱根への一―二泊旅行を新婚旅行用に商品化した。一九五九（昭和三四）年には日本交通公社が「新婚旅行案内」を出版した。国鉄は「ことぶき周遊乗車券」を始め、種々な周遊券や航空路も加味した新婚割引周遊券を発売する。

また一九六〇（昭和三五）年には昭和天皇の皇女清宮が新婚旅行に宮崎に出かけた。これをきっ

新婚列車

©島 一恵

かけに宮崎方面への新婚旅行の人気が高まった。一九六七（昭和四七）年になると、新婚旅行専用列車が大阪・宮崎間で登場する。これを利用して日本交通公社は、大安日のみの大安旅行セットを発売した。列車内はすべて新婚カップルであった。なかには、自分の選択が間違っていなかったかどうか、他のカップルを観察する者もいた。

その間、一九六六（昭和四一）年から五〇〇ドル以内ならば、外貨を持ち出し海外個人旅行ができるようになっていた。これを利用して、日本交通公社は女性セブンとの共同企画で、ハワイへの新婚旅行六〇組を集客した。これ以降、外貨の持ち出し制限が緩和され、また円高が進むにつれ、海外への新婚旅行はますます増える。一九八〇（昭和五五）年には、新婚旅行の行き先として海外が国内を上回った。主要な行き先はハワイやグアムなどである。

企画旅行（パッケージツアー）の利用は一般の観光旅行者にも拡がった。各地の温泉、名勝への国内旅行だけではない。その行き先は海外旅行にまで拡がる。新婚だけでなく、一般の人も海外旅行に出かけるようになったのである。一九六四（昭和三九）年から七九（昭和五四）年までの一五年間に、出国者数の対前年伸び率（％）は二年度を除き二桁を記録した（日本旅行業協会「保存版旅行統計」）。

これには一九七〇年代以降の航空機の大型化や円高が寄与した。出国者に占める観光客の比率については、体系的なデータはないが、一九六四（昭和三九）年の四月から八月まで大蔵省が為替承認ベースで毎月調べた資料（「国内の観光旅行の現況」）がある。

観光渡航自由化以降の五ヵ月で、六八、八七六人が出国したが、そのうち二七％の一八、五五四人が観光目的であった。この間、業務・その他が目的の出国者月間数に明確な趨勢は見られないが、観光目的の出国者数は毎月上昇している。その後も、航空機の大型化や円高の進行につれて、観光客数の増加が出国者の高い伸び率を支えたと思われる。海外旅行に占める観光客の比率は業務客比率を大きく引き離した。二〇〇六から〇八年には、パック旅行を含む個人観光旅行は七六・二％に達しているからである（日本交通公社「旅行者動向2009」）。それに大きく貢献したのは旅行業者による企画旅行商品であった。

パリの団体旅行

©島 一恵

企画旅行は、旅行業者が旅行の時期、目的地、運送、宿泊、飲食などサービス内容とその代金を定めて売出す団体旅行商品である。企業などの依頼による受注型企画旅行もあるが、一般の観光客が利用したのは募集型企画旅行である。それは不特定多数の個人旅行者を団体旅行に編成した商品である。訪問先、輸送機関、宿泊施設、食事、旅行中の行動などがすべて規格化され、見知らぬ個人が団体行動をとって旅行したのである。

とくに団体行動が徹底していたのは海外旅行である。それを先導したのはＪＡＬが開発した企画旅行「ジャルパック」である。飛行機、バスなど輸送機関、ホテル、食事メニューが同じであっただけではない。出国から帰国までの旅行中の行動も団体行動そのものであった。まだ男性が多く、ダークスーツに身を固め、ＪＡＬから提供された揃いの旅行カバンを肩にかけ、カメラをぶら下げていた。

入国手続き、外貨交換、ホテルのチェックイン、食事について、添乗員の指示に従った。観光地では、添乗員の掲げる旗を目印に行列で移動した。これを見た現地人はまるで幼稚園の遠足だと評した。土産物を買うさいには添乗員の引率で免税店に押しかけ、同じように洋酒、たばこ、香水などを買い込んだ。香港、シンガポール、ホノルルなどの免税店は日本人であふれかえった。

高度成長期には「ジャルパック」は旅行商品としては大きい成功を収めた。外国旅行を個人でするには外国語が話せ、チップなど生活習慣を知り、交通機関、ホテルの外国事情を知っている必要がある。大衆にそれを求めることは不可能であった。「ジャルパック」はこれらのことを知らなくても、添乗員の指示にさえ従っていれば、どこでも足跡だけはつけられるようにした。

添乗員は両替、チェックイン、専用バスによる観光地のガイド、西洋トイレ・バスの使い方、土産物の善し悪しなど、あらゆる面倒を見た。日本人だけで旅行するこの企画商品が提供したのは、外国へ延長された「日本村」であった。これが金はあり外国に行きたいが、躊躇していた人たちを引きつけたのである。「ジャルパック」は誰でも外国に行けるようにし、日本人の外国体験者を大量に増やした点で大きく貢献した。

以上のように団体旅行は、旅の様式のあらゆる側面を規格化していた。旅行のスケジュール、目的地、輸送手段、ホテル、旅行中の活動などが事前に詳細に規格化され、旅の参加者がそれに従ったのである。添乗員はこの旅の規律の監督者であった。企画旅行などでは、旅行業者は消費者保護のために旅程管理・旅程保証・特別補償などの法的責任をおわされる。とくに海外旅行などでは、参加者の事故防止、安全性などが懸念材料であった。このため、自由時間をできるだけ少なくし、多くの観光地を引っ張り回し、疲れさせて早く寝かせることが添乗員の使命であった。

◆旅の観光産業化

戦後から高度成長期にかけて、団体旅行が旅の支配的様式であった。高度成長前期の一九六〇（昭和三五）年に、内閣府は「国民の旅行に関する世論調査」を二〇歳以上の男女三、〇〇〇人を対象に対して行っている。それによると、旅行に占める宿泊観光旅行の全体比率は六六％であり、その大半は団体旅行であった。

団体の内容は、職場団体（同業組合、農協を含む）や、地域団体（町内会、婦人会など）である。また、一九六二（昭和三七）年八月の内閣府「消費者動向予測調査」によれば、旅行回数から見てその約半分は団体旅行、約三分の一が家族旅行であった。家族旅行よりも仕事関係先を中心とした団体旅行が支配的な旅様式である。

戦後から高度成長期にかけて、観光旅行はなぜ団体旅行という旅様式をとったのだろうか。これにも複数の要因が絡まっている。

まず高度大衆消費社会の到来によって、消費者の旅欲望はますます強くなっていった。たとえば、都市世帯では一九六一（昭和三六）年八月から一九六三（昭和三八）年八月の二年間に、宿泊旅行世帯は五七％から六一％に増え、一年間の平均世帯旅行費用は一万八、六〇〇円から二万六、九〇〇円と一・六倍に増加していた（「消費者動向予測調査」）。

この時代に旅欲望を増加させたメカニズムは、三種の神器と呼ばれた家電（テレビ、洗濯機、冷蔵庫）の急速な普及と同じである。それはいわば人並み、世間並み欲望の追求であった。消費者の欲望は個人の内部から生じるというよりも、むしろ世間の動向、空気に大きく左右された。高度成長の時代的空気のなかで人々の気分はハイになっていた。隣近所や友人、知人、職場仲間が観光旅行に出かければ、それと同じように行動することを望んだ。これによってバスに乗り遅れず、自分も中流階級であることを確認したかったのである。

総体としての旅需要が高まっただけではない。その需要期も季節的に集中した。夏の盆休み、春に桜が咲き、秋に紅葉が始まる行楽シーズン、そして年末から正月にかけての期間である。とくに企業などで、年次休暇がまだ自由かつ十分に取れなかったからである。期間的にも集中しながら、ますます増大していく旅需要に対して、観光地への交通機関やそこでの宿泊施設のキャパシティの増加は立ち遅れていた。

たとえば、一九五五（昭和三〇）年から一九六三（昭和三八）年にかけての宿泊施設の急速な伸びは、旺盛な旅需要に対して宿泊施設のキャパシティが遅れ気味であったことを示している。投資はつねに需要の伸びを後追いするからである。一九五五年に登録ホテルの客室収容人員数は六、七八三人から、六三年の一八、六三〇人に増加した。約二・七倍の伸びである。登録旅館の収容人員は四、一七四人から二三、四七一人に増えた。約五・六倍の驚異的な伸びである（昭和三九年度「運輸白書」第33表）。

旅行業者はこのような事態に対処せねばならなかった。ハイ・シーズンに対する旅行業者、とくにその大手の戦略は、交通機関の座席やホテル・旅館の部屋を顧客獲得前に見込みで押さえ、確保しておくことであった。このため、ハイ・シーズンになると、個人が自分で交通機関やホテル・旅館を手配することは困難になっていた。見込み需要で交通機関や宿泊施設を押さえた旅行業者は、旅行客を集め送り込むことが必要になる。それは見込需要にもとづく大量生産に似ている。旅行商品をいわば規格化・標準化したのである。団体旅行、企画旅行は大量販売のもっとも効率的な方法であった。大手旅行業者は法人相手の営業を強化する一方で、人が集まる主要駅などに店を構え、また広告宣伝によって不特定多数の顧客を勧誘しようとした。

これらのマーケティング努力と並行して、観光地の受け入れ体制も整備する必要があった。航空会社や鉄道会社は、その輸送路上に直営のホテルを経営したり、また大規模遊園地の建設など、いわば垂直統合的にこの整備を行うことがある。しかし、国内観光地の整備の多くは、日本交通公社、近畿日本ツーリストなど、大手旅行業者の主催による協力会の組織化によって行われた（島津望「事業ネットワークとしての観光商品」）。協力会は旅行業者が競争に勝ち抜くための優位性基盤であった。

協力会とは何か。協力会は大手旅行業者とサプライヤーとの間のネットワーク型組織である。観光客受け入れのため、観光地では多様な事業者が必要である。これらの事業者は観光地のサプライヤーと呼ばれる。それはホテル、旅館、路線バスなど二次交通、観光施設、飲食、土産物などに関わる事業者である。大手旅行業者とサプライヤーの関係は互恵関係で結ばれていた。

協力会が強ければ、大手旅行業者は企画旅行に必要な宿泊施設の部屋や輸送機関を確保できた。また魅力的な飲食店や土産物の手配ができた。一方、サプライヤー側は一定数の顧客を送り込んでもらえるだけでなく、企画旅行のパンフレットに掲載してもらえるため、かれらへの顧客信用も増えた。

消費者の目線から見れば、観光旅行には輸送、宿泊、飲食、観光名所見物、土産物など異種のモノとサービスの購入が必要である。企画旅行はこれらをパッケージ化した複合商品である。主要旅行業者の企画旅行とそれを支える協力会は、やがてこれら異種のモノ・サービスを統合して、観光産業ともいうべき一つの複合的な産業を生み出していった。この産業の使命は大量の旅行客に観光サービスを効率的かつ安価に提供することであった。このため、観光産業は物品の大量生産における流れ作業と同じように、観光サービスの規格化によってその工業化をはからねばならなかった。観光商品はサービス商品であるから、サービス・ビジネス特有の経営課題にさらされる。サービスは無形であるから、その品質の手がかりとして何らかの有形物を示す必要がある。サービス商品の生産は消費と同時に起こる。たとえば輸送、宿泊、飲食などサービスの生産は顧客を前にして初めて始まる。またその生産に際しては、施設、設備だけでなく、人手によるサービス提供も付け加わる。

したがって、サービス商品の品質は提供者、場所、タイミングによって大きく変動する可能性がある。サービス商品はさらに物品のように貯蔵がきかない。あらかじめ在庫によって需要ピーク時に備えるといった対応はとれない。したがって、需要変動とサービス提供キャパシティの整合は管理上必須の課題になる（橋元理恵「需要平滑化のためのアメニティ開発」）。

サービス商品の内容を規格化・標準化し、しかもそれへの大量の顧客を集めることは、サービス・ビジネスの経営課題を解決し、サービス商品としての観光商品を効率的に、安価に提供するもっとも有効な手段であった。そして、「ジャルパック」といった企画旅行に付けられたブランド名は一定の品質保証を連想させ、旅の品質への旅行者不安を除去するのに役立った。企画旅行を始め、種々な団体旅行商品の開発と販売に旅行業者が腐心したのはこのような事情によるものである。

◆観光権力の発生

しかし、一般の消費者はかならずしも団体旅行を好んでいたわけではない。一九六〇（昭和三五）年の時点ですら、内閣府、「国民の旅行に関する世論調査」によれば、団体で行きたいという人が二七％であるのに対して、家族・友人など少人数で旅行したい、つまりいわゆる個人旅行をしたいとした回答者は六七％を占めていた。

それにもかかわらず、なぜ高度成長時代に人々はその欲望に従って個人旅行をしなかったのだろうか。それはかれらの希望する旅行シーズンでは、輸送機関や宿泊施設が旅行業者によって企画旅行など団体旅行用に押さえられて、個人では確保できなかったからである。このような時期に旅をしようとすれば、団体旅行を通じてしか旅立つことができなかった。

また、一九六〇年代から七〇年代にかけて多くの人が行きたいと願う旅先は地域的に集中する傾向があった。これに拍車をかけたのが次々に開催された大型イベントである。東京オリンピック（一九六四年）、大阪万博（一九七〇年）、札幌オリンピック（一九七二年）、沖縄海洋博（一九七五年）などである。これらの開催地には多くの人が殺到した。

こうして、経済成長期には旅の様式はその各面において規格化され・標準化され、人々はその制約の範囲内でしか旅することができなかった。ある一定の期日、期間に同じ輸送機関で旅立ち、同じホテルに滞在した。同じ時間に同じような会席料理などを食した。訪れる観光場所、そこでの滞在時間もあらかじめ決められ、もっとそこにいたいと思ってもそのような自由はきかなかった。そして旅行業者が提携している昼食店や土産物店に立ち寄った。旅はまるで工場の流れ作業のように機械的に進行した。

フランスの思想家フーコーならば、これを観光権力と呼んだかもしれない（ミシェル・フーコー「主体と権力」）。企画旅行など団体旅行の普及に邁進した観光産業が全体として創り出したものは、旅の様式を構造化し拘束・制約するという意味で、権力の行使にほかならなかったからである。観光権力とは旅の様式についてのこの種の拘束・制約作用である。企画旅行におけるサービス内容の標準化・規格化、添乗員の引率は、この権力行使の手段であった。

高度成長期までの旅の支配的様式が団体旅行であったということ、これは大手旅行業者の団体商品開発が同時に消費者の欲望を創り出すという、ガルブレイスが述べた依存効果（「豊かな社会」）によるものではない。また、ドゥールズ、ガタリがいうように、人々が人間欲望機械になり（「アンティ・オイディプス」）、団体旅行をいわば自動的、機械的に受け入れたわけでもない。

団体旅行の盛行によって生じた権力関係は、大手旅行業者の市場支配だけで生み出されたものではない。むしろそれは、消費者における自由時間の不足、旅欲求の高まりとその季節的・場所的集中とそのさいの輸送、宿泊施設などのキャパシティ不足、これに対応する観光産業の経営努力が全体として絡み合い、生み出したものである。観光権力は高度成長を背景にした時代の社会的所産であった。

◆生活価値の転換

観光権力を生み出した高度成長期は、一九七〇年代に入ってまもなく終わりを告げた。一九七一（昭和四六）年にはドルショックによって一六・八％の円高になり、七三年から七五年にかけて戦後最大といわれる不況が到来した。石油ショックによる物不足騒動、狂乱物価、環境問題などが次々に起きた。経済成長率は鈍化し、その後、バブル経済がはじける一九九〇年代の初めまで、安定成長の時代が続くことになる。そして、バブル崩壊後になると日本経済は長い低迷の時代に入ることになった。

この間に日本人の生活価値、すなわち生活で何を大切にするのかということに大変化が生じた。消費者の心が変貌したのである。高度成長期には多くの人が住宅、耐久消費財、ファッションなどモノの豊かさを追求した。そのために仕事を優先して猛烈に誰もが働いた時代である。しかし何のために働くのか。モノの豊かさと心の豊かさのいずれが大切なのだろうか。モノの普及が一段落す

今後の生活重点

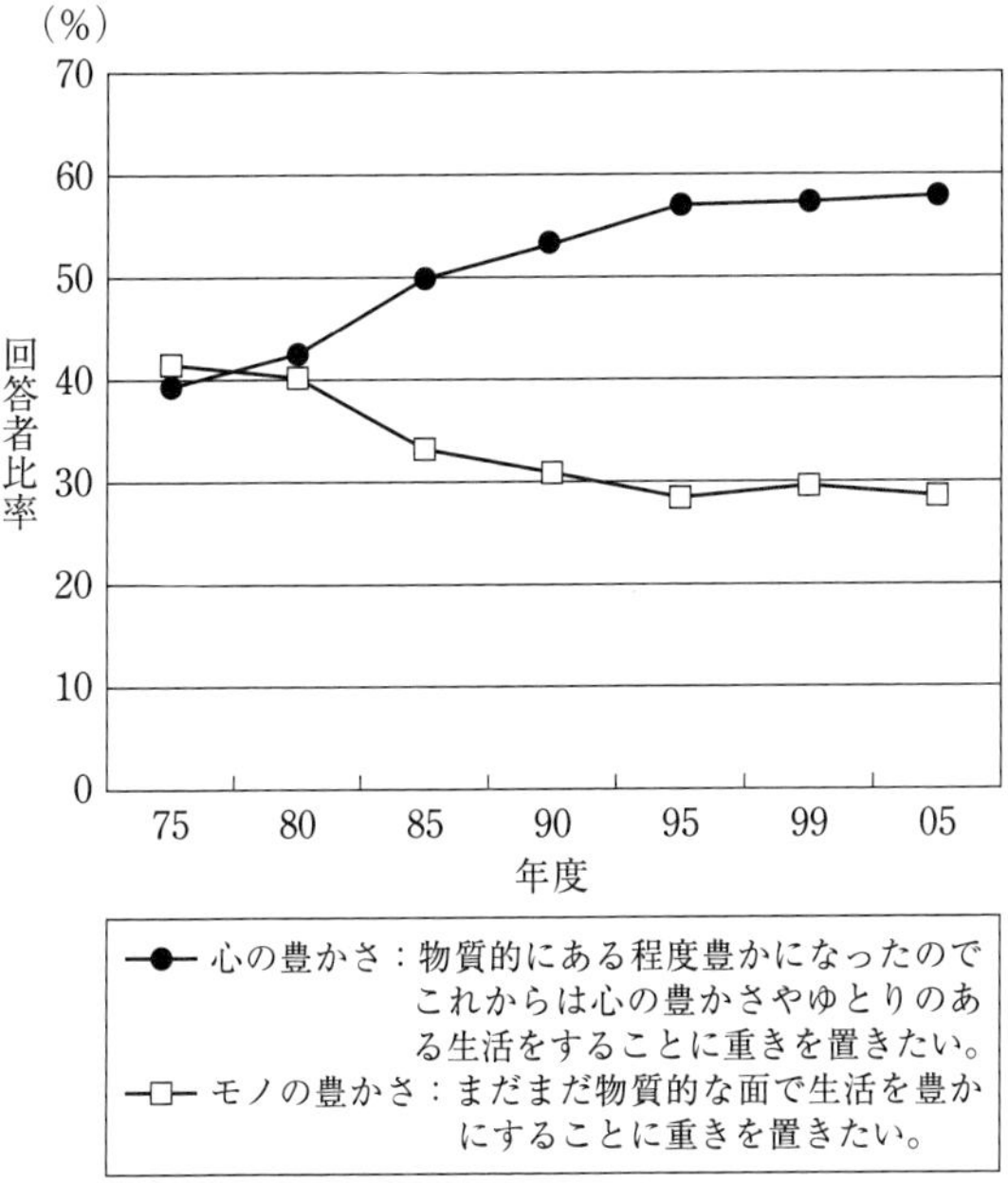
(%)
70
60
50
40
30
20
10
0
回答者比率
75
80
85
90
95
99
05
年度
心の豊かさ：物質的にある程度豊かになったのでこれからは心の豊かさやゆとりのある生活をすることに重きを置きたい。
モノの豊かさ：まだまだ物質的な面で生活を豊かにすることに重きを置きたい。

データ源：内閣府,「国民生活に関する世論調査」。

ると、多くの人の心に芽生え出したのはこのような疑問である。

上図に示すように、七〇年代はこの選択に関して、多くの消費者の心のなかで葛藤が始まった時期である。モノの豊かさを追求する人と、心の豊かさを追求する人の比率が拮抗し始めた。八〇年代になると、多くの人がこの問題に解答を見つけ始めた。モノよりも心の豊かさを重視する人が年々増えて、九〇年代の半ばごろになると、心の豊かさを追求したいとする人の比率が三分の二近くを占めるようになる。

日本人全体で見たこのような生

活価値変化の数字は、何を表しているのだろうか。一九八〇年代以降になると、高度成長を推進してきた人たちは中年期から高年期に移行し始めていた。それまでに住宅を取得し、しかもその資産価値は地価の急上昇によって増えていった。貯蓄も増え、子供も成人化して、生活にゆとりが出てきた。このような生活基盤の充実によって、消費者の生活価値がモノの豊かさから心の豊かさへと徐々に移行し始めていた。

しかし、モノの豊かさから心の豊かさへの生活価値の転換は、既存の消費者の変心だけによって生じたわけではない。それ以上にこの転換を促したのは新しい消費者の登場であった。数字の変化の背景には、新しい生活価値を持つ消費者が古い生活価値を持つ旧来の消費者と入れ替わったという事情がある。

一九八〇年以降、戦後生まれの団塊の世代を先頭に、新しい生活価値を持つ消費者の比率が高まっていった。かれらは高度成長を牽引した世代を両親に持ち、モノの豊かさを達成するため仕事に邁進していた両親の背中を見て育った世代であった。しかし、手、口、目で教えるよりも、背中で親が子供に教えることははるかに難しい。

親たちは家族の幸せを願って、住宅、車、家電製品などモノの豊かさを得るために邁進した。かれらの多くはモノがないことの貧しさを、戦中戦後の生活を通じていやというほど体験していたからである。それから抜け出すことが親世代の生活目標であった。しかし子供たちの多くは自立して

今後に重視する生活局面

〈「今後、生活のどのような面に力を入れたいか」への複数回答〉

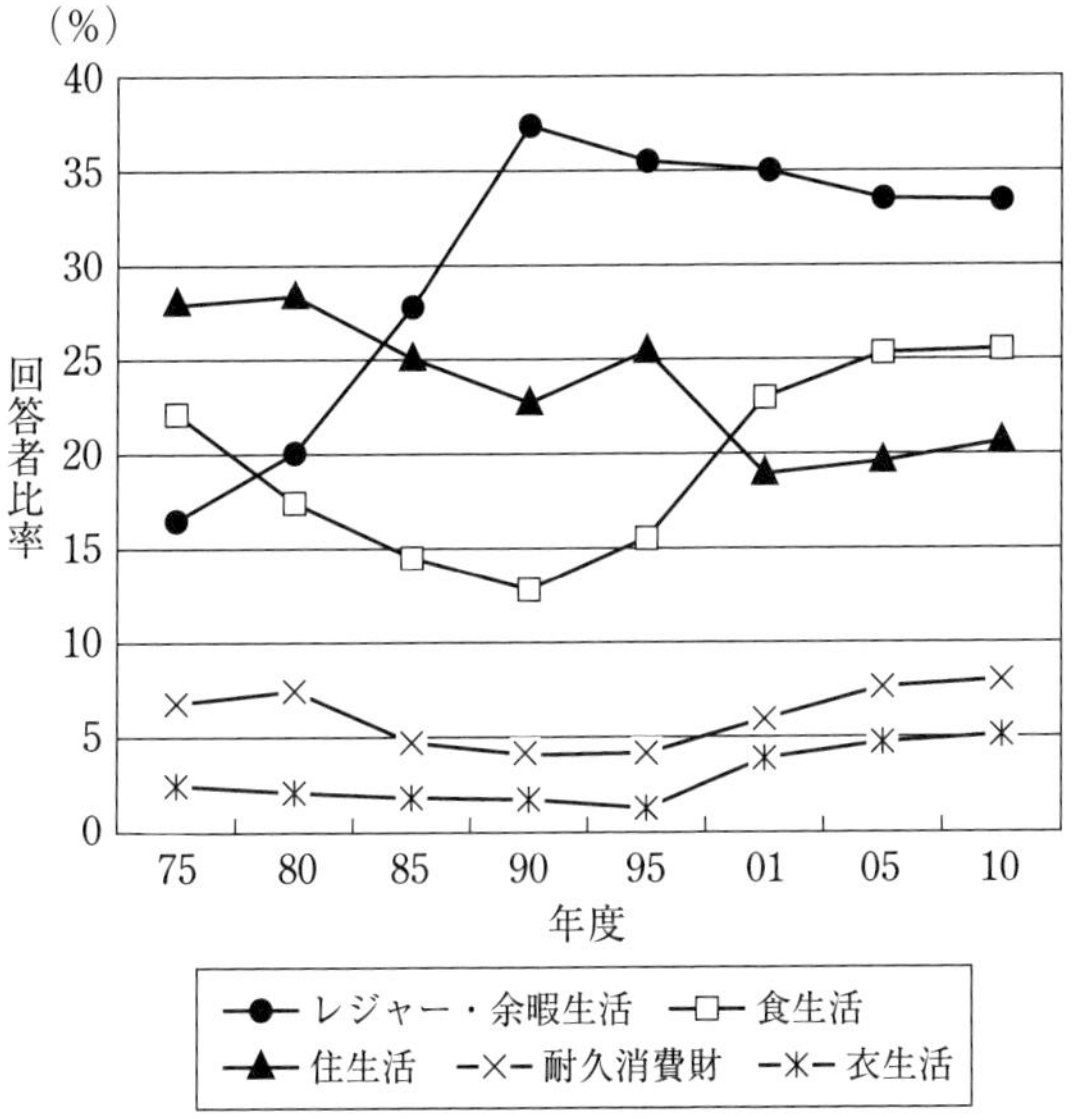

データ源：内閣府,「国民生活に関する世論調査」。

家庭を持っても、親と同じ方向には走ろうとはしなかった。モノの豊かさはかれらにとってすでに与件であり、当たり前のことだったからである。かれらはモノよりも心の豊かさを求め始めていた。

モノよりもむしろ心の豊かさを追求するようになると、消費生活はどのように変わっていくのだろうか。上図のように、生活価値の転換を背景にして、重視する生活局面も大きく変化し始める。それを象徴するのは、レジャー・余暇生活を重視する消費者比率の上昇である。一九七〇年代には一五％前後であったが、八〇年代に急上昇し、九〇年代以降になると三五％前後で定着

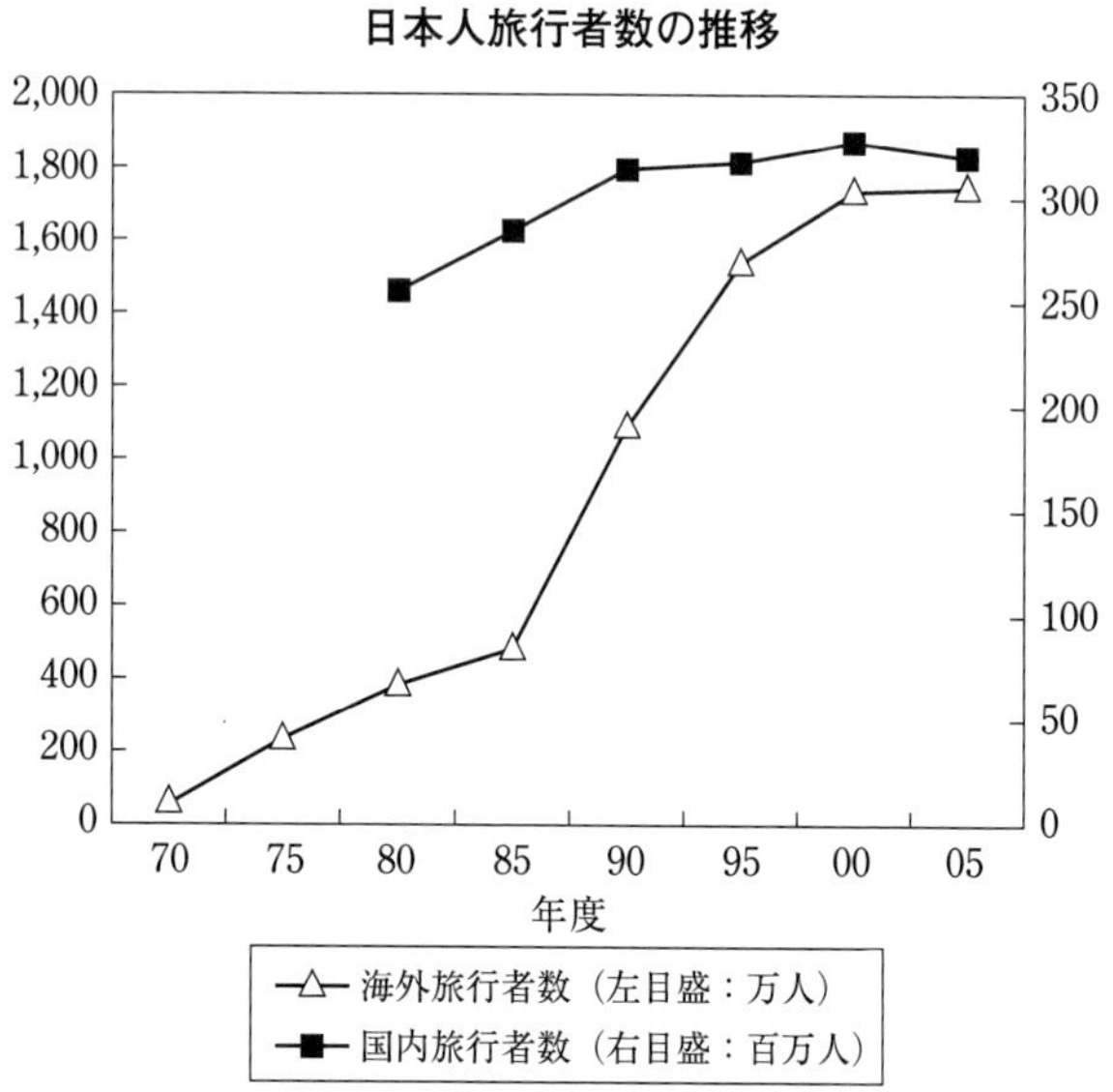

データ源：海外旅行者数は法務省調べ，国内旅行者数は日本交通公社推計。

するにいたる。衣・食・住生活や耐久消費財などのモノを重視する比率と比べても、レジャー・余暇生活を重視する比率は八〇年代の前半でそれらを抜き去り、以後第一位の位置を占め続けるのである。

衣・食・住生活や耐久消費財を重視すれば、種々なモノがいる。これらの生活局面を重視するということはモノの豊かさを重視するということである。これにたいして、レジャー・余暇生活を重視する際には、モノはそれほど重要ではない。むしろ心の豊かさが追求されている。レジャー・余暇生活の重視は、モノの豊かさから心の豊かさへの生活価値転換に対応するものである。

レジャー・余暇生活と呼ばれるものの範囲はきわめて広くその内容も多様である。

それはテレビ視聴、ＤＶＤ・ビデオ観賞、新聞・雑誌購読、ごろ寝といった日常家庭内での自由時間の過ごし方から、スポーツ、学習・研究、趣味・娯楽、旅行・行楽など戸外活動を要するものまでを含んでいる。このようなレジャー・余暇のなかで、実際に行動した人の比率（行動率）から見ると、旅はレジャー・余暇の中核の一つを占めるようになった。

実際に日本人の旅行者数は一九八〇年代に入ると、急速に伸び始める。国内旅行者は延べ数で見ると、八〇（昭和五五）年の二億五、五〇〇〇万人から九〇（平成二）年の三億一、二〇〇〇万人に伸びた。もっと急速に伸びたのは海外旅行である。一九七〇（昭和四五）年に海外旅行者の延べ数は六六万人に過ぎなかった。それが八〇年には三九一万人、そして九〇年には一千万人を突破して一、一〇〇万人になる。

これに大きく貢献したのは、外貨持ち出し制限の緩和と急速な円高である。すでに一九六六（昭和四一）年には、外貨持出限度額は一人一回五〇〇ドルに制限されていたものの、観光渡航の回数制限が撤廃された。限度額もその後徐々に引き上げられていく。一九七三（昭和四八）年には円は一ドル／三六〇円の固定相場制から変動相場制に移行する。日本経済の強さによって円高が進行し、八〇年代に入ると一ドル／二〇〇円台前半にまで円高になった。ドル安・円高を容認した一九八五（昭和六〇）年のプラザ合意後に、円高はさらに進行し九〇年には一ドル／一〇〇円台前半にまで下降する。円高は日本人の海外渡航費用を大幅に切り下げることになった。

国内旅行者数の伸びは一九九〇（平成二）年以降は鈍化するが、海外旅行者数は円高のさらなる進行や九四年の関西空港開港など国際空港の整備により二〇〇〇（平成一二）年まで伸びる。旅行者数が停滞し始めるのは二一世紀に入ってからである。

もちろん旅行のすべてが観光旅行ではない。観光旅行がどのような比重を占めていたのだろうか。それを示すのは総務省「社会生活基本調査」のデータである。「社会生活基本調査」は国民生活の生活実態を捉えるために行われているもっとも大規模な調査である。それは五年に一度、全国の八〜一〇万世帯を対象にしている。

この調査によって各旅行様式を行った人の比率を見ると、一九八六（昭和六一）年には国内観光（六五・九％）、海外観光（三・七％）、日帰り行楽（五六・五％）、帰省・訪問旅行（二〇・七％）、国内業務旅行（一五・〇％）、海外業務旅行（一・三％）であり、二〇〇一（平成一三）年には、国内観光（五四・二％）、海外観光（一〇・三％）、日帰り行楽（六五・一％）、帰省・訪問旅行（二六・八％）、国内業務旅行（一六・七％）、海外業務旅行（二・五％）であった。八〇年代以降の旅の中心内容は、明らかに観光旅行になっていた。

◆観光権力のたそがれ

観光旅行は一九八〇年代以降にとくに拡大していったが、その旅様式にも大変化をともなっていた。それは団体旅行ではなく、個人旅行がますます増えるというかたちをとって現れた。個人旅行と呼ばれるものには、一人旅だけでなく、家族や親しい友人との小グループでの旅も含まれている。旅様式から見ると、個人旅行の特徴はその期日と期間、行き先、輸送機関、宿泊施設、訪問する観光地とそこでの滞在時間、食事などを個人が自由に手配する旅行である。個人旅行は旅様式としては団体旅行の対極に立っている。そして個人旅行の増加は観光権力が衰退していくことを意味している。

高度成長期に観光権力は団体旅行を通じて人々の旅様式を拘束し制約した。その観光権力はどのようにしてそのたそがれを迎え始めたのだろうか。その経緯を追跡してみよう。

重要な点は、観光権力の作用は市場を場としていることである。それは旅行業者と消費者の間の二者間関係で生じるものではない。それはより開放的な観光市場を場として生じる権力である。旅行業者を始め、輸送業や観光地のサプライヤーが種々なサービスを提供し、消費者がそれらのなかから選択して自分の旅を組み立てる。その取引の場が観光市場である。

高度成長期に観光権力が生まれたのは、一方で消費者の観光欲望が時期的に集中しながら急速な高まりを見せるのに、市場の供給側では輸送や宿泊のキャパシティーがそれに十分に対応できなかったからであった。旅様式についての消費者の選択範囲はきわめて限られていた。一九八〇年代以降の観光権力のたそがれは、これらの市場条件が変貌し始めたことを契機としている。

まず鉄道の輸送能力が新幹線の導入によって飛躍的に向上した。一九六四（昭和三九）年の東海道新幹線の開通を手始めに、山陽（一九七五年）、上越（一九八二年）が全面開通した。さらに、新幹線網は東北（大宮～盛岡、一九八二年）、山形（福島～山形、一九九二年）、秋田（盛岡～秋田、一九九七年）、長野（高崎～長野、一九九七年）と延長していった。新幹線網が旅客流動の大動脈を結ぶにつれて、鉄道の輸送能力による旅の制約はなくなっていった。

航空も同じである。高度成長とともに全国の主要都市に空港が造られていった。一九五五（昭和三〇）年に一三しかなかった空港数は、七〇（昭和四五）年には五七ヵ所に増えていた。その後離島などにも空港を建設していったので、九〇（平成二）年には八二ヵ所に増えた。全国のほとんどの地区への空路ができた。また、国は六七（昭和四二）年以降、七次にわたる空港整備五ヵ年計画を推進した。これによって既存空港についても、滑走路の増設や延長、ジェット機の乗り入れなどによってその輸送キャパシティは急速に拡大していった（河合優輔「空港から見た首都圏の航空行政」）。

地方空港が次々に整備されて国内空路網と輸送キャパシティが拡大しただけではない。一九七八

高速道路網の推移

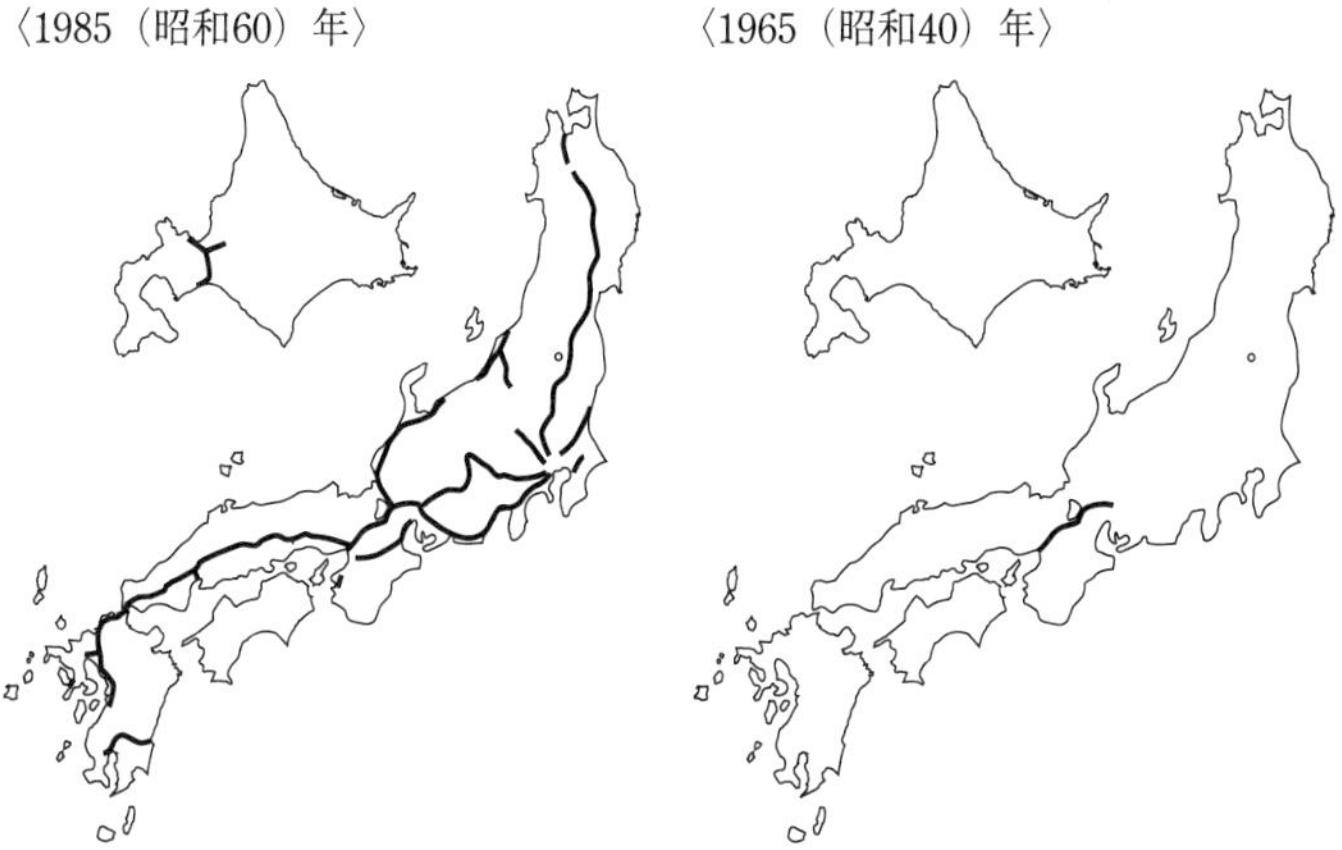

（昭和五三）年には成田国際空港が開港し、九四（平成六）年には関西国際空港が開港した。これら以外にも、中部、福岡、広島、岡山、仙台、新潟などが国際空港になった。国際空港が羽田と伊丹しかなかった時代には、国際便の発着数はきわめて限られていたが、空港整備によってこの制約がなくなったのである。

　しかしながら、旅に必要な輸送キャパシティにもっとも大きい影響を与えたのは、高速道路網の整備と車社会の拡大である。高度成長期の一九六五（昭和四〇）年には、名神高速道路が整備されていただけで、日本の高速道路網はまだ未発達であった。しかし、その二〇年後の一九八五（昭和六〇）年になると、高速道路が全国の主要地域を結びつけるようになっていた。この間に主要高速道路が一気に造られたのである。高速道路網はその後もさらに充実していくことになる。

　高速道路網の整備が進むにつれて、一九八〇年代ごろからバス会社の長距離高速バスが急速に発展し始めた。それは飛行機や新幹線に比べて、はるかに安い運賃で旅客を運んだ。さらに団体で移動する場合には、貸切バスが利用できるようになった。しかし、旅の輸送機関に最大の影響を与えたのはマイカー（自家用乗用車）の急速な普及である。

高度成長が始まったばかりの一九六〇（昭和三五）年では、マイカー（自家用乗用車）の登録台数は約三六万台に過ぎない。その保有者は上流階層だけである。高度成長がほぼ終わりかけた七〇（昭和四五）年になると、それは約六五六万台にふくれあがっていた。車価格が低下する一方で、人々の所得が向上したからである。中流上層の人にまでマイカーが拡がった。住宅の郊外化や高速道路網の整備が進むにつれて、マイカーの普及はさらに進む。マイカーの登録台数は、一九八〇（昭和五五）年に二、一二九万台、一九九〇（平成二）年に三、二一八万台、そして二〇〇〇（平成一二）年には四、二一一万台となった（国土交通省「自動車保有車両数」）。

ほとんどの世帯にとって、マイカーは生活必需品となり、誰もが持つようになった。マイカーの普及は人々の地理空間移動を革命的に変えた。日時、移動方向、停車地点など、まったく個人の自由意思によって決められるようになったからである。公共交通網がなくても、道さえあればどこにでも行けるようになった。

マイカーは公共交通のキャパシティ制約から個人を完全に解放したのである。マイカーはまた個人の物流能力を飛躍的に向上させた。少々の荷物があっても苦労なく運べるようになった。こうしてマイカーは宿泊観光旅行でも主要な利用交通機関になる。二一世紀に入ると、宿泊観光旅行では、五〇%前後の人が自家用車を利用するようになる。ちなみに、貸切バスの利用率は二〇%前後、JRは二〇%強、そして飛行機は一〇%強である（日本観光協会「平成21年度版 観光の実態と志向」）。

新幹線、空路、高速道路などの整備、マイカーの急速で広範な普及、これらは交通の大革命であった。これによって観光権力を支えていた輸送キャパシティの制約はほとんどなくなってしまったのである。

旺盛な旅行需要を背景に宿泊施設も充実していった。大規模な一流ホテルが主要都市や観光地に建設された。これらのホテルの多くは日本ホテル協会の会員であるが、二〇一一（平成二三）年一〇月現在で二三八のホテル会員があり、その収容人員数は約一一万人である。ホテルの立地は全国に拡がっている（http://www.j-hotel.or.jp/pdf/countingdata.pdf）。大都市ではシティホテルのかたちで造られ、沖縄や北海道など主要観光地ではリゾートホテルのかたちで建設された。いずれもその内部は一つの街に近く、多様な飲食施設、物販店、娯楽施設を取り込んでいる。それは現代で贅沢を楽しめる代表的な空間である。

もっと大衆的な宿泊施設も増加した。ビジネスホテルや民宿も含めた中小の宿泊施設である。厚生労働省の調べ（厚生労働省「衛生行政報告例」）では、一九九六（平成八）年には全国のホテル客室数は五五六、七四八、旅館客室数は一、〇〇二、〇二四である。二〇〇五（平成一七）年になると、ホテル客室数は六九八、三七八に増加するが、旅館客室数は八五〇、〇七一に減少する。

現代の消費者は、一般にホテル形式であれば、宿泊施設としてのサービス品質は旅館よりも高いと判断する傾向がある（田村正紀「観光地のアメニティ」）。ホテルが栄え、旅館が衰退するのは、現代における宿泊施設の傾向である。いずれにせよ、宿泊施設のキャパシティの制約もなくなった。むしろ二一世紀に入ると、ホテルや旅館は過剰なキャパシティに苦しんでいる。

さらに一九九七（平成九）年からインターネットが登場する。消費者へのその普及はきわめて急速であり、二〇〇五（平成一七）年になるとその利用者は八、五二九万人、人口普及率は七〇・八%に達した。宿泊・旅行・飲食などは対消費者ビジネスのなかで、インターネット普及の影響をもっとも大きく受けた業種である。年々、インターネットを通じての電子商取引（EC）は増加した。二〇一〇（平成二二）年には宿泊・旅行・飲食のEC化率は四・六五%に達した（経済産業省「電子商取引に関する市場調査」）。

とくに国内宿泊旅行に限っていえば、パッケージを利用しない旅行者ほど、ネット専門旅行予約サイトで旅を手配する。輸送機関や宿泊施設の予約をインターネットで行うだけではない。インターネットを利用すれば、観光地の様子、宿泊施設、グルメ情報に関してもっとも新鮮な情報を容易に収集できるようになった。もともと旅行業者が持っていた情報を消費者は自由に得ることができるようになったのである。しかも、インターネットを利用すれば、航空機やホテルに関して割安料金を見つけることもできる。かつて旅行業が消費者に対して持っていた旅行情報の優位性は完全に消滅してしまったのである。

観光権力を生み出した要因の一つとして、消費者側に自由時間が制約されていた事情もある。しかし、この制約も労働条件の改善によって徐々に減少した。まず労働時間が減っていった。たとえば、事業所規模三〇人以上の常用労働者の月間実労働時間を見ると、高度成長期の一九六〇（昭和三五）年には二〇二・七時間であった。その後、一九八〇（昭和五五）年に一七七・〇時間、九〇（平成二）年に一七三・四時間、そして二〇〇〇（平成一二）年になると一五七・八時間にまで減少した（厚生労働省、「毎月勤労統計調査年報（全国調査）」）。

旅行のための自由時間としてとくに重要なのは週休二日制と年次休暇である。三〇人以上の民営企業について見ると、一九八五（昭和六〇）年に、週休二日制は四九・一%の企業で採用されていた。その採用率は九〇（平成二）年には六六・九%、二〇〇〇（平成一二）年には九〇・三%と急速に増加した。少なくとも一週間に二日程度の自由時間が確保できるようになったのである。

年次休暇については、従業員規模三〇人以上の民営企業について、一九八五（昭和六〇）年以降では一〇—一一日くらいの有給休暇が取られている。有給休暇の消化率はほぼ五〇%強で推移し、上昇傾向は見られないが、一週間程度ならば有給休暇を利用して出かけられるようになった（厚生労働省「就労条件総合調査報告」）。

こうして団体旅行をする人が減り、観光権力はそのたそがれを迎えることになった。日本交通公社がその「旅行者動向二〇一〇」のなかで行った旅行者の四分類カテゴリーの比率に、観光権力の衰微は明確に現れている。カテゴリーの分類軸は費用負担が個人か法人か、旅行形態が個人か法人かである。個人観光旅行は個人負担の個人旅行である。それは帰省・家事のための旅行も含むがほとんどは観光旅行である。団体観光旅行には、個人負担で郵便局・信用金庫・宗教団体・サークルなどの組織募集に応じる組織募集団体旅行と、職場旅行や招待・報奨旅行など、法人負担の会社がらみの団体旅行がある。さらに出張・業務旅行は法人負担の個人旅行である。

二〇〇九（平成二一）年の国内旅行について見れば、個人観光旅行（六九・六％）、組織募集団体旅行（六・〇％）、会社がらみ団体旅行（四・五％）、出張・業務旅行（一三・七％）となっている。二〇〇七（平成一九）年から〇九年度の間の海外旅行について見ると、個人観光旅行（六九・六％）、組織募集団体旅行（五・〇％）、会社がらみ団体旅行（四・九％）、そして出張・業務旅行（一七・〇％）である。国内と海外のいずれの旅行について見ても、団体旅行の比率は、国内旅行については一〇・四％、海外旅行については九・九％に過ぎない。それに代わって、個人観光旅行の比率が圧倒的に高く、現在の旅の支配的様式になったことを示している。

◆ 万華鏡としての個人旅行

現代の旅の支配的な様式は個人観光旅行である。家族あるいは親しい友人と連れ添って、期日、訪問地、宿泊場所、食事内容などを自由に決めて楽しむ旅である。パッケージツアーでもフリープランのものは、この種の個人旅行のなかに入れても良いだろう。たしかに交通と情報の革命は観光市場の市場条件を変えた。しかし、それらを利用して、観光権力のたそがれを推進したのは、個人旅行にかけた消費者大衆の欲望であった。

大衆の欲望はいわば水である。あるときには企画旅行、団体旅行のような方形の器に従う。しかし、大衆の欲望はその方形の器からあふれ出ることがある。水を方形の器に従わせていた境界がいたるところで破られ、奔流となって低い四面に拡がる。交通・情報革命、宿泊施設の充実など、旅のインフラの大変化を機に、消費者大衆の旅欲望は個人旅行という旅様式をとって一気にあふれ始めた。

個人観光旅行が消費者のどのような欲望を映し出しているのか。この点から見ると、現代の個人観光旅行は万華鏡である。その筒を揺らすにつれて多様な色模様が現れる。色模様は旅にかける消費者の欲望とそれを実現する旅様式が映し出されている。筒を揺らすのは、景気動向によっても変動する所得や旅人のライフステージだけではない。天変地異による自然災害、政治紛争・騒乱による安全性の低下なども筒を揺らす要因だ。たしかに個人観光旅行は多様な色模様を見せるがそのなかでも、現代にくっきりと表れているいくつかの色模様がある。

観光旅行といった活動は消費生活のゆとりを表している。衣食住が充実し、それでも余る所得がなければ、観光旅行などは行われない。観光旅行を支えているのは自由裁量所得である。戦前にこのようなゆとりがなかった一般世帯では、温泉旅行に行くなどということは主婦の生涯の夢の一つだった。観光庁の推計によれば、二〇〇九（平成二一）年に日本人は国内旅行に二二・九兆円、海外旅行に四・七兆円の支出をした（日本旅行業協会・日本観光振興協会「数字が語る旅行業2011」）。その大部分は観光旅行である。日本にはまだゆとりがある。

しかし、二一世紀に入ってから、国内旅行も海外旅行も、日本人の旅行者数から見ると停滞が続いている。二〇〇一（平成一三）年からの一〇年間、国内旅行者数は延べ数で三億人前後で推移したが、傾向としては減少気味である。海外旅行は一、六〇〇万人前後で横ばい状態が続いている。この背後には経済の停滞が続いて所得が低下気味で、自由裁量所得が減少しつつあるという事情がある。年間どのくらい観光するのか。その機会数は所得に関して弾力的であり、所得変化に敏感に反応する傾向がある（田村正紀「観光地のアメニティ」）。

経済不況によって職場環境が厳しいほどストレスがたまる。一流と呼ばれてきた企業すら国際競争や不慮の事故によって経営危機に陥り、人員削減が行われる。このような時代には、将来の所得の見通しが不確実になり、家族全員が不安になる。所得が停滞・減少しても、たとえ一時的にせよ陰鬱な日常生活から解放され、心の安らぎを求めたくなる。現代の消費者は経済的ゆとりの減少と旅欲望の強まりとの相克を、旅様式の革新によって解決し始めている。車を利用した日帰り旅行がそれだ。

日本生産性本部の「レジャー白書」によれば、数ある余暇活動のなかで参加者人数から見ると、ドライブは二〇〇八（平成二〇）年には三位、その翌年には一位となった。全国各地での高速道路網の充実によって、日帰り旅行圏は飛躍的に拡大した。従来では宿泊しなければ行けないところでも日帰りで行けるようになった。日帰り旅行圏は日常生活圏といってもよい。車利用によって、日常生活圏の地理的範囲は全方位的に飛躍的に拡大した。

時々刻々変わっていく車窓風景を楽しみ、ビューポイントでは車を停めてしばらくくつろぐ。遊園地、動物園を訪問して子供の喜ぶ顔にビデオカメラ・写真機を向ける。B級グルメの評判店を探して食事を楽しむ。温泉地では外湯を利用し、足湯だけでも楽しむのも良い。帰りには道の駅で地元の新鮮な野菜・果物や特産品を買って帰る。このような日帰り旅行が陰鬱な日常生活を一時でも忘れさせ、心を癒してくれる。

観光庁も日帰り旅行の盛行が気になり始めたのだろうか。近年になってようやく全国統一基準で観光入込客数調査を始めた。この調査の特徴は宿泊客だけでなく日帰り客も捕捉する点にある。まだ実施や集計を完了していない都道府県もあり全国数字は得られていないが、発表数字から日帰り旅行のだいたいの様子は知ることができる。

二〇一一（平成二三）年について、県外から来た日本人観光客に占める日帰り観光客の平均比率を、四一都道府県で計算してみると七三％である。県外観光客ですら、その大半は日帰り客である。またその種の日帰り観光客の四一都道府県平均の一人当たり観光消費額は、宿泊客消費額の二八％に過ぎない（観光庁「観光入込客数統計」）。日帰り旅行はあきらかに旅願望の強まりと経済的余裕の減少の背反を解決する旅様式である。

この旅様式によって、宿泊をともなう典型的観光の領域が、その市場規模から見ると、急速に狭くなっている。高度成長期に観光旅行は修学旅行や社員旅行の観光化によってその領域を拡大してきた。しかし、いまや潮は逆の方向に流れ始めている。典型的観光の領域が日帰り旅行の増加によって縮小し始めているからである。客単価が宿泊客の三分の一にも満たない日帰り観光客の増加によって、いままで宿泊客を前提に形成されてきた温泉街などの観光地は、今後その態様を大きく変貌させるであろう。

宿泊観光旅行についての旅様式は、旅人のライフステージによっても大きく異なる。とくにその行き先に大きい差異がある。若者層について見ると、一九八〇年代以降に多くの若者が旅に出た。

とくに男は「地球の歩き方」を手にして、西岡たかしの唄のように「遠い世界に旅に出ようか」と海外に向かった。豊かな社会に育った若者たちは、「明日の世界を探しに行こう」としたのだろうか。女はシャネル、ヴィトンといったブランドの新作物の獲得に海外に向かった。高い関税率によって大きい内外価格差があったからである。香港のペニンシュラ・ホテルのヴィトン店などでは、入店を待つ日本人女性の行列ができ話題になった。

一九九〇年代前半のバブル崩壊以降になると、若い男はますますしぼみ、若い女はますます花開いていった。車を欲しがったり、旅に出る男が少なくなり、パソコン相手に部屋にこもる者が増えた。一九八六（昭和六一）年施行の男女雇用機会均等法以降には、キャリア指向の女性給与は男と同じになった。彼女たちは国内ではグルメ外食の話題店をあさり、海外では一流ホテルに泊まって美容マッサージを受けたり、自分好みのファッションを探し求めてパリ、ミラノのファッション街を彷徨した。若い女は海外旅行の機会に、日常生活では経験できない贅沢空間を求めるようになった。

キャリアでない地方の若い女たちの間では、最新のファッションを求めて、東京や大阪の百貨店・専門店を訪れる買物旅行が盛んになってきた。地方都市の衰退に伴い、地方の百貨店や専門店はバブル崩壊後に大きく衰微した（田村正紀「業態の盛衰」）。若い女が求める最新のファッションは地方都市では入手が困難になってきた。こうして大都市への買物ツアーが増えているのである。買物の魅力というアメニティの宿泊客吸引力は、グルメの魅力とともに、数ある観光地アメニティのなかでも上位を占める（田村正紀「観光地のアメニティ」）。東京の銀座などは、アジアからの外客と地方からの買い物客をよく見かける街に変貌しつつある。

一九八三（昭和五八）年に東京ディズニーランドが開園した。若い女性グループが押しかけただけでなく、幼稚園、小中学生を持つファミリー層にとって、ディズニーランドは国内旅行の憧れの行き先になった。長く続く経済不況のなかで、小さい子供をかかえるファミリー層は、住宅や車の借金返済そして塾、私学などの教育費負担に苦しんでいる。子供の年頃からいじめや非行化の問題についても目が離せない。ディズニーランドへの旅は家族との交流を楽しみ、その絆を強める最大の機会であろう。

観光庁の「宿泊旅行統計」で各都道府県の全国シェアを計算してみると、二〇〇九（平成二一）年で東京ディズニーランドのある千葉県は一二・二%で第一位となる。ちなみに二位は北海道一一・三%、三位は沖縄八・五%である（田村正紀「観光地のアメニティ」）。ディズニーランドはその催し物をたえず更新している。今日のディズニーランドは昨日のそれと同じではなく、明日もまた変わるだろう。そこに行けば大人でも童心に返る。親は子供と共通の想い出を作ることができる。ディズニーランドが観光地として最大のアメニティを維持し続けているのは、若い友人相互の交流、また家族の絆を強めたいと願うファミリー層の欲望に応えているからである。

ファミリー層でも経済的に余裕のある消費者は、入学祝いなどをかねて家族で外国旅行にも出かける。親たちは若いころに渡航経験を持つ人も多いから、団体旅行でなくても苦にならない。その行き先は近くのグアム、ハワイ、アジア諸国だけでなくアメリカにまで伸び始めている。

便利なパッケージツアーを利用して、航空運賃・宿泊費を節約し、一―二ヵ所でゆっくりとできるだけ長く滞在しようとする。基本的な設備が整っていれば高級ホテルにはこだわらず、現地の人がふだん利用するレストランで食事をする。想い出として現地の人たちが使っている日用品や雑貨を買い求める。海外への家族旅行は親も子供も一生の想い出であり、家族の連携を強める最大の家庭イベントになりつつある。

子育てを終了した年齢層は観光旅行の最大の担い手である。高齢になって健康状態や判断力が衰えたことにより旅の安全性に問題が出てくると、団体旅行をする比率が増えてくるが、それまでは個人旅行を楽しむ人が多い。退職すれば自由時間が増える。経済状態の問題がなければ、旅行回数が増える。

二〇〇六（平成一八）年の「社会生活基本統計」によると、たとえば国内旅行について年四回以上出かける旅行マニアは、頭数では消費者の一五・四%を占めるに過ぎない。しかし、日本人全体の延べ旅行回数のほぼ半分は、この旅行マニアの旅行によって占められている（田村正紀「観光地のアメニティ」）。この旅行マニアのほとんどは、退職したが経済的に余裕のある高齢者層である。

観光地のアメニティには、歴史遺産（名所・旧跡、町並み景観など）、グリーン（自然・風土・気候、温泉など）、アーバン（百貨店・専門店、ホテルなど宿泊施設、美術館・博物館）そして郷土文化（イベント・祭り、郷土芸能、ご当地料理）の四つのタイプがある。旅行マニアはこれらのアメニティがあればいたるところを訪れる。経済的余裕のある人は、グリーン車を利用して移動し、一流ホテル・旅館に泊まる。節約すれば欧米への海外旅行へ行ける料金の国内旅行商品も出始めている。

海外旅行も同様である。海外旅行の行き先は先進国大都市から次第に地球上の各地域に拡がりつつある。忙しく多数国を回る旅から、特定国・地域に集中して深く旅をしようとする傾向が見られる。これらの旅への参加者の多くは高齢層の旅行マニアである。資産がいくらあっても、持っては死ねないことに気づいたのだろうか。これらの富裕層では贅沢な旅も増えている。ビジネスクラス利用で移動し、高級ホテルに泊まり、豪華な食事を楽しむ。そして豪華客船によるクルーズを楽しむ人もいる。

団体観光旅行のたそがれとともに、それに代わるものとして、オルタナティブ・ツーリズムあるいはニューツーリズム（観光庁「観光立国推進基本計画」平成二四年三月三〇日閣議決定）ということがいわれ出した。長期滞在型観光、産業観光、文化観光、ヘルスツーリズム、グリーンツーリズム、エコツーリズムなどと呼ばれている旅様式である。そこで強調されるのは、名所・景観などの見物ではなく、訪問先での体験やそこで観光を担っている人たちとの交流やふれあいである。

たとえば、長期滞在型観光では同一地区で長く滞在し地域生活を楽しむ。産業観光では産業施設・技術を用い、地域内外の人々との交流を図る。文化観光では日本の歴史や文化を体験し、その理解を深める。ヘルスツーリズムでは食事療法、運動指導などの健康増進プログラムや健康診断を体験する。グリーンツーリズムでは農山漁村に滞在し現地生活を体験する。エコツーリズムではガイドから案内を受け、自然環境の保護に配慮しながら、自然環境に触れ合う。

観光という用語に変えてツーリズムという用語を使い出したのも現代のトレンドである。この背景には名所・景観の見物という意味合いを強く持つ観光という用語によっては、現代の個人旅の拡がりを捉えられなくなっているのではないかという危惧がある。しかし、ツーリズムという用語はツアーから出た用語である。

ツアーとは娯楽のためにいくつかの街、国を回る旅であり、観光旅行に該当する。ツーリズムの基本的な意味は、英英辞典を引けばわかるように、このようなツアーをする人に宿泊施設、サービス、もてなしを提供する事業活動である。ツーリズムを観光旅行の意に用いる場合には、観光旅行をこのような事業活動とツーリスト（観光旅行者）との相互行為からなるシステムと見なしているからである。いずれにせよ、ツーリズムという用語は観光の域外にある用語ではない。

しかし、オルタナティブ・ツーリズムの例としてあげられる旅様式は、娯楽が主目的の観光コンセプトをはみ出している。それは団体旅行に代わる代替的な観光旅行様式ではない。むしろそれは観光よりももっと広い旅様式そのものである。観光権力の支配から抜け出た現代の個人旅は、観光からその母である旅そのものへ、回帰を始めているのかもしれない。

多様な生活価値観を持つ大衆が個人旅行を楽しむ。これが現代の旅の特質である。そこでは観光だけでなく、その目的から見て新しい旅様式が生まれかけている。その多くは、旅の歴史の先駆者たちが播いてきた種子が芽を吹き出したことによるものである。西行、芭蕉、伊勢参宮者、弥次北、近代の海外渡航者、そして徳富蘆花、田山花袋、柳田国男など、旅の歴史の先駆者たちの血が大衆のなかで一斉に騒ぎ出している。それが依然として残る観光旅行とともに、現代の旅様式の有様を万華鏡にしているのである。

参考文献（出版年次の下の（　）内数字は原書の出版あるいは執筆年次）

【著書・論文・歌集】

飛鳥井雅有、外村南都子校注・訳「春の深山路」（「中世日記紀行集」に所収）、小学館、一九九四（一二八〇?）。

阿仏尼、岩佐美代子校注・訳「十六夜日記」（「中世日記紀行集」に所収）、小学館、一九九四（一二八〇）。

アブラハム・マズロー、小口忠彦訳「人間性の心理学」産業能率大学出版部、一九八七（一九七〇）。

網野善彦「日本社会の歴史」岩波新書、一九九七。

網野善彦「中世の非人と遊女」講談社学術文庫、二〇〇五（一九七六―一九九三）。

網野善彦「日本の歴史をよみなおす」ちくま学芸文庫、二〇〇五（一九九一、一九九六）。

イザベラ・バード、時岡敬子訳「イザベラ・バードの日本奥地紀行」講談社学術文庫、二〇〇八（一八八〇）。

石川英輔「大江戸泉光院旅日記」講談社文庫、一九九七。

和泉式部、近藤みゆき訳「和泉式部日記」角川ソフィア文庫、二〇〇三（一〇〇四）。

板坂燿子編「江戸温泉旅行」東洋文庫、一九八七。

犬塚孝明「薩摩藩英国留学生」中公新書、一九七四。

犬塚孝明「密航留学生たちの明治維新」ＮＨＫブックス、二〇〇一。

井原西鶴、吉行淳之介訳「好色一代男」中公文庫、一九八四（一六八二）。

井原西鶴、暉峻康隆訳・注「世間胸算用」小学館ライブラリー、一九九二（一六九二）。

井原西鶴、堀切　実訳注「日本永代蔵」角川ソフィア文庫、二〇〇九（一六八八）。

イブン・バットゥータ、家島彦一訳「大旅行記」東洋文庫、一九九六―二〇〇二（一三五五）。

ヴィンフリート・レシュブルグ、林　龍代／林　健生訳「旅行の進化論」青弓社、一九九九（一九九七）。

ウォルター・ウェストン、岡村精一訳「日本アルプス—登山と探検」平凡社ライブラリー、一九九五（一八九六）。

ヴォルフガング・シベルブシュ「鉄道旅行の歴史」法政大学出版局、一九八二（一九七九）。

右京太夫、糸賀きみ江全訳注「賢礼門院右京大夫集」講談社学術文庫、二〇〇九（九〇五）。

エドウィン・O・ライシャワー、田村完誓訳「円仁　唐代中国への旅」講談社学術文庫、一九九九（一九五五）。

江戸吉原叢書刊行会編「吉原細見」八木書店、二〇一一（一七〇七以降）。

エリック・リード、伊藤　誓訳「旅の思想史」法政大学出版局、一九九三（一九九一）。

エンゲルベルト・ケンペル、齋藤　信訳「江戸参府旅行日記」東洋文庫、一九七七（一七二七）。

圓　仁、深谷憲一訳「入唐求法巡礼行記」中公文庫、一九九〇（八三八？）。

大江匡房「遊女記」（田中嗣人、「遊女記について」（http://ci.nii.ac.jp ）に原文あり）、（平安後期）。

大岡敏昭「幕末下級武士の絵日記」相模書房、二〇〇七。

大伴家持（？）、中西　進訳注「万葉集」講談社文庫、一九七八—一九八五（七五九？）。

太安万侶、竹田恒泰訳「現代語古事記」学研、二〇一一（七一二）。

大室幹雄「志賀重昂『日本風景論精読』」岩波現代文庫、二〇〇三。

小野武雄「吉原と島原」講談社学術文庫、二〇〇二。

鴨　長明、市古貞次校注「方丈記」ワイド版岩波文庫、一九九一（一二一二）。

唐木順三「日本人の心の歴史」ちくま学芸文庫、一九九三（一九七〇—一九七二）。

河合優輔「空港から見た首都圏の航空行政」http://gyosei.mine.utsunomiya-u.ac.jp/since2001koki/waseda08/090108kawai.htm、二〇〇九。

河東碧梧桐、「日本の山水」紫鳳閣、一九一四。

神崎宣武「江戸の旅文化」岩波新書、二〇〇四。

喜田川守貞、宇佐美英機校訂「近世風俗志（守貞謾稿）」岩波文庫、一九九六（江戸後期）。

鬼頭　宏「人口から読む日本の歴史」講談社学術文庫、二〇〇〇。

紀　貫之、西山秀人編「土佐日記」角川ソフィア文庫、二〇〇七（九一八？）。

紀　貫之ほか、高田祐彦訳注「古今集」角川ソフィア文庫、二〇〇九（九〇五）。

国木田独歩「武蔵野」新潮文庫、一九四九（一九〇一）。

久米邦武編著、水野　周訳・注「特命全権大使米欧回覧実記」慶應義塾大学出版会、二〇〇八（一八七八）。

クロード・レビ＝ストロース、川田順造訳「悲しき熱帯」中央クラシックス、二〇〇一（一九五五）。

クロード・レビ＝ストロース、荒川幾男訳「人種と歴史」みすず書房、一九七〇（一九五二）。

兼好法師、西尾　実・安良岡康作校注「徒然草」ワイド版岩波文庫、一九九一（一三三一？）。

幸田露伴「旅行の今昔」青空文庫（「新聲」一九〇六年八月号）、一九〇六。

小島烏水、近藤信行編「山を賛する文」（「山岳紀行文集　日本アルプス」に所収）、岩波文庫、一九九二（一九〇三）。

小島法師（？）、長谷川　端訳「太平記」小学館、一九九四（一三六六）。

後白河法皇、西郷信綱編「梁塵秘抄」ちくま学芸文庫、二〇〇四（一一六九）。

後白河法皇、馬場光子全訳注「梁塵秘抄口伝集」講談社学術文庫、二〇一〇（一一八〇？）。

後鳥羽上皇「後鳥羽院御口伝」（歌論集／能楽論集に所収）、岩波書店、一九六一（一二二五―一二二七？）。

小林一茶、丸山一彦校注「一茶俳句集」岩波文庫、一九九〇。

後深草院二条、次田香澄全訳注「とはずがたり」講談社学術文庫、一九八七（一三一三？）。

コンスタンチン・ヴァポリス、小島康敬・M・ウィリアム・スティール監訳「日本人と参勤交代」柏書房、二〇一〇（二〇〇八）。

西行「山家集」（「和歌文学大系、山家集／聞書集／残集」に所収）、明治書院、二〇〇三（一〇五〇？）。

斉藤誠治「江戸時代の都市人口」地域開発、一九八四年九月号。

坂本是丸「神仏分離・廃仏毀釈の背景について」mkc.gr.jp/seitoku/pdf/f41-2.pdf。

作者不詳、高田眞治・後藤基巳訳「易経」岩波文庫、一九六九。

作者不詳「伊勢参宮献立道中記」(「日本庶民生活資料集成」第二〇巻所収)、三一書房、一九七二(一八四八)。

作者不詳、石田穣二訳注「伊勢物語」角川ソフィア文庫、一九七九(九一八?)。

作者不詳、桑原博史全訳注「西行物語」講談社学術文庫、一九八一(鎌倉期)。

作者不詳、長崎　健校注・訳「海道記」(「中世日記紀行集」に所収)、小学館、一九九四(一二二三)。

作者不詳、矢島文夫訳「ギルガメッシュ叙事詩」ちくま学芸文庫、一九九八(紀元前二〇〇〇年初頭)。

作者不詳、中野幸一訳「うつほ物語」小学館、一九九九(平安中期)。

作者不詳、高木　卓訳「現代語義経記」河出文庫、二〇〇〇。

笹本正治「異郷を結ぶ商人と職人」中央公論新社、二〇〇二。

慈円、大隅和雄訳「愚管抄」(「日本の名著：慈円・北畠親房」に所収)、中央公論社、一九七一(一二二〇)。

塩野七生「海の都の物語：ヴェネツィア物語の一千年」新潮文庫、二〇〇九(一九八〇―一九八一)。

志賀重昂、近藤信行校訂「日本風景論」岩波文庫、一九九五(一八九四)。

式亭三馬「浮世風呂」岩波書店、一九五七(一八〇九―一八一〇)。

ジークムント・フロイド、懸田克躬訳「精神分析入門」中公クラシックス、二〇〇一(一九一七)。

島崎藤村「千曲川のスケッチ」新潮文庫、一九五五(一九一二)。

島津　望「事業ネットワークとしての観光商品」(田村正紀編著、「観光地のアメニティ」に所収)、白桃書房、二〇一二。

釈　宗久「都の土産」(村松友次編、「都のつと・奥羽雑記・はなひ草大全」に所収)、古典文庫、一九九五(一六八九)。

修学旅行ドットコム「修学旅行の歴史」http://www.jstb.or.jp/about/index.html。

十返舎一九、麻生磯次校注「東海道中膝栗毛」ワイド版岩波文庫、二〇〇二(一八〇二―一八一四)。

ジョン・アーリ、加太宏邦訳「観光のまなざし」法政大学出版局、一九九五(一九九〇)。

ジョン・ケネス・ガルブレイス、鈴木哲太郎訳「豊かな社会」岩波現代文庫、二〇〇六（一九五八）。

ジル・ドゥルーズ、フェリックス・ガタリ、市倉宏祐訳「アンチ・オイディプス」河出書房新社、一九八六（一九七二）。

新城常三「庶民と旅の歴史」NHKブックス、一九七一。

信生法師、外村奈都子「信生法師日記」（「中世日記紀行集」に所収）、小学館、一九九四（一二二五あるいは一二三七）。

菅原孝標女、原岡文子訳注「更級日記」角川ソフィア文庫、二〇〇三（一〇五〇?）。

鈴木牧之、岡田武松校訂「北越雪譜」ワイド版岩波文庫、一九九一（一八三五―一八四一）。

鈴木牧之、磯部定治訳「秋山紀行」恒文社、一九九八（一八三一）。

清少納言、石田穣二訳注「枕草子」角川ソフィア文庫、一九七九（九九八）。

増基法師「いほぬし」青空文庫（明文社「国文大鑑　第七編　日記草子部」による）、一九〇六（平安中期）。

ソースティン・ヴェブレン、高　哲男訳「有閑階級の理論」ちくま学芸文庫、一九九八（一八九九）。

高杉晋作「遊清五録」（一坂太郎、高杉晋作の「革命日記」に所収）、朝日新書、二〇一〇（一八六二）。

高橋英夫「西行」岩波新書、一九九六。

谷釜尋徳「近世後期における江戸庶民の旅の費用」「東洋法学」五三巻三号、二〇一〇。

谷崎潤一郎「蘆刈」（「吉野葛・蘆刈」に所収）、岩波文庫、一九五〇（一九三二）。

田部重治「山は如何に私に影響しつつあるか」（田部重治、近藤信行編「新編　山と渓谷」に所収）、岩波文庫、一九九三（一九一九）。

田村正紀「業態の盛衰」千倉書房、二〇〇八。

田村正紀「消費者の歴史」千倉書房、二〇一一。

田村正紀編著「観光地のアメニティ」白桃書房、二〇一二。

田山花袋「山水小記」富田文陽堂、一九一七。

田山花袋「蒲団」新潮文庫、一九五二（一九〇七）。

田山花袋「東京の三十年」岩波文庫、一九八一（一九一七）。

田山花袋「温泉めぐり」岩波文庫、二〇〇七（一九二六）。

津田左右吉「文学に現れたる我が国民思想の研究」岩波文庫、一九七八（一九一七―一九二一）。

道興准后「廻国雑記」青空文庫、（一四八七）。

同志社編「新島襄の手紙」岩波文庫、二〇〇五。

藤堂明保・竹田　晃・影山輝國全訳注「倭国伝：中国正史に描かれた日本」講談社学術文庫、二〇一〇。

徳富蘆花「自然と人生」ワイド版岩波文庫、二〇〇五（一九〇〇）。

戸田熊次郎／序／狩野素川／画「久留米藩士江戸勤番長屋絵巻」http://digitalmuseum.rekibun.or.jp/edohaku/app/collection/detail?id=0186200129&y1=1828&y2=1848、（一八四〇?）。

ドナルド・キーン、金関寿夫訳「百代の過客〈続〉」講談社学術文庫、二〇一二（一九八八）。

ドン・ロドリゴほか、村上直次郎訳「ドン・ロドリゴ日本見聞録」雄松堂出版、二〇〇五（江戸初期）。

長崎盛輝「かさねの色目―平安の配色美」青幻舎、二〇〇六。

中西　進編「万葉集事典」講談社文庫、一九八五。

中村　宏「戦前における国際観光（外客誘致）政策」神戸学院法学第三六巻第二号、二〇〇六。

中山芳山堂編「江戸買物獨案内」神戸大学版画像データベース、（一八二四）。

夏目漱石「三四郎」青空文庫、（一九〇九）。

能因法師「能因歌枕」http://www.geocities.jp/kamifukuokawa/hosomichi/noin/noin_utamakura.html。（平安中期）

野田泉光院「日本九峰修行日記」（「日本庶民生活資料集成」第二巻所収）、三一書房、一九八一（一八一二―一六）。

橋元理恵「需要平滑化のためのアメニティ開発」（田村正紀編著、「観光地のアメニティ」に所収）、白桃書房、二〇一二。

林　周二「比較旅行学」中公新書、一九八九。

原　勝郎「日本中世史」講談社学術文庫、一九七八（一九〇六）。

原田勝正「明治鉄道物語」講談社学術文庫、二〇一〇（一九八三）。

福澤諭吉「学問のすゝめ」ワイド版岩波文庫、一九九四（一八七二―一八七六）。

福澤諭吉、富田正文校注「福翁自伝」慶應義塾大学出版会、二〇〇一（一八九七）。

福澤諭吉、マリオン・ソシエ、西川俊作編「西洋事情」慶應義塾大学出版会、二〇〇九（一八六六）。

藤原通俊「後拾遺和歌集」岩波書店、一九九四（一〇八六）。

藤原道綱母、上村悦子全訳注「蜻蛉日記」講談社学術文庫、一九七八（九七四？）。

フェルナン・ブローデル、浜名優美監訳「歴史学の野心（ブローデル歴史集成）II」藤原書店、二〇〇五（一九九七）。

フランシス・ベーコン、桂寿一訳「ノヴム・オルガヌム―新機関―」岩波文庫、一九七八（一六二〇）。

平秩東作「東遊記」（「日本庶民生活資料集成」第四巻所収）、三一書房、一九六九（一七八三）。

ヘルベルト・プルチョウ「旅する日本人―日本の中世紀行文学を探る―」武蔵野書院、一九八三。

松浦静山、中村幸彦・中野三敏「甲子夜話」東洋文庫、一九七七―七八（一八二一―一八四一）。

松浦武四郎「近世蝦夷人物誌」（「日本庶民生活資料集成」第四巻所収）、三一書房、一九六九（一八五七）。

松尾芭蕉、萩原恭男校注「奥の細道」ワイド版岩波文庫、一九九一（一七〇二）。

松尾芭蕉、中村俊定校注「笈の小文」（「芭蕉紀行文集」に所収）、ワイド版岩波文庫、一九九一（一六八五？）。

松尾芭蕉、中村俊定校注「鹿島詣」（「芭蕉紀行文集」に所収）、ワイド版岩波文庫、一九九一（一六八五？）。

松尾芭蕉、中村俊定校注「嵯峨日記」（「芭蕉紀行文集」に所収）、ワイド版岩波文庫、一九九一（一六八五？）。

松尾芭蕉、中村俊定校注「更級紀行」（「芭蕉紀行文集」に所収）、ワイド版岩波文庫、一九九一（一六八五？）。

松尾芭蕉、中村俊定校注「野ざらし紀行」（「芭蕉紀行文集」に所収）、ワイド版岩波文庫、一九九一（一六八五？）。

松尾芭蕉、雲英末雄・佐藤勝明訳注「芭蕉全句集」角川ソフィア文庫、二〇一〇。

松坂燿子「江戸の紀行文」中公新書、二〇一一。

間宮林蔵、大谷恒彦訳「東韃靼紀行」教育社、一九八一（一八四四）。

マルコ・ポーロ、愛宕松男訳「東方見聞録」東洋文庫、一九七〇―一九七一（一三五五？）。

丸山正彦「涙痕録」観光堂、一八九九。

三木　清「人生論ノート」（「三木清全集」第一巻所収）、岩波書店、一九六六（一九三八―一九四一）。

ミシェル・フーコー、山田徹郎訳「主体と権力」（ヒューレット・L・ドレイフェス＋ポール・ラビノー著、「ミシェル・フーコー：構造主義と解釈学を超えて」に所収）、筑摩書房、一九九六（一九八三）。

源　実朝、樋口芳麻呂校注「金槐集」新潮社、一九八一（一二一三）。

源　親行（?）、長崎　健校注・訳「東関紀行」（「中世日記紀行集」に所収）、小学館、一九九四（一二四三）。

源　通親「高倉院厳島御幸記」青空文庫。（一一八〇）

源　通具ほか選、久保田　淳訳注「新古今和歌集」角川ソフィア文庫、二〇〇七（九一八？）。

宮本常一「忘れられた日本人」ワイド版岩波文庫、一九九五（一九六〇）。

宮本常一「庶民の旅」八坂書房、二〇〇六（一九七〇）。

宮本常一「日本の宿」八坂書房、二〇〇九（一九六五）。

宮本常一編著「伊勢参宮」八坂書房、一九八七（一九七一）。

夢中散人「辰巳の園」http://www.let.osaka-u.ac.jp/~okajima/uwazura/meityosyare（一七七〇）。

武藤勘蔵「蝦夷日記」（「日本庶民生活資料集成」第四巻所収）、三一書房、一九六九（一七九八）。

紫式部、谷崎潤一郎訳「源氏物語」中央公論社、一九六四（一〇一二）。

本居宣長、尾崎知光・木下泰典編「菅笠日記」和泉書院、一八八七（一七九五）。

森　鷗外「みちの記」青空文庫（東京新報一八九〇年八～九月）、一八九〇。

八隅蘆菴、桜井正信監訳「旅行用心集」八坂書房、二〇〇九（一八一〇）。

柳田国男「青年と学問」岩波文庫、一九七六（一九二八）。

柳田国男「豆の葉と太陽」創元社、一九四一。

柳田国男「明治大正史」中公クラシックス、二〇〇一（一九三一）。

山田富之助「羅馬観光記」白鳥斯文閣、一九〇八。

山本博文「参勤交代」講談社現代新書、一九九八。

吉田松陰「幽囚録」国会図書館近代デジタルライブラリー。原文はすべて漢文。訓読文として安藤紀一著「吉田松陰先生『幽囚録』」山口縣教育会版、一九三三、近代デジタルライブラリーがある（一八五四）。

ルイス・フロイス、岡田章雄訳注「ヨーロッパ文化と日本文化」岩波文庫、一九九一（一五八五）。

ルース・ベネディクト、長谷川松治訳「菊と刀―日本文化の型」講談社学術文庫、二〇〇五（一九四六）。
J. Urry and J. Larson, *The Tourist Gaze3.0*, Sage, 2011.
L. Turner & J. Ash, *The Golden Hordes*, Constabl London, 1975.
Terius Chandler, *Four Thousand Years of Urbar Growth : An Historical Census*, Edwin Mellen Press, 1987.

【辞典・年表】


旅の文化研究所編「旅と観光の年表」河出書房新社、二〇一一。

物集高見「広文庫」、広文庫刊行会、一九一六。

森永卓郎監修「物価の文化史事典」展望社、二〇〇八。


【統計・調査報告書】

運輸省「昭和38年 運輸白書」
大蔵省「国内の観光旅行の現況」、http://www.mlit.go.jp/hakusyo/transport/shouwa39/ind110102/002.html
環境省自然観光局「温泉利用状況」
観光政策審議会「国民生活における観光の本質とその将来像」、観光政策審議会答申第八号、一九六九年四月一七日観光庁「観光入込客数統計」
観光庁「観光立国推進基本計画」（平成二四年三月三〇日閣議決定）
観光庁「宿泊旅行統計」
観光庁「旅行・観光産業の経済効果に関する調査研究Ⅸ」
経済産業省「電子商取引に関する市場調査」
経済産業省「平成21年版商業統計」
厚生労働省「衛生行政報告例」
厚生労働省「就労条件総合調査報告」
厚生労働省「毎月勤労統計調査年報（全国調査）」
国土交通省「自動車保有車両数」
総務省「社会生活基本調査」
内閣府「国民生活に関する世論調査」
内閣府「国民の旅行に関する世論調査」
内閣府「消費者動向予測調査」
日本観光協会「平成21年度版　観光の実態と志向」
日本交通公社「旅行者動向　２００９」
日本交通公社「旅行者動向　２０１０」
日本生産性本部「レジャー白書」
日本ホテル協会「ウェブサイト」、http://www.j-hotel.or.jp/pdf/countingdata.pdf
日本旅行業協会・日本観光振興協会「数字が語る旅行業　２０１１」

執筆者紹介

神戸大学名誉教授，北海学園特任教授，商学博士

専攻　マーケティング・流通システム

著書『マーケティング行動体系論』千倉書房　1971年
『現代の流通システムと消費者行動』日本経済新聞社　1976年
『大型店問題』千倉書房　1981年
『流通産業・大転換の時代』日本経済新聞社　1982年
『日本型流通システム』千倉書房　1986年（日経・経済図書文化賞，朝鮮語訳，比峰出版社，1994年）
『現代の市場戦略』日本経済新聞社　1989年
『マーケティング力』千倉書房　1996年
『マーケティングの知識』日本経済新聞社　1998年
『機動営業力』日本経済新聞社　1999年
『流通原理』千倉書房　2001年（中国語訳，China Machine Press, 2007年，朝鮮語訳，Hyung Seoul Publising Co. 2008年）
『先端流通産業』千倉書房　2004年
『バリュー消費』日本経済新聞社　2006年
『リサーチ・デザイン』白桃書房　2006年
『立地創造』白桃書房　2008年
『業態の盛衰』千倉書房　2008年
『マーケティング・メトリクス』日本経済新聞出版社　2010年
『消費者の歴史』千倉書房　2011年
『ブランドの誕生』千倉書房　2011年
『観光地のアメニティ』（編著）白桃書房　2012年 ほか

旅の根源史

映し出される人間欲望の変遷

2013年5月10日　初版第1刷発行

著作者　田村正紀

発行者　千倉成示

発行所　株式会社 千倉書房
〒104-0031 東京都中央区京橋2-4-12
Tel 03-3273-3931　Fax 03-3273-7668
http://www.chikura.co.jp/

装丁・イラスト　島　一恵

印　刷　シナノ書籍印刷

製　本　井上製本所

ISBN978-4-8051-1015-7